民國文化與文學^{研究文叢}

三　編

李　怡　主編

第 13 冊

民國大學新文學課程與「新」「舊」話語

張　傳　敏　著

國家圖書館出版品預行編目資料

民國大學新文學課程與「新」「舊」話語／張傳敏 著 -- 初版 --
新北市：花木蘭文化出版社，2014〔民103〕
目 2+198 面；19×26 公分
（民國文化與文學研究文叢 三編：第 13 冊）
ISBN 978-986-322-785-4（精裝）
1. 高等教育 2. 中國文學 3. 課程研究
5541.26208   103012750

特邀編委（以姓氏筆畫為序）：

丁　帆	王德威	宋如珊
岩佐昌暲	奚　密	張中良
張堂錡	張福貴	須文蔚
馮　鐵	劉秀美	

ISBN-978-986-322-785-4

9 789863 227854

民國文化與文學研究文叢
三　編　第十三冊   ISBN：978-986-322-785-4

民國大學新文學課程與「新」「舊」話語

作　　者　張傳敏
主　　編　李　怡
企　　劃　四川大學現代中國文化與文學研究中心
　　　　　民國文學與海外漢學研究中心（籌）
　　　　　北京師範大學民國歷史文化與文學研究中心
總 編 輯　杜潔祥
副總編輯　楊嘉樂
編　　輯　許郁翎
出　　版　花木蘭文化出版社
社　　長　高小娟
聯絡地址　235 新北市中和區中安街七二號十三樓
　　　　　電話：02-2923-1455／傳眞：02-2923-1452
網　　址　http://www.huamulan.tw 信箱 hml810518@gmail.com
印　　刷　普羅文化出版廣告事業
初　　版　2014 年 6 月
定　　價　三編 20 冊（精裝）新台幣 35,000 元

民國大學新文學課程與「新」「舊」話語

張傳敏　著

作者簡介

張傳敏（1969～），男，漢族，山東臨清人；2006 年在南京大學獲得文學博士學位，現任西南大學中國新詩研究所副教授；主要研究方向爲中國現代文學，曾獲多項省部級科研立項，代表作有《半蠹集》（巴蜀書社 2011 年出版）等。

提　　要

　　本書是國內首部專門對民國時期大學新文學課程進行系統研究的著作。作者在書中運用知識考古學式的研究方法，不是從歷史的連續性出發把民國時期的大學新文學課程看作中國現當代文學學科的「前例」，而是從新文學知識生產的角度剖析了其歷史獨特性及其所包含的體制、人事、文化語境乃至生產者的身份背景、文學趣味、人生經驗等諸多因素對它的影響。

　　本書對民國時期大學新文學課程所包含的「新」、「舊」話語權力的碰撞、糾纏、融合、偏轉等等也做出了細緻而獨到的剖析，不僅揭櫫了新文學知識的生產和特定權力網絡之間的依存性質，而且打破了以往現代文學史、現代文學學術史敘述中的「新」、「舊」二元對立研究模式，凸顯了「新」、「舊」話語之間既互相對立又糾纏錯染、不斷轉化的複雜關係。

「民國熱」與民國文學研究
——第三輯引言

李　怡

　　經過多學界多年的倡導和努力，「民國文學」的概念在越來越大的範圍內獲得了人們的理解和接受，從民國歷史文化的角度闡述文學現象也正在成為重新定位「現代文學」的重要思路，從某種意義上看，這可以說是近年來中國文學研究的一大動向。當然，面對我們業已熟悉的一套概念、思路和批評方式，「民國文學」的價值、意義和研究方式也依然需要更多的學者共同參與，並貢獻自己的創造性思想，在更獨特更具規模的「民國文學史」問世之前，種種的疑問是不可避免的。其中之一，就是困惑於社會上越來越強烈的「民國熱」：在不無喧鬧、魚龍混雜的「民國消費」的浪潮中，所謂的「民國文學研究」又意味著什麼？它根源於何方？試圖通往何處？如何才能將流俗的迷亂與學術的理性劃分開來？

　　在這個意義上，釐清當前中國社會的「民國熱」與學術研究的「民國文學」思潮之相互關係，也就成了一件極有必要的事情。

作為當代大眾文化的民國熱

　　民國熱，這個概念的所指本身並不明確：一種思想潮流？一種社會時尚？一種消費傾向？我們只能先這樣描述，就目前一般報章雜誌的議論而言，主要還是指由媒體與出版界渲染之後，又部分轉入社會時尚追求與大眾想像的「趣味的熱潮」。

　　在一個相當長的時期內，「民國」這一概念通常被另外一個色彩鮮明的詞語代替：舊中國，它指涉的就是那一段早已經葬身歷史墳墓的「軍閥當道，

萬馬齊喑，民不聊生」的時代，因早已結束而記憶發黃，因過於黑暗而不願詳述。而所謂的「民國熱」就是對這些固化概念的反動，重新生發出瞭解、談論這段歷史的欲望，並且還不是一般的興趣，簡直引發了全社會範圍內的廣泛而強烈的熱潮。據說，當代中國的「民國熱」要追溯到 2005 年。餘世存的《非常道》、美籍華人學者唐德剛的《袁氏當國》、張鳴的《歷史的壞脾氣》相繼出版，一反過去人們對「民國」的刻板印象，種種新鮮的歷史細節和「同情之理解」，喚起了中國人對原本早已塵封的這段「舊中國」歷史的新的興味。接下來的幾年中，陶菊隱、傅國湧、何兆武，楊天石、智效民、邵建、李輝、孫郁等「民國見證人」與「民國史學者」不斷推出各種鮮活的「民國話題」，使得我們在不斷「驚豔」的發現中似乎觸摸到了「真實」的歷史脈搏，而且，這些關於民國往事、民國人物的敘述又不時刺激到了我們當今生活的某些負面，今昔對比，但不再是過去那種模式化的「憶苦思甜」，在不少的時候，效果可能恰恰相反，民國的細節令人欣羨，反襯出今天的某種不足，這裡顯然不無記憶者的美化性刪選，也難免闡釋者的想像與完善，但對於廣大的社會讀者而言，嚴謹考辨並不是他們的任務，只要這些講述能夠填補我們的某種欠缺，滿足他們的某些精神需要，一切就已經夠了。「民國熱」在「辛亥百年」的紀念中達到高峰，如今，在大陸中國的稍具規模的書店裡，我們都能夠看到成套、成架、成壁的民國專題圖書，圖書之外的則是更多的報刊文章、電視節目，甚至服飾的民國懷舊潮流，大陸中國的民國熱還在一定程度上波及到了海峽對岸，在臺灣的圖書與電視中，也不時晃動著「民國記憶」的身影，只是，對於一個自稱「民國進行時」所在，也會同我們一起講述「過去的民國」，多少令人覺得詫異，它本身似乎也生動地提醒我們：民國熱，主要還真是一種大眾趣味的流變，而非知識精英的文化主題，儘管我們的知識界在其中推波助瀾。〔註 1〕

作為當代大眾文化體現的「民國熱」是由知識分子津津樂道的「民國掌故」喚起興味的，正是借助於這些「恍如隔世」的故事，人們逐漸看到了一個與我們熟悉的生活格局迥然有別的時代和社會，以及生活於其中的個性色彩鮮明的歷史人物，出於某種可以理解的現實補償心理，人們不免在這一歷史意象中寄予了大量的想像，又逐漸將重塑的歷史意象召喚進現實，成為某

〔註 1〕 參看周為筠：《「民國熱」之下的微言大義》，載《南方都市報》，2008 年 1 月 20 日。

種時尚趣味的符號，如在一些婚紗藝術照與大學畢業紀念照中流行「民國服飾」。應當說，作爲這一社會趣味的推動力量，一些知識分子的「關於民國」的寫作發揮了明顯的作用，但是，作爲流行的社會趣味本身的「民國熱」卻還不能是一種自覺的時代思潮，而只是知識分子的個人的某種精神訴求與社會情緒的並不嚴密的合流，一方面，知識界對這些「民國文化」的提取和發掘尚未進入系統的有序的理性層面，本身就帶有明顯的趣味化和情緒性色彩，包括目前流行甚廣的所謂「民國范兒」，這個本來是一個值得深入探討的精神現象，但是到目前爲止，依然主要流於種種極不嚴格的感性描述與文學比喻，而且據說提出者本人也還試圖放棄其概念發明權。〔註2〕

大眾文化，不管我們今天對它的評價究竟如何，都應該看到，這是一種與通常所說的由知識分子自覺建構的並努力納入到精英文化傳統的追求所不一樣的「文化」，它更多地與人們的日常生活方式及生活趣味緊密聯繫，是指普通大眾基於日常生活的需要而生成的種種精神性追求和傾向，它與精英知識分子出於國家民族意識、歷史使命或文化獨創性目標而刻意生產的成果有所不同。當然，作爲個體的知識分子既致力於精英文化的建構，又同時置身於大眾生活的氛圍之中，所以嚴格地講，他同樣也擁有大眾文化的趣味和邏輯，受到日常生活文化的影響，也自覺不自覺地影響著以日常生活爲基礎的大眾文化。

從精英知識分子的邏輯出發，我們不難發現大眾文化的若干消極面，諸如與媒體炒作對眞正的個性的誤導甚至覆蓋，工業化生產的趣味同質化，五彩繽紛背後隱含的商業利益，對世俗時尚缺乏眞正的批判和反思，甚至對國家意識形態的某種粉飾和媾和等等，當年的法蘭克福學派就因此對資本主義的大眾文化大加鞭撻。的確，源於日常生活需要的物質性、享受性與變異性等特點使得大眾文化往往呈現出許多自我矛盾的形態，這裡就有法蘭克福學派所痛心疾首的「商品性」、「同質化」、「工業生產式的批量化」、「傀儡化」、解構主體意識等消極面，如霍克海默和阿多洛在《啓蒙辯證法》中指出的那樣：「文化工業的產品到處都被使用，甚至在娛樂消遣的狀況下，也會被靈活地消費。」〔註3〕「文化工業反映了商品拜物教的強化、交換價值的統治和國

〔註2〕 舒非：《「民國熱」》，見 2012 年 8 月 10 日「大公網」，http://www.takungpao.com/fk/content/2012-08/10/content_913084.htm。

〔註3〕 霍克海默、阿多諾：《啓蒙辯證法》，洪佩郁、藺月峰譯，重慶：重慶出版社，1990 年版，第 118 頁。

家壟斷資本主義的優勢。它塑造了大眾的鑒賞力和偏好，由此通過反覆灌輸對於各種虛假需求的欲望而塑造了他們的幻覺。因此，它所起的作用是：排斥現實需求或眞實需求，排斥可選擇的和激進的概念或理論，排斥政治上對立的思維方式和行動方式。」〔註4〕

所以，我們今天也不難發現大眾「民國熱」中的一些爲消費主義牽引的例證。例如今天的「民國熱」也開始透露出不少獵奇和窺隱的俗套，諸如《民國公子》、《民國黑社會》、《民國八大胡同》一類黑幕消費、狹邪消費同樣開始流行一時，走上被法蘭克福學派抨擊的文化解構、文化異化的萎靡之路。

作爲學術史演進的「民國文學研究」

上述大眾之熱，在最近一些年給人留下了深刻的印象（有人稱之爲「愈演愈烈」），所以當「民國文學研究」的呼聲出現，便自然引起了不少的聯想：這是不是「民國熱」的組成部分呢？又會不會落入獵奇窺隱的窠臼呢？

在我看來，「民國熱」與「民國文學研究」的出現，其最大的相關性可能就在時間上。拋開臺灣學界基於意識形態原因而書寫「中華民國文藝史」不算，中國大陸最早的「民國文學」設想出現在 1990 年代末（陳福康），最早的理論倡導出現在 2000 年代早期（張福貴），但形成有聲有勢的多方位研究則還是在2000 年代後期（張中良、丁帆、湯溢澤、李怡及「西川論壇」研究群體），這一逐漸成熟的時間剛好與所謂的「民國熱」相重疊，所以難免會給令人從中尋覓關聯。不過，值得我們注意的是，在前述大眾趣味的民國熱之外，其實還有另外一條線索被我們忽略了，這就是學術界對中國近現代歷史的考察和追問方式。

20 世紀初，劍橋史書已經成爲英語世界的多卷本叢書典範，《劍橋中國史》從 1966 年開始規劃，迄今已經完成 16 卷，它對歷史的劃分很自然地採用了朝代與政治形態的變化加以命名，至我們所謂的現代與當代分別編寫了《中華民國史》與《中華人民共和國史》各兩大卷，在這裡，「民國」歷史的梳理和描述已經成爲國際學界的正常工作，絲毫不涉及流行趣味的興起問題。

在大陸中國，雖然因爲政治原因，「民國」一詞一度包含了某種政治禁

〔註 4〕斯道雷：《文化理論與通俗文化理論導讀》，楊竹山譯，南京：南京大學出版
社，2001 年版，第 71 頁。

忌，需要謹慎使用，但總體來看，除了「文化大革命」這樣的極端的文化專制時期之外，對「民國史」的關注和研究一直獲得了國家層面的包容甚至支持。《中華民國史》的編修工作可以追溯到半個世紀以前，早於《劍橋中國史》的編寫計劃。1956 年，在「向科學進軍」及「百花齊放、百家爭鳴」的熱潮中，國家科學發展十二年規劃中就已經列入了「民國史」的研究計劃。1961 年是辛亥革命 50 週年紀念，作為辛亥革命親歷者的董必武、吳玉章等人又提議開展民國史研究。1971 年全國出版工作會議期間，周恩來總理親自指示，將編纂民國史列入國家出版規劃，具體交由中國科學院哲學社會科學學部（今中國社會科學院）近代史研究所負責組織實施，由著名史學家李新先生負責統籌。由於「文革」的環境所限，編寫工作真正開始於 1977 年，但作為項目卻始終存在。作為民國史研究系列之一，《民國人物傳》第一卷於 1978年出版，1981 年，《中華民國史》第一卷上下兩冊亦由中華書局正式出版，至 2011 辛亥革命一百週年前夕，全套《中華民國史》共 36 卷全部出齊，被稱為是中國出版界在近年來的一件大事。有趣的是，《中華民國史》第一卷在當年問世之後，遭到了臺灣學界的激烈批評，被認為是政治色彩濃厚、評價偏頗的「官史」，當時大陸方面特意回應，辯解說我們的民國史研究不是政治行為，是完全的學術行為。雖然這辯解未必完全道出了我們學術制度的現實，但是從那時起，「民國史」的研究至少在形式上已經成為學術而不是政治的一部分，卻是值得肯定的事實。到今天，史學界內部的民國史研究已經成為中國學術重要的方向，中華民國史研究被確立為中國社會科學院重點學科也已經十多年了；致力於「民國史」研究的自然也不只中國社會科學院一家，如南京大學、復旦大學、北京師範大學、中國人民大學等諸多學術機構都在這方面投入甚多，且頗有成就，就是一部《中華民國史》今天也不僅有中國社會科學院牽頭版，也另有南京大學版（南京大學出版社，2005 年，張憲文主編）、中國現代史學會版（四川人民出版社，2006 年）等，2000 年 9 月，南京大學中華民國史研究中心被批准為教育部普通高等學校人文社會科學重點研究基地，多年來，他們通過編輯出版《民國研究》、承擔國家重點科研項目、連續舉辦中華民國史國際學術研討會、不斷推出大型研究叢書等方式穩健地推動著民國史的研究。

這一「民國史」的學術努力試圖突破當代「以論代史」之弊、還原歷史真實，承襲的是實事求是的中國學術傳統，與當下社會文化的時尚毫無關

係。

民國文學研究的出現和發展同樣是歷史學界實事求是追求的一種有力回應。

同整個歷史學界一樣，中國文學史研究也一度成為「以論代史」的重災區，甚至作為學科核心概念的「現代」一詞也首先來自於政治思想領域，與中國文學發生發展的事實本身沒有關係，以致到了 1980 年代，我們的文學博士還滿懷疑惑地向學科泰斗請教「何謂現代」。1990 年代的「現代性」知識話語讓中國文學研究在概念上「與國際接軌」了，但同樣沒有解決「以中國術語表述中國問題」的困惑，凡此種種，好像都在一再證實「論」的重要性，於是，「以論帶史」的痕迹依舊存在。

如何回到中國歷史自己的現實，如何在充分把握這些歷史細節的基礎上梳理和說明我們文學的發展，我們需要走的路還很長很長。

「民國文學」概念的重新提出，其實就是創造了一種可能：我們能不能通過回到自己的國家歷史情態之中，就以這些歷史情態為基礎、為名詞來梳理文學現象——不是什麼爭議不休的「現代」，也不是過於感性的「新文學」，就是發生在「民國」這一特定歷史語境中的精神現象和藝術追求，一切與我們自己相關，一切與生存於「民國」社會的我們相關。

就是這樣，本著實事求是的治史傳統，我們可以盡可能樸素地返回歷史的現場，勘探和發掘豐富而複雜的文學現象。實事求是，這本來是當年「民國史」負責人李新先生的願望，他試圖倡導人們從最基礎的原始材料做起，清理和發現「民國」到底有哪些值得注意的史實，這樣的願望雖然在「文革」的當時並不能實現，但卻昭示了一代民國史學人的寶貴的學術理想。今天，文學史研究也正在經歷一場重要的轉型，這就是從空洞的理論焦慮中自我解放，重新返回歷史，在學術的「歷史化」進程中鳳凰涅槃，迎來自己新的生命。

只有在這樣的學術脈絡中，我們才有可能洞悉「民國文學」研究的真諦，也才可能將真正學術的自覺與大眾文化的潮流區分開來，為將來的文學史研究開闢嶄新的道路。

社會的時尚是短暫的，而文學史研究的發展卻有它深遠的思想淵源。

大眾的文化是躁動的，而我們需要的學術卻是冷靜的、理性的。

當下的潮流總是變動不居的，除了「民國」之熱，照樣還有「啟蒙」的

熱,「黨史」的熱,「國學」的熱……不是每一椿的「時髦」都可以牽動學術思想的重大演變,儘管它們可以在某種程度上相遇,也可以發生某種的對話。

　　一切都是如此的不同,一切本來也就是根本不同。

熱中之冷與冷中之熱

　　我如此強調文學史學術的冷靜與理性,與鼓譟一時的社會潮流區別開來,這當然並不意味著我們的工作是封閉於社會,不食人間煙火的學院活動,當代學術向著「歷史化」的方向轉型,這並不意味著學術從此與主體感受無關,與社會關懷無關,從根本上看,這是一種對於研究主體與歷史客體雙向關係的全新的調適,我們必須最充分地尊重未經干擾的事實本身,同時也要善於從歷史事實的豐富中把握我們感受的真實性,在過去的歷史敘述中,我們對此經驗欠缺,希望「民國文學史」研究能夠讓我們重新開始。

　　這也就是說,雖然我在根本上強調了學術邏輯與時尚邏輯的不同,但是,我也無意拒絕從社會的普遍感受中獲得關於「歷史價值」的追問和思考,包括對大眾文化內在意義的尊重和關注。法蘭克福學派曾經激烈地抨擊了大眾文化的諸多弊端,不過,這不能掩蓋另外一些學者如英國的文化研究(如費斯克的學說)從相反的角度所展開的正面的發掘與肯定,這指的是對大眾文化追求中積極的建構性意義的褒揚。如費斯克所欣賞的反抗性、自由選擇性,正所謂「身體的快感所進行的抵抗是一種拒絕式的抵抗,是對社會控制的拒絕。它的政治效果在於維持著一種社會認同。它也是能量和強有力的場所:即這種拒絕提供強烈的快感,並因而提供一種全面的逃避,這種逃避使身體快感的出現令上層覺得驚慌,卻使下層人民感到了解放。」〔註5〕中國的大眾文化是在結束文革專制、社會改革開放的過程中發展壯大的,這樣的過程本身就與法蘭克福學派所警惕的成熟的資本主義文化不盡相同,它在問題重重的同時依然帶有抵抗現實秩序的某些功能,因此值得我們認真對待。即以我們目前看到的「民國熱」為例,一方面其中肯定充斥了消費主義的萎靡之態與嘩眾取寵的不負責任,但是,在另外一方面,我們卻也應該承認,帶動了「民國熱」的許多講述者本身也是民國史的研究者和關注人,他們兼具知識

〔註5〕費斯克:《理解大眾文化》,王曉珏、宋偉強譯,北京:中央編譯出版社,2001年版,第64頁。

基礎與人文關懷，即使是對「民國」的浪漫化的想像也部分地指向了某種對理想信念的緬懷——教育理念、文化氛圍、人格風骨等等——顯然不都是歷史的事實，但是提出問題本身卻無不鑒古知今，繼續變革中國、造福民族的意味，這卻不是無的放矢的。這樣的大眾文化包含了某些值得深思的精神訴求，在信仰沉淪、物質至上、唯利是圖的時代，尤其不可爲「治民國史」者所蔑視，在某些時候，其本質上胸懷民族未來的激情恰恰應該成爲學術的內在動力。

當然，社會情懷的擁有並不就是學術本身。學術自有自己的理念和法則，作爲學者，我們思考的不是改變這些法則去遷就大眾的情趣，相反，是更好地尊重和完善法則，讓法則成爲社會情懷的合理的延伸和提煉。民國文學的研究首先是學術，不是轉瞬即逝的社會潮流，與那些似是而非的「民國熱」比較，我們起碼還應該在下面幾個方面意識清晰：

第一，作爲學者而不是媒體人，思想是學者的第一生命，而思想的提煉必須來自於對現實生活的有距離的觀察和判斷。我們要特別強調一種理性的認知，以代替某些煽情式文字書寫。之所以這樣強調，乃是在「學術通俗化、市場化」的今天，學術著作有時混同於媒介時代大量的「抒情讀物」中，如果單純依從大眾閱讀的快感，難免會模糊掉學者的本位，使思想讓位於抒情。

其次，作爲歷史敘述的工作者，我們應該盡力還原歷史的複雜性，以區別於對歷史的想像。作爲大眾文化的精神需求，其實不可能「較眞」，有時候似是而非的故事更能夠調動人們的情緒，但是對於歷史工作者就不同了，它必須對每一個細節展開盡可能的考察、追問，即使充滿矛盾之處，也必須接受仔細的勘探和分析，當然，這樣的刨根問底可能會打破不少的幻夢，瓦解曾經的想像，就是「歷史見證人」的「口述實錄」也必須接受專業的質疑，未經質疑和考證的材料不能成爲我們完全信賴的根據，這樣的「工作」常常枯燥而繁瑣，並不如一般大眾想像的那麼自由和愜意，但是學術的眞相必須在直面這樣的事實之中，只有洞察了所有這一切的矛盾困惑，我們方能獲得更高的事實的頓悟，也只有不間斷的疑問，才能推動我們對「問題」的不斷髮現。正如有學人指出的那樣：「民國自有許多值得我們繼承、借鑒的遺產，如自由之精神，如兼容並包的大學氣度等等，但我們不應不加辨析，只選取光鮮處，一味稱歎；更無意於要在民國諸賢中分個高低上下，使孔子大戰耶

穌，魯迅 PK 胡適，只是覺得我們在關注歷史人物時，首先要研究其思想、事功，而非僅僅作爲飯後談資的八卦、段子。」〔註6〕

第三，民國文學的研究最終是爲了解釋說明文學本身的問題而不是其他。這裡的「其他」常常就是大眾豐富的需求，或者爲了各自的政治道德目標，或者爲了心理的釋放，或者就是獵奇與八卦，一切事物都可以成爲談資，一切談論的方式都無不可，超越「專業」的任性而談往往更具某種「自由」的魅力。但是，一旦真正進入專業研究，這都是學術的大敵。民國文學研究最終是爲了深刻地解釋和說明民國時期的文學何以如此，所有「文學之外」的信息都必須納入到對「文學之內」的認定才有其必要的價值，而且這些信息的真正性也須得我們反覆校勘、多方考辨。在「文學解釋」的方向上，關於「民國」的種種逸聞趣事本身未必都有價值，未必都值得我們津津樂道，只有能夠幫助我們重新進入文學文本的「故事」才具有學術史料的意義。

最後，也是我們必須格外重視的一點，那就是學術研究所包含的社會情懷主要是通過對社會文化環境的緩慢的影響來實現的，它並不等於就是目標單純的政治抨擊，也不同於居高臨下的道德訓誡。就民國文學研究而言，如何我們能夠在學術研究中發掘某些民國文學的發展規律，揭示某些民國作家的精神選擇，闡述某些文學文本的藝術奧妙，本身就對當前的文學生態發生默默的轉移，又經過文學的啓迪通達我們更大的當代精神，誠如斯，學術的價值也就實現了。學術研究有必要與傳統所謂的「現實隱射」嚴格區別開來，雖然我們能夠理解傳統中國的專制主義壓抑下「隱射」思維出現的理由，但是在總體上看，精神活動對社會現實的影響應當是正大光明的，而「隱射」思維卻是偏狹的和陰暗的，文學研究是排除「預設」的對歷史現象的豐富呈現，「影射」卻將思想牽引到一個特定的主觀偏執的方向之上，不僅不能真正抵達真相，而且還可能形成對歷史事實的扭曲和遮蔽，學術擁有更爲開闊的目標和境界，而「影射」則常常被個人的私欲所利用。和一切嚴肅的學術研究一樣，民國文學研究是在健康和積極的方向上爲中國的當代文化貢獻自己的智慧和力量。

恰恰是「民國熱」之中，我們需要一種「冷」的研究，當然，這「冷」並非冷漠，而是學術的冷靜和理性的清涼。

〔註6〕 王晴飛：《冷眼「民國熱」》，《文學報》，2012 年 7 月 5 日。

導 言

一

　　本書考察的對象是民國時期大學的新文學課程，屬於中國現當代文學學科史的研究範疇。

　　中國現當代文學學科至今已經有半個多世紀的歷史，對本學科進行總結的著作已經出現了不少，譬如黃修己的《中國新文學史編纂史》〔註1〕、馮光廉和譚桂林合著的《中國現代文學史研究概論》〔註2〕、許懷中的《中國現代文學史研究史論》〔註3〕、徐瑞岳主編的《中國現代文學研究史綱》〔註4〕、溫儒敏等人的《中國現當代文學學科概要》〔註5〕、黃修己、劉衛國的《中國現代文學研究史》〔註6〕等等。

　　這些著作大都是現當代文學學術史、研究史，對本學科的課程環節並不十分關注，對於民國時期的大學新文學課程自然也很少涉及。一些從現代文學和現代教育關係角度立論的論著雖然也涉及到了這方面的內容，比如北京大學錢理群主編的《二十世紀中國文學與大學文化》叢書中的《水木清華：二三十年代清華校園文化》〔註7〕、《抗戰時期的延安魯藝》〔註8〕、《西南聯

〔註1〕 黃修己：《中國新文學史編纂史》，北京大學出版社1995年版。
〔註2〕 馮光廉、譚桂林：《中國現代文學史研究概論》，南京大學出版社1995年版。
〔註3〕 許懷中：《中國現代文學史研究史論》，廈門大學出版社1997年版。
〔註4〕 徐瑞岳：《中國現代文學研究史綱》，江蘇教育出版社2001年版。
〔註5〕 溫儒敏等：《中國現當代文學學科概要》，北京大學出版社2005年版。
〔註6〕 黃修己、劉衛國：《中國現代文學研究史》，廣東人民出版社2008年版。
〔註7〕 黃延復：《水木清華：二三十年代清華校園文化》，廣西師範大學出版社2000年版。
〔註8〕 王培元：《抗戰時期的延安魯藝》，廣西師範大學出版社1999年版。

大歷史情境中的文學活動》〔註9〕或多或少地介紹了民國時期的部分新文學課程，但並不怎麼系統、全面，而從學科史角度專門進行討論者更少。就單篇論文而言，把本學科和課程聯繫起來的只有南京大學沈衛威《新文學進課堂與中國現代文學學科的確立》〔註10〕等少數幾篇。

很顯然，在本學科的歷史發展中，課程是不容忽視的一個環節。溫儒敏就曾經指出：「現當代文學學科的建立本來就和教學密切相關，是教學催生了學科，促進了學科的發展，而今現當代文學課程面臨的問題與困擾，其實也和學科的研究狀況有關聯，課程的改革必然會影響學科的前景。」〔註11〕學科的傳承與發展終究要依賴「人」——教師和學生。離開了課程環節，在現代高度制度化的社會環境中培養人才、發展學術是無法想像的。

應該說，自1950年本學科正式成立之後，它就和現當代文學課程密不可分。黃修己在《中國新文學史編纂史》中曾談到，到上世紀90年代中期，新文學史學科產生了四代研究家：第一代是建國前就從事學術研究或文學創作，建國後在其深厚的學術修養基礎上全力或以主要精力從事新文學史研究的，以李何林、唐弢、王瑤為代表；第二代是建國之初培育的，即50、60年代從大學畢業的研究者；第三代是粉碎「四人幫」、恢復高考制度後出現的一批研究生、本科生；第四代是80年代末、90年代初的學生。〔註12〕從黃修己的描述中可以看出，除了第一代以外，其他現代文學研究者都來自高校。時至今日，現當代文學研究者絕大多數都接受過現當代文學課程教育，學校「體制」之外的研究者則十分鮮見。

作為本學科「史前階段」的民國時期的大學新文學課程，雖然和後來的現當代文學學科存在明顯斷裂，但是也並非毫無影響。1929年朱自清在清華大學開設「新文學研究」，已經開始把新文學納入了文學史研究範疇。中華人民共和國建立後，朱自清的學生王瑤寫出了本學科的奠基之作《中國新文學史稿》，從中也可以明顯看出朱自清的影響。原西南聯大的學生劉泮溪、孫昌

〔註9〕姚丹：《西南聯大歷史情境中的文學活動》，廣西師範大學出版社2000年版。

〔註10〕沈衛威：《新文學進課堂與中國現代文學學科的確立》，《山東社會科學》2005年第7期。

〔註11〕溫儒敏等：《中國現當代文學學科概要》，北京大學出版社2005年版，第422頁。

〔註12〕黃修己：《中國新文學史編纂史》，北京大學出版社1995年版，第536～538頁。

熙、吳宏聰、王士菁（葛秉曙）等都學習過新文學課程，後來成爲支撐本學科發展的第一代中堅力量。也就是說，民國時期的這些新文學課程不僅大大促進了新文學在大學校園內的傳播與文學創作的繁榮，也從研究人才、學術積累等方面爲後來中國現當代文學學科的建立提供了幫助。

二

民國時期的大學新文學課程不僅僅是中國現當代文學學科歷史的一個組成部分，它還代表著一種學術話語權力。或者說，此類課程的出現和發展，是新文學獲得話語權力的表現，是新文學在中國幾千年文學史中地位的象徵，也是自新文學誕生起就出現的「新」「舊」文學話語之爭的一個結果。因此通過對「新」「舊」話語的考察，可以在更深的層次上發現民國時期大學新文學課程發生、發展的重要原因。當然，反過來通過對此類課程的考察，也可以透視文學「新」「舊」話語之間關係的複雜性及其流變。

因此，本書主要是以自晚清以來的「新」「舊」文學話語關係爲線索，對民國時期的大學新文學課程發生、發展的原因及過程進行的探索，同時也是對此類課程相關的各個方面（教育體制、人事因素、課程講義、校園氛圍）中所包含的「新」「舊」話語成分進行的一種梳理。

按照一般的理解，從「五四」以來的所謂「新」「舊」對立，其實就是「西方」與「中國傳統」的交鋒，所謂「新」派，也就是主張「歐化」的派別，而「舊」派則是「國粹」派。〔註13〕本書中所說的「新」與「舊」，自然也主要是這個意義上的（當然也包括文學形式上的分別──白話與文言）。

然而，籠統的「新」、「舊」二元對立的概念存在很大問題，甚至很多新文學陣營中人都對「新」「舊」之別不以爲意。周作人在《人的文學》一文中就提出：「新舊這名稱，本來狠不妥當，其實『太陽底下，何嘗有新的東西？』思想道理，只有是非，並無新舊。要說是新，也單是新發現的新，不是新發明的新……」〔註14〕

〔註13〕「五四」時人往往也是這種看法。1920 年《東方雜誌》第 17 卷第 1 號上署名「管豹」的《新舊之衝突與調和》一文中就指出，「吾國今日新舊之爭，實猶是歐化派與國粹派之爭」。
〔註14〕周作人：《人的文學》，《中國新文學大系·建設理論集》，上海文藝出版社 2003 年影印版，第 193 頁。

周作人既有意消除「新」「舊」的對抗性質，對於傳統當然也就不會一味排斥。他在《〈揚鞭集〉序》中說：

> 我不是傳統主義的信徒，但相信傳統之力是不可輕侮的；我們應當想法除去它，超越善惡而又無可排除的傳統卻也未必少，如因了漢字而生的種種修辭方法，在我們用了漢字寫東西的時候總擺脫不掉的。我覺得新詩的成就上有一種趨勢恐怕很是重要，這便是一種融化。不瞞大家說，新詩本來也是從模仿來的，它的進化是在於模仿與獨創之消長，近來中國的詩似乎有漸近於獨創的模樣，這就是我所謂的融化。自由之中自有節制，豪華之中實含清澀，把中國文學固有的特質因了外來影響而益美化，不可只披上一件呢外套就了事。〔註15〕

所謂「舊」派中人，有時也往往表現出一點「新」意。吳宓對白話詩人徐志摩甚表欣賞久爲人知，其實他對茅盾的《子夜》也很看重。雖然吳宓在 1933 年 4 月 10 日天津《大公報》文學副刊第 275 期上發表的《茅盾著長篇小說：〈子夜〉》中對《子夜》不乏批評，但是也承認「吾人所謂最激賞此書者，第一，以此書乃作者著作中結構最佳之書。蓋作者善於表現現代中國之動搖，久爲吾人所習知。其最初得名之『三部曲』即此類也。其靈思佳語，誠復動人，顧猶有結構零碎之憾。吾人至今回憶『三部曲』中之故事與人物，但覺有多數美麗飛動之碎片旋繞於意識，而無沛然一貫之觀。此書則較之大見進步，而表現時代動搖之力，尤爲深刻，不特穿插激射，且見曲而能直、復而能見之匠心。」「第二，此書寫人物之典型性與個性皆極軒豁，而環境之配置亦殊入妙。」「茅盾君之筆勢具如火如荼之美，殊爲難能可貴。尤可愛者，茅盾君之文字係一種可讀可聽近于口語之文字。」在這裡，吳宓對白話文學又表現出一種寬容，甚至欣賞。

由此可見，現代文學史上的「新」「舊」話語之間的關係並不是僅僅用「對立」一詞可以完全概括的，「新」「舊」之間的邊界並不那麼清晰。然而這種「模糊」也不能絕對化——新文學陣營之中既有周作人這樣主張包容傳統的溫和派，也有主張「新」「舊」不兩立的激進派。朱希祖在《非「折中派的文學」》中就說：「文學只有新的舊的兩派，無所謂折中派，新文學

〔註15〕參看王永生主編：《中國現代文論選》第一冊，貴州人民出版社 1982 年版，第 104 頁。

有新文學的思想系統，舊文學有舊文學的思想系統：斷斷調和不來。」〔註16〕鄭振鐸也極力劃清「新」「舊」的界限，反對它們之間的調和。他在針對鴛鴦蝴蝶派的一篇批評文章中認爲：「幫助現在的舊文學家而使之新文【學】化，如果能辦得到的話，固然是再好不過的事；但恐怕事實上不能吧。這樣黑暗的中國，他們也不起一點兒反感，不起一點兒厭惡的觀念與憐憫的心腸，反而傅虎以翼，見火投薪，日以靡靡之音，花月之詞，消磨青年的意氣。」〔註17〕

　　即便是曾經對某些新文學家、白話文學作品表示欣賞的吳宓，也並不是要完全消解「新」「舊」對立的。直到「反右」運動之後的 1958 年，他仍然堅持反對白話文，甚至反對新中國推行的簡體字——他在西南師範學院的一份發言稿中就稱：「我對中國文化、道德（中華民族數千年經驗、智慧之精華尤其在實用人生哲學方面），有極堅深之信仰與尊崇，以爲勝過希臘、印度，而爲近世歐美物質資本社會所急需之良藥補品。……我服從黨，無保留地服從，但我心中仍然熱愛著繁體字，我不再和人談及，但我至死不能改變此心情」〔註18〕。

　　由以上幾個簡單的例子就可以看出，對「新」與「舊」兩個概念的使用其實是一個難題：如果說它們確實是一對互相用以區別自身的矛盾的範疇，它們卻經常以在實踐中超越自己的界限，向對方「遷移」；如果說它們並不成立，它們卻又常常在實踐中證明自身的存在——這似乎觸及了人對事物進行定性描述時的局限或者邊界。爲了解決這個問題，本書除了一些專有名詞如「新文學」、「新文化」、「新文學課程」等等之外，在涉及「新」、「舊」對立的問題時，往往在這兩個詞上加了引號，以彰顯其二者關係的複雜性並示存疑。

三

　　民國時期的大學新文學課程屬於中國現當代文學學科的「史前階段」，本書對它進行的是一種知識考古學式的挖掘和反思——以一種「超出單一的合

〔註16〕參看《中國新文學大系・文學論爭集》，上海良友圖書印刷公司印行，1935年版，第 86 頁。

〔註17〕鄭振鐸（署名西諦）：《新舊文學果可調和麼？》，芮和師等編：《鴛鴦蝴蝶派文學資料》（下），福建人民出版社 1984 年版，第 732 頁。

〔註18〕吳宓：《1958 年 5 月 14 日在文科教師及教輔人員座談會上發言稿》，西南大學檔案館、校史研究室主辦：《西南大學記憶》2009 年第 1 期，第 38 頁。

目的性去發現事件的獨特性」〔註 19〕的態度，對有關民國時期大學新文學課程那些瑣屑、殘缺的歷史碎片進行整理與分析。

也就是說，本書不是先驗地從民國時期大學的新文學課程和後來的現當代文學學科的「一致性」出發，不是把民國時期的大學新文學課程看作本學科的「前例」，不是論證它的「合規律性」，而是通過大量的、繁複的材料來發掘新文學課程背後那些深刻然而可能是非常偶然的原因——事實證明，中國現當代文學學科和民國時期的大學新文學課程存在諸多斷裂與矛盾，它本身的發生、發展在很多時候都並不是在「合目的性」支配下的，而是由那些不為人注意的、「非本質性」的幕後推動力促成的。當然，如果兩者之間確實存在歷史邏輯的連續性，本書也不會完全忽視。

福柯在《〈知識考古學〉引言》中曾經寫到：「迄今，幾十年來，歷史學家們對長時段予以了更多的關注，猶如他們從政治事件的變幻不定中和有關它們的插曲的背後揭示出一些穩固的難以打破的平衡狀態、不可逆過程、不間斷調節、一些持續了數百年後仍呈現起伏不定趨勢的現象、積累的演變和緩慢的飽和、以及一些因傳統敘述的混亂而被掩蓋在無數事件之下的靜止和沉默的巨大基底。」〔註 20〕

正如福柯所說，本書也是力圖從歷史的偶然性細節入手，揭示現當代文學學科「史前階段」那些靜止而沉默的巨大「基底」、並非必然的原因並梳理其發展脈絡的。

當然，本書應用這種知識考古學式的方法，注重對歷史細節的發掘，也是因為很多民國時期的大學新文學課程材料已經湮滅難考，在很大程度上只能通過一些殘存的「碎片」去發掘它發生、發展的「獨特性」——本書在考察這類課程的校園環境時也只能主要局限在清華大學、西南聯大等幾個學校之內。

具體說來，本書所進行的考察分為以下幾個部分：

第一章「學制變遷與『新』『舊』話語」，按照時間順序，首先從晚清時期的「西學東漸」開始，梳理中國傳統學制在西方知識系統的衝擊下所發生的變化——西方文學觀念以及白話課程在學堂章程中的呈現；然後對民國時期大學新文學課程的發生、發展的大致線索進行勾勒。

〔註 19〕福柯：《尼采、譜系學、歷史》，杜小真編選：《福柯集》，上海遠東出版社 1998 年版，第 146 頁。

〔註 20〕參看杜小真編選：《福柯集》，上海遠東出版社 1998 年版，第 130 頁。

　　第二章「『新』派人物」，對推動新文學話語及課程發生發展的蔡元培、胡適、周作人、楊振聲、朱自清、沈從文、蘇雪林、廢名的相關生平進行詳細爬梳，揭示推動新文學課程發生、發展的人事因素並探討他們在「新」「舊」權力網絡中的地位。

　　第三章「課程講義」，主要對朱自清、王哲甫、沈從文、蘇雪林、廢名、周揚、王瑤等人所編寫的新文學課程講義文本進行細緻考察，力圖彰顯「新」、「舊」話語在新文學陣營中的歧異。

　　第四章「校園刊物與語境」，主要通過對《清華周刊》、《國文月刊》的編輯方針以及所刊載文本進行具體分析，再現清華大學和國立西南聯合大學內的校園「新」「舊」衝突的小氣候，並分析這種校園小氣候對於新文學課程的影響，揭示新文學課程在特定大學校園內的生存狀況。

　　「結語及尾聲」，主要對民國時期大學新文學課程的學術地位進行總結，並對此後政治轉折時期大學中文系課程及語境的變遷稍作展望。

第一章　學制變遷與「新」「舊」話語

一、晚清學堂章程中的白話與文學

　　新文學不是傳統文學自覺轉向的結果，而是西方思潮衝擊下的產物，包含著異於中國傳統的意識形態，因此新文學進入大學課堂在某種程度上也可以被看作是西方思潮在中國傳統知識系統中獲得話語權的標誌。從「西學東漸」入手，考察新文學在中國教育體系中的地位，也應該是打量新、舊話語之衝突糾纏、本學科成長歷程的一條可行途徑。這當然應該從晚清談起。

　　晚清時代，西方知識系統對中國傳統教育體制的衝擊，首先表現在一批有西方色彩的學校的建立上。1862 年，中國近代的第一所外國語學校京師同文館建立，〔註1〕可以看作開端。這個學校是為了應付外交，專門培養翻譯人才，避免因為語言文字的隔閡遭外國人欺蒙而成立的。中國有意識、比較全面地借鑒並引入西方知識及教育系統，則應該從戊戌變法開始。據統計，1898年康有為所上以及代人草擬的 68 件奏摺中，涉及教育改革的就有 21 件，占變法期間維新派主要奏章的 30%，〔註2〕其中的很多建議，都被諭令各地實行。另據不完全統計，戊戌變法期間各地開辦普通學校 77 所，各種專業學校29 所，〔註3〕成為近代中國辦學的一個高潮。嗣後，雖然戊戌變法失敗，但是

〔註 1〕　清政府在乾隆二十二年（1757 年）就設立有「俄羅斯館」；在咸豐十年（1860
　　　　年）第二次鴉片戰爭英法聯軍攻入北京後，又命令軍機大臣在館中附設其他
　　　　外國語文。
〔註 2〕　林克光著：《康有為教育改革思想及實踐》，胡繩武主編：《戊戌維新運動史論
　　　　集》，湖南人民出版社 1983 年版，第 182～183 頁。
〔註 3〕　同上註，第 195 頁。

教育改革卻並未因此停滯。光緒二十六年（1900 年）十二月初十，朝廷下詔變法，學校科舉也在其列。第二年的七月十六日朝廷就下令禁用八股文，而改用策論試士；武生童考試以及武科鄉、會試等等，著即一律永遠停止；八月初二諭各省、府、直隸州及各州縣分別將書院改設大、中、小學堂；八月五日諭各省派學生出洋肄業；十二月初一又諭切實舉辦京師大學堂，並派張百熙爲管學大臣。教育改革之風並未稍減。〔註4〕

從京師同文館的設立到 1902 年清廷頒佈的《欽定學堂章程》以及 1904 年正式頒佈的《奏定學堂章程》，再到 1905 年作爲中央教育行政機構的學部的正式設立，新教育體制初步改革了傳統中國教育那種複雜而混亂的體制，完成了傳統向現代、向西方的第一步轉變〔註5〕。不過，應該強調的是，西方知識系統在中國確立的合法化過程並不是那麼一帆風順。雖然從中已經可以看到中國傳統教育變革的動機和一些成果，但是這時官方對西方知識的引進，還無法從根本上動搖傳統教育體制的根基。

試舉一例。同治五年（1866 年）十一月，恭親王奕訢等建議，京師同文館的課程應該在學習外國語言文字以外，再專設一館，講習天文、算學。他認爲，外國人製造機器火器等件，以及行船行軍，沒有一樣不是從天文、算學中出來的。但即使這樣一個並未觸動體制的意見也遭到反對。大學士倭仁就提出：「立國之道，尚禮義不尚權謀；根本之圖，在人心不在技藝。今求一藝之末，而又奉夷人爲師，無論夷人詭譎，未必傳其精巧；即使教者誠實，所成就者不過術數之士。古今來未聞有恃術數而能起振弱者也。」〔註6〕

當然，反對者並未能阻止西方知識體系的進入。這場爭論的結果是朝廷方面認爲「天文算學爲儒者所當知，不得目爲機巧。正途人員，用心較精，學習自易，亦於讀書學道，無所偏廢」，算學館乃得以成立。也就是說，當西學被納入傳統的「儒者」之學之後，是可以取得在中國傳統文化中的合法化地位的。這種「××之制，古已有之」的公式於是也就成爲晚清時代西方知識系統合法化必要的表達形式。如光緒二十七年（1901 年）兩廣總督陶模、廣東巡撫德壽在《奏請變通科舉摺》中力陳科舉之弊時云：「泰西諸國，無科

〔註4〕璩鑫圭、唐良炎編：《學制演變》，上海教育出版社 1991 年版，第 2～8 頁。
〔註5〕可參看關曉紅：《晚清學部研究》，廣東教育出版社 2000 年版。
〔註6〕吳宣易：《京師同文館略史》，國立北平圖書館《讀書月刊》民國二十二年一月十日第 2 卷第 4 號。

舉之政，入官必有學校，亦猶我中國三代以上之制，有小學、有中學、有大學，即古人秀士、選士、俊士以次遞陞之說也。」〔註7〕1902 年 8 月 15 日，管學大臣張百熙在進呈學堂章程時也說：「古今中外，學術不同，其所以致用之途則一，值智力並爭之世，為富強致治之規，朝廷以更新之故而求人才，以求之故而本之學校，則不能不節取歐美日本諸邦之成法，以佐我中國二千餘年舊制，固時勢使然；第考其現行制度，亦頗與我中國古昔盛時良法，大概相同……」〔註8〕。

　　當然，有了這樣一個公式，也不能說西方知識系統就能在晚清中國暢行無阻了。在列強的淩逼之下，當局自身也必然會進行變革以求應對，然而這種變革肯定是以保存當局者的統治為前提的，西方知識的進入肯定要經過晚清體制的過濾。光緒二十六年（1900 年）十二月初十朝廷頒佈的變法詔令中認為康有為等人所講的新法，是「亂法」，而不是變法。其中謂「晚近之學西法者，語言文字製造器械而已，此西藝之皮毛，而非西學之本源也」，似乎已經注意到此前只學習西方語言、科技的弊端所在，但是又稱「居上寬，臨下簡，言必信，行必果，服往聖之遺訓，即西人富強之始基」〔註9〕，不免又回到了原點，守舊之相盡露。之所以如此，是因為西方知識系統中包含的一些內容肯定會對傳統中國體制造成衝擊甚至顛覆，這當然是他們所不能容忍的。當初恭親王奕訢在準備為京師同文館聘請英國人包爾騰作教習時，就跟介紹人威妥瑪明言「止學語言文字，不許傳教」，並且令中國的漢文教習徐樹琳「暗為稽察」〔註10〕。《奏定學堂章程》中雖然專設了以西方政治法律制度為主要內容的「政法」一科，同時又顯露出當政者隱隱的擔憂。《學務綱要》稱：「乃近來更有創為蚩語者，謂學堂設政法一科恐啟自由民權之漸，此乃不睹西書之言，實為大謬。夫西國政法之書，固絕無破壞綱紀，教人犯上作亂之事，前文已詳。至學堂內講習政法之課程，乃是中西兼考，擇善而從。與中國有益者採之，於中國不相宜者置之，此乃博學無方，因時制宜之道……

〔註 7〕　《兩廣總督陶模、廣東巡撫德壽：奏請變通科舉摺》，璩鑫圭、唐良炎編：《學制演變》，上海教育出版社 1991 年版，第 24 頁。

〔註 8〕　朱壽朋編、張靜廬等校點：《光緒朝東華錄》第 5 冊，中華書局 1958 年版，第 86 頁。

〔註 9〕　《光緒二十六年十二月初十日下詔變法》，璩鑫圭、唐良炎編：《學制演變》，上海教育出版社 1991 年版，第 2～3 頁。

〔註10〕　《恭親王等：奏設同文館摺（附章程）》，舒新城編：《中國近代教育史資料》上冊，人民教育出版社 1961 年版，第 117～118 頁。

且政法一科，惟大學堂有之，高等學堂豫備入大學政法科者習之。此乃成材入仕之人，豈可不知政法？果使全國人民皆知有政治，知有法律，決不至荒謬悖誕，拾外國一二字樣、一二名詞以搖惑人心矣。」看起來是爲「政法科」辯護，實際上暴露的是當局對「啓自由民權之漸」的擔心。其中還規定私立學堂禁專習政治、法律：「其私設學堂，概不准講習政治法律專科，以防空談妄論之流弊。應由學務大臣咨行各省，切實考察禁止。」〔註11〕

　　由以上可以看出，儘管晚清時代封閉的中國知識系統已經被「西學」漸漸攻破，它和「五四」時期的新文化、新文學之間還是有明顯的斷裂，西學話語在晚清時代仍然主要被局限在聲、光、化、電等等「實」學方面。光緒二十七年（1901 年）三月，山東巡撫袁世凱在所奏《遵旨敬抒管見備甄擇摺》中就宣稱應該「崇實學」、「增實科」：「務使僻壤窮鄉皆有庠序，擇中外有裨實用之各項書籍，及各國著有成傚之各種學術，延師講授，分門肄業」，並「將各省歲試、鄉試取中定額，先行核減二成，另增實學一科，即將舊科所減之額，作爲實科取中之數。」〔註12〕對於那些有可能對體制造成衝擊的、有關意識形態方面的「法政」等學科，則進行充分限制，外來文學更不足以進入晚清官方教育的視野。據錢鍾書回憶，不是 1931 年，就是 1932 年的一天，錢鍾書在陳衍的蘇州胭脂巷住宅裏和他長談。陳衍知道錢鍾書懂外文，但是不知道錢所學的專科是外國文學，以爲准是理工或法政、經濟之類有實用的科目。陳查問明白之後曾慨歎：「文學又何必向外國去學呢！咱們中國文學不就很好麼！」〔註13〕上世紀 30 年代的民間舊派文人尚如此想，足可以想見晚清時代官方對於外來文學的態度了。胡適在《五十年來中國之文學》〔註14〕中極力劃清新文學與晚清文學之間的界線：不單嚴復、林紓、譚嗣同、梁啓超、章炳麟、章士釗等人的「翻花樣」是「古文範圍以內的革新運動」，即使晚清民間的白話小說，也仍然是「無意的，隨便的」，沒有明明白白地攻擊古文學，不曾明明白白地主張白話文學。胡適的這種言論雖然有自我標榜，忽

〔註11〕《張百熙、榮慶、張之洞：學務綱要》，舒新城編：《中國近代教育史資料》上冊，人民教育出版社 1961 年版，第 208 頁。

〔註12〕《山東巡撫袁世凱：遵旨敬抒管見備甄擇摺（節錄）》，璩鑫圭、唐良炎編：《學制演變》，上海教育出版社 1991 年版，第 9～10 頁。

〔註13〕錢鍾書：《林紓的翻譯》，《七綴集》，上海古籍出版社 1994 年版，第 102 頁。

〔註14〕該書爲申報館出版的單行本，出版年代未加注明。其正文標題爲「五十年來中國之文學」。

略晚清和「五四」之間的聯繫之嫌，也自有其道理：有目的、有計劃地倡導新文學，宣揚倫理、道德革命，從意識形態上顛覆傳統，確實是從「五四」起。晚清學制的制訂者們爲了保存國粹，甚至反對從西方引進的種種「無謂」名詞如「團體、國魂、膨脹、舞臺、代表」等等，並謂「此後官私文牘一切著述，均宜留心檢點，切勿任意效顰，有乖文體，且徒貽外人姍笑。如課本、日記、考試、文卷內有此等字樣，定從擯斥。」〔註15〕

但是，晚清學界那些不徹底的革新者們確實爲「五四」的新話語準備了條件，或者說，後來新文化、新文學話語和晚清時代具有某種程度的歷史連續性——因爲晚清時代隨著西方知識系統的衝擊，中國傳統知識系統不得不發生變化，而這些變化，最後又導致新話語與新文學的確立。要明白這一點，不妨先釐清晚清時代學制當中關於「白話」和「文學」這兩個新文學話語的關鍵詞。

（一）「並非取文言而代之」：晚清學堂章程中的白話

黃遵憲早在光緒十三年（1887）寫成的《日本國志》一書中已屬意「小說」中的白話，其意在「文言合一」，以求簡易通俗：「若小說家言，更有直用方言以筆之於書者，則語言文字幾幾乎復合矣。余又烏知夫他日者不更變一文體爲適用於今、通行於俗者乎？嗟夫！欲令天下之農工商賈婦女幼稚皆能通文字之用，其不得不於此求一簡易之法哉！」〔註16〕他的《與嚴又陵書》中又云：「公（指嚴復）以爲文界無革命，弟以爲無革命而有維新。如《四十二章經》，舊體也。自鳩摩羅什輩出，而內典別成文體，佛教益盛行矣。本朝之文書，元、明以後之演義，皆舊體所無也，而人人遵用之而樂觀之。文字一道，至於人人遵用之樂觀之，足矣！」〔註17〕足見其人之胸襟與氣魄。到了裘廷梁明確呼籲「白話爲維新之本」，更可以看出當時知識分子的遠見卓識。

較之當時民間性質的私人白話鼓吹，晚清學制改革中的白話內容則顯得有些滯後，而且往往被局限於語言的工具層面，其目的僅僅在於供「小民」們日常應用，和文學並無多少關聯。比如 1902 年制訂的《欽定小學堂章程》規定：尋常小學堂第一年的作文要「教以口語四五句使聯屬之」；第二年「授

〔註15〕《張百熙、榮慶、張之洞：學務綱要》，舒新城編：《中國近代教育史資料》上冊，人民教育出版社 1961 年版，第 205～206 頁。

〔註16〕黃遵憲：《日本國志學術志二文學》，郭紹虞主編：《中國歷代文論選》第 4 冊，上海古籍出版社 1980 年版，第 117～118 頁。

〔註17〕黃遵憲：《與嚴又陵書（節錄）》，郭紹虞主編：《中國歷代文論選》第 4 冊，上海古籍出版社 1980 年版，第 122 頁。

以口語七八句使聯屬之」〔註18〕。在1904年的《奏定學堂章程》中，初等小學堂「中國文字」課程的要義在於使學生「識日用常見之字，解日用淺近之文理，以爲聽講能領悟、讀書能自解之助，並當使之以俗語敘事，及日用簡短書信，以開他日自己作文之先路，供謀生應世之要需」〔註19〕，並規定自第二年開始要「講積字成句之法，並隨舉尋常實事一件，令以俗話二三句，聯貫一氣，寫於紙上」；第三、四年「講積句成章之法，或隨指日用一事，或假設一事，令以俗話七八句聯成一氣，寫於紙上」；第五年「教以俗話作日用書信。」〔註20〕高等小學堂內設「中國文學」課程，其要義在於使學生「通四民常用之文理，解四民常用之詞句，以備應世達意之用。讀古文每日字數不宜多，止可百餘字，篇幅長者分數日讀之，即教以作文之法（詳見初級師範學堂章程〔註21〕），兼使學作日用淺近文字。篇幅宜短，總令學生胸中見解言語鬱勃欲發，但以短篇不能盡意爲憾，不以搜索枯窘爲苦。蘊蓄日久，其穎敏者若遇不限以字數時，每一下筆必至數百言矣。並使習通行之官話，期於全國語言統一，民志因之團結。」〔註22〕

　　以上所說這些晚清學堂中的「口語」、「俗話」看起來毫無驚人之處，但是即使這種工具層面的語言變革，也顯示出當時教育領域內文言一統天下的局面已經被打破。而且，這種語言變革的主要內容之一是推行「官話」以促使「全國語言統一」——在光緒三十四年（1908）開始的「預備立憲」時期，學部所奏《分年籌備事宜清單》中就規定宣統八年檢定教員須考問「官話」；初級師範學堂、中學堂、高等小學堂各項考試，也均加「官話」一科，這就使晚清的白話包含了某種「普遍性」。〔註23〕

〔註18〕璩鑫圭、唐良炎編：《學制演變》，上海教育出版社1991年版，第271頁。
〔註19〕同上註，第295頁。
〔註20〕同上註，第298～299頁。
〔註21〕《奏定初級師範學堂章程》內「中國文學」課程分科教法中提到：「凡教學童作文者，教字法句法入門之法有三：一、隨舉一二俗字，使以文字換此俗字（虛實皆可）；二、使以俗話翻成文話；三、使以文話翻成俗話。」，又有：「練習官話，即用《聖諭廣訓直解》，以便教授學童，使全國人民語言合一。」參看璩鑫圭、唐良炎編：《學制演變》，上海教育出版社1991年版，第403頁。
〔註22〕璩鑫圭、唐良炎編：《學制演變》，上海教育出版社1991年版，第310頁。
〔註23〕載於宣統元年三月二十五日《教育雜誌》第一年第四期。其實此措施不過是落實此前《奏定學務綱要》中原有的條款：「各學堂皆學官音……茲擬以官音統一天下之語言，故自師範以及高等小學堂，均於中國文一科內附入官話一門。……將來各省學堂教員，凡授科學，均以官音講解，雖不能遽如生長京

也就是說，這時的工具性白話雖然暫時沒有波及到士大夫階層（知識階層），卻也包含了進一步顛覆文言文、傳統文學的可能性。數以億兆的「小民」在被啟蒙的時候要學白話，這種白話再加上統一的「官話」，不就預示著全民白話嗎？不就包含著白話文學的萌芽嗎？「小民」的白話（口語、俗話）——官話（語言統一）——全民白話——白話文學，直到「五四」時期，新文學運動的倡導者們才真正把這個邏輯揭示出來並力促其成為現實。「五四」新文學運動的發起人胡適、陳獨秀都曾參與過國語（白話）運動，這就是新文學運動和國語運動的合流。這種合流說明了自晚清以來的白話運動和「五四」新文學運動之間隱含的關聯。

當然，白話的顛覆性至少在晚清時代還沒有充分暴露出來，當時白話的擁護者們很少有人意識到這個運動將會動搖文言文的統治地位，因此，晚清學制中的白話也得到了從官方到民間比較廣泛的支持。

桐城派大儒吳汝倫和嚴修，就是晚清白話運動先驅之一王照的「官話字母」的「護法」，管學大臣張百熙對王照的字母也頗為贊同。光緒二十八年九月十一日（1902 年 10 月 12 日）吳汝倫在日本考察教育時致張百熙的一封信中稱，原來的翰林院編修嚴修家中傳出了省筆字：「近天津有省筆字書，自編修嚴範孫家傳出，其法用支微魚虞等字為母，益以喉音字十五，字母四十九，皆損筆寫之，略如日本之假名字，婦孺學之，兼旬即能自拼字畫，彼此通書。此音盡是京城聲口，尤可使天下語音一律。今教育名家率謂一國之民，不可使語言參差不通，此為國民團體最要之義。日本學校必有國語讀本，吾若倣之，則省筆字不可不倣辦矣。至於將來成學，則必教讀華歐文字，此是造就成材，與普教全國人民當分為二事，而中學校普通科學為之階梯。」〔註24〕

這裡的所謂「省筆字」，就是王照的官話字母。據黎錦熙說，「國語統一」這個口號，可以說就是由吳汝倫這位未實際就任的京師大學堂總教習叫出來的。吳氏以桐城派古文老將的資望，很熱烈地宣傳這種字母，自然影響很大。〔註25〕其實，早在光緒二十七年（1901）十一月羅振玉到日本去考察教育事務期間所記的日本學校教育中，從小學到高等師範學校本科，都有「國語」

師者之圓熟，但必須讀字清真，音韻朗暢。」參看璩鑫圭、唐良炎編：《學制演變》，上海教育出版社 1991 年版，第 499 頁。

〔註24〕《吳汝倫：與張冶秋尚書（百熙）（選錄）》，璩鑫圭、唐良炎編：《學制演變》，上海教育出版社 1991 年版，第 131 頁。

〔註25〕黎錦熙：《國語運動史綱》，商務印書館 1934 年 12 月出版，第 25 頁。

課程之設。本年十二月羅振玉在日本書部省拜會普通學部局長澤柳的時候，澤柳就已經提出：「中國小學教育，以讀書爲最難，緣漢文太多，小兒識字頗苦，必創切音字，以謀教育之普及乃便。但切音字用之初等教育較易行，若高等則仍用漢字可也」。〔註26〕然而，羅振玉後來討論學制問題時建議在小學、中學內設立「作文」而不曰「國語」，〔註27〕顯見得他並沒有太重視國語普及問題。

王照的另一位「護法」嚴修，在官場失意改奉教育救國的理想後，在興辦官立小學、工藝學堂以及半日學堂方面卓有成績並受到時任直隸總督的袁世凱的器重，被力邀擔任總管直隸學校司的督辦之職。光緒二十九年（1903年），直隸大學堂學生何鳳華等向袁世凱呈文，請他奏明皇上，頒行官話字母，設立「國語」科以開民智而救大局；袁世凱雖沒有據以入奏，但立刻飭令督署的學校司妥擬推行辦法。次年，直隸學務處便通令全省啓蒙學堂學習並專設許多義塾，派專員經理，撥專款拼譯書報，定獎勵辦法，又有督署箚飭直隸提學司將官話字母加入師範及小學課程中，並在天津設立大規模的「簡字學堂」，輾轉傳習。〔註28〕這些舉措，多發生在嚴修任期之內。1904年嚴修和張伯苓在家塾的基礎上，創辦實行新式教育的南開中學，1919年又將其改造成南開大學。南開大學對早期新文學話劇藝術發展的極大貢獻，也暗含著這位晚清新式教育的代表人物與新文學之間頗深的淵源。

此外，另一位國語運動的先驅勞乃宣曾俞「簡字」，〔註29〕爲其張目者則有嚴復等人。〔註30〕

〔註26〕《羅振玉：扶桑兩月記（節錄）》，璩鑫圭、唐良炎編：《學制演變》，上海教育出版社1991年版，第120～122、125頁。

〔註27〕《羅振玉：學制私議》，璩鑫圭、唐良炎編：《學制演變》，上海教育出版社1991年版，第157頁。

〔註28〕此外其他地方官員創辦此類學堂的也不少，比如1905年河北大名縣知事嚴以盛創辦官話拼音學堂、同年在兩江總督、江蘇巡撫、安徽巡撫等奏准後，南京創設「簡字半日學堂」師範班（該班「以方音爲階梯，以官音爲歸宿」）等等。

〔註29〕1912年1月勞乃宣請假，由劉經澤暫代。

〔註30〕黎錦熙：《國語運動史綱》（商務印書館1934年版，第31～33頁）中云：「勞乃宣的『簡字運動』既厄於學部，他便改從議會下手。……這時勞乃宣也得到兩個名流作護法，曰江謙，曰嚴復，這兩位也是議員。……那時清廷立憲，定期籌備九年，從光緒三十四年起，到宣統八年止，命各部奏報《分年籌備事宜清單》。學部清單中列有『國語教育事項』五條，要緊的是：宣統八年檢定教員須考問『官話』；師範、中學、高小各項考試，均加『官話』一科。……

　　當然，如果就此認爲晚清學制中的白話改革沒有遇到任何阻力，未免把問題簡單化了。傳統作爲一種保守的力量，仍然不時顯示出它的頑強。就簡字運動來說，從最初的盧戇章到王照再到勞乃宣，無不想方設法將自己的改革方案官方化，並在學校中推廣普及，卻都厄於教育當局，甚至勞乃宣的簡字方案在進呈西太后御覽並奉旨「學部議奏」之後，學部竟然都敢於「不議不奏」。

　　另外，正如前面所提到的，晚清白話運動自有其不徹底性。在當時所謂擁護漢語改革的人物中，也並非都要徹底廢除文言。嚴復雖然非常支持勞乃宣，到「五四」時期又堅決反對把白話這種「近俗之辭」和文學聯繫起來。誠如蔡元培所言：「……但那時候作白話文的緣故，是專爲通俗易解，可以普及常識，並非取文言而代之。」〔註31〕

　　而且，晚清學制中所規定的白話課程只存在於小學階段，中學有關語文類的課程又完全成爲文言的天下。這些都說明了晚清官方教育當局中難以消除的古文正宗觀念。〔註32〕白話要想和「文學」結合，只能等待新的契機出現。

（二）含混的「文學」：晚清學堂中的文學課程與觀念

　　如果說晚清學制中的白話只是晚清時代「西學」衝擊中國傳統知識系統的間接產物的話，那麼晚清以來教育體系中不斷西化的文學觀念、學制中的文學類課程設置，似更能說明新文學以及新文學課程和西方知識系統的內在聯繫。

　　　不過學部只標明官話字樣，總不提及簡字。江謙便在資政院提出質問的說帖，質問學部此項官話課本是否主用合聲字拼合國語？……此項質問，有議員三十二人連署。同時有畿輔、江南、四川各地學界和京官等聯合起來向資政院請願頒行並推廣官話簡字，計陳請書五起，列名陳請者共約四百人。於是院中推嚴復作特任股員長，從事審查。審查的結果是：『謀國語教育，則不得不添造音標文字』『將簡字正名爲「音標」，由學部審擇修訂，奏請欽定頒行。』……嚴氏將此審查結果在議場報告，大多數贊成通過。」

〔註31〕蔡元培：《中國的新文學運動》，《中國新文學大系導論集》，上海良友復興圖書印刷公司1940年版，第9頁。

〔註32〕即使在小學堂，也不能全用白話作文。《浙江教育官報》宣統元年（1909）第八期所載《宣統元年浙江松陽縣各學堂調查表》敘述對私立世珍初等小學堂（光緒三十三年正月成立）的調查情形時說：「查此堂教員勤於教授，堂長頗具熱忱，學生亦循謹有禮。惟平日作文純用白話，未免不文，亟宜改正，以端始基。」這說明在正統觀念中，白話還是不能和「文」聯繫起來的。

　　必須承認，民族危機影響下的晚清教育體制對文學來說並非一個適宜的成長環境。1898 年夏，孫家鼐在奏覆籌辦京師大學堂情形時稱：「諸子、文學皆不必專立一門」〔註33〕。《奏定學務綱要》中認爲：「惟近代文人，往往專習文藻，不講實學，以致辭章之外，於時勢經濟，茫無所知，宋儒所謂一爲文人，便無足觀，誠痛乎其言之也！」〔註34〕《奏定大學堂章程》中也說：「集部日多，必歸湮滅，研究文學者，務當於有關今日實用之文學加以考求。」〔註35〕

　　1901 年左右，袁世凱在試辦山東大學堂時規定，大學堂內分「備齋」（大略相當於現在的預科）、「正齋」（大略相當於現在的本科）、「專齋」（大略相當於現在的研究生）三級。專齋因爲學生水平之限，暫不開課；備齋內溫習中國經史、國朝掌故大略，並授以外國語言文字、史志、輿地、算術各項淺近之學；正齋授以普通學問，內設政、藝兩門。所謂藝門，分算學、天文學、地質學、測量學、格物學、化學、生物學、譯學八科，和「藝術」並無關聯；政門中分中國經學、中外史學、中外治法學三科，也和文學沒有多少瓜葛。

　　另外，按照規定，在每年授課時備齋和正齋還有古文課程，但其內容不過是從科舉制傳下來的「中文策論」、「四書義」、「五經義」，和現在所說的「文學」全不相干。〔註36〕到了第二年（1902），袁世凱任直隸總督期間籌辦直隸師範學堂、小學堂以及中學堂時，雖然課程中出現了「文學」的科目，內容也不過是「策論」、「經義」、「古文」之類，〔註37〕科舉遺痕尚未脫盡。

　　然而，「文學」本身屬於儒學「四門」之一，爲中國傳統文化之根基。以「中體西用」主張聞名的張之洞認爲「中國文章，不可不講，自高等小學至大學，皆宜專設一門。韓昌黎云：『文以載道。』此語極精，今日尤切。中國之道具於經史，經史文辭古雅，淺學不解，自然不觀，若不講文章，經史不

〔註33〕 朱壽朋編、張靜盧等校點：《光緒朝東華錄》第 4 冊，中華書局 1958 年版，第 140 頁。

〔註34〕 璩鑫圭、唐良炎編：《學制演變》，上海教育出版社 1991 年版，第 493 頁。

〔註35〕 同上註，第 356 頁。

〔註36〕 《山東巡撫袁世凱：奏辦山東大學堂摺》，璩鑫圭、唐良炎編：《學制演變》，上海教育出版社 1991 年版，第 42～58 頁。

〔註37〕 《直隸總督袁世凱：奏辦直隸師範學堂暨小學堂摺（附章程)》、《直隸總督袁世凱擬訂中學堂暫行章程》：璩鑫圭、唐良炎編：《學制演變》，上海教育出版社 1991 年版，第 73～88 頁。

廢而自廢」〔註38〕。因此晚清朝廷頒佈的新學制中仍然保留了「文學」的基礎地位。

在《欽定學堂章程》和《奏定學堂章程》規定的中小學課程中，有「詞章」和「中國文字」、「中國文學」課程。雖然這類課程類似現在的「語文」，並非專業的文學課，但有必要提及的是，《奏定中學堂章程》論及「中國文學」的課程教法時稱：「……次講中國古今文章流別、文風盛衰之要略，及文章於政事身世關係處」〔註39〕，這雖然不是該課程的主要內容，但也算是一點有意識的文學史教育了。

最值得重視的當然是初具西方現代學科分化特點的大學學科設置。在《欽定京師大學堂章程》規定的「七科之學」中，「文學」科列第二位，但是這裡的「文學」科相當於現在的「文科」，其中包括詞章學、經學、史學、理學、諸子學、掌故學、外國語言文字學，只有詞章學具有一些文學色彩。〔註40〕

梢後的《奏定大學堂章程》將「七科之學」變爲「八科之學」，其中「文學科」分爲九門，「中國文學門」與「中國史學門」、「萬國史學門」、「中外地理學門」、「英國文學門」、「法國文學門」、「俄國文學門」、「德國文學門」、「日本書學門」並列，〔註41〕觀其所論中國文學研究法，更是夾纏不清，文學和文體、書法、音韻等等雜糅在一起，顯得毫無章法：

> 研究文學之要義：一、古文籀文、小篆、八分、草書、隸書、北朝書、唐以後正書之變遷，一、古今音韻之變遷，一、古今名義訓詁之變遷，一、古以治化爲文、今以詞章爲文關於世運之升降，一、修辭立誠、辭達而已二語爲文章之本，一、古今言有物、言有序、言有章三語爲作文之法，一、群經文體，一、周秦傳記、雜史文體，一、周秦諸子文體，一、史漢三國四史文體，一、諸史文體，一、漢魏文體，一、南北朝至隋文體，一、唐宋至今文體，一、駢散古合今分之漸，一、駢文又分漢魏六朝唐宋四體之別，一、秦以前文皆有用、漢以後文半有用半無用之變遷，一、文章出於經傳古子四史者能名家、文章出於文集者不能名家之區別，一、駢、散各

〔註38〕 《張之洞：致京張冶秋尚書》，璩鑫圭、唐良炎編：《學制演變》，上海教育出版社 1991 年版，第 136 頁。

〔註39〕 璩鑫圭、唐良炎編：《學制演變》，上海教育出版社 1991 年版，第 320 頁。

〔註40〕 同上註，第 237 頁。

〔註41〕 同上註，第 349 頁。

體文之名義施用，一、古今名家論文之異同，一、讀專集讀總集不可偏廢之故，一、辭賦文體、制舉文體、公牘文體、語錄文體、釋道藏文體、小說文體，皆與古文不同之處，一、記事、記行、記地、記山水、記草木、記器物、記禮儀文體、表譜文體、目錄文體、圖說文體、專門藝術文體，皆文章家所需用，一、東文文法，一、泰西各國文法，一、西人專門之學皆有專門之文字，與漢藝文志學出於官同意，一、文學與人事世道之關係，一、文學與國家之關係，一、文學與地理之關係，一、文學與世界考古之關係，一、文學與外交之關係，一、文學與學習新理新法、製造新器之關係（通漢學者筆述較易），一、文章名家必先通曉世事之關係，一、開國與末造之文有別（隋勝陳、唐勝隋、北宋勝晚唐，元初勝宋之類，宜多讀盛世之文以正體格），一、有德與無德之文有別（忠厚正直者爲有德，宜多讀有德之文以養德性），一、有實與無實之別（經濟有效者爲有實，宜多讀有實之文以增才識），一、有學之文與無學之文有別（根柢經史、博識多聞者爲有學，宜多讀有學之文以厚氣力），一、文章險怪者、纖佻者、虛誕者、狂放者、駁雜者，皆有妨世運人心之故，一、文章習爲空疏，必致人才不振之害，一、六朝、南宋溺於好文之害，一、翻譯外國書籍函牘文字中文不深之害。〔註42〕

當然，以上可以看出一點新氣象：不僅小說文體，甚至「東文文法」、「泰西各國文法」都已經堂而皇之地進入其中，似大有「全球意識」與比較文學眼光。但這個章程仍然存在如何使傳統的學術內容適合於西方知識框架的問題，「中學爲體」的思想使得大學內的文學課程成了一鍋大雜燴。

　　章程對於東西方知識系統不成功的焊接，說明晚清文學學科進一步改革的必要性。據陳平原《新教育與新文學——從京師大學堂到北京大學》中說，京師大學堂國文教習林傳甲改造笹川種郎的《歷朝文學史》後所成的《中國文學史》講義本來是打算亦步亦趨地遵守這個章程的，但是在實際寫作過程中，擔心體例過於紊亂，最後不得不放棄了後二十五款。〔註43〕

〔註42〕璩鑫圭、唐良炎編：《學制演變》，上海教育出版社 1991 年版，第 355～356 頁。

〔註43〕陳平原：《新教育與新文學——從京師大學堂到北京大學》，《中國大學十講》，復旦大學出版社 2002 年版，第 117 頁。

相比之下，江蘇常熟人黃摩西的《中國文學史》的「西化」色彩比這個
章程更濃，宏觀結構也更具邏輯性。黃摩西的《中國文學史》煌煌 29 冊，每
冊首頁都題有「東吳大學堂課本」字樣，至少可以說明在東吳大學堂這樣的
教會學校中，當局的影響力遠不及在京師大學堂裏那麼大。雖然黃摩西著作
的內容大部分不過是各朝代的作品選錄，但是其前四編：「總論」、「略論」、「文
學之種類」以及「分論」，足以顯示此人的見識。黃摩西已經比較完備地瞭解
了西方文學的內涵：「日本大田善男所著《文學概論》第三章第一節云：『文
學者英語謂之利特拉大。』（Literature）自拉丁語（Litera）出。其義爲文典，
爲文字，又爲學問，次第雖應用而變。支那之所謂文學者，其義頗泛。大約
多自學問一方面解釋。至近時亦用利特拉大之義。」〔註44〕

黃摩西還在後面列舉了巴爾克、阿諾圖、狄比圖松、科因西哀對於文學
概念的理解，指出各自的不足，並推崇烹苦斯德所著《英吉利文學史》中的
文學觀。他認爲，烹苦斯德的著作，將詩歌歷史小說評論等，都包括於文學
中，是很正確妥當的——因爲這不是以體制定文學，而是以特質定文學。

這樣，黃摩西在西方文學概念裏兜了一個大圈子之後，雖然意識到了文
學的「特質」，〔註45〕承認「文學屬於美之一部分」，但是在文體上，還是沒
能把文學獨立出來。

兼有東西方意味的晚清文學觀念，確實尚待釐清。〔註46〕即使眞如陳平

〔註44〕黃摩西：《中國文學史》第 2 冊，國學扶輪社印行，第 2 頁。這部文學史著作
　　　　和林傳甲的《中國文學史》著於同一時期，具體出版年代不詳。另外需要指
　　　　出的是，該書可能並非黃摩西獨力完成。錢仲聯在《夢苕庵詩話》（齊魯書社
　　　　1986 年 3 月出版，第 49 頁）中說：「金丈叔遠（鶴沖）曩在東吳大學，與摩
　　　　西爲同事，且同鄉，交尤契。丈告余曰：中國文學史一書非摩西一人所作，
　　　　屬於古代者，出摩西手，漢以後則他人所續也。摩西性極懶，作字尤譎詭類
　　　　蟲書鳥篆，人不能識。文學史一書，當時逐日轉纂，用爲校中講義，往往午
　　　　後需用，而午前尚未編就，則口銜煙筒，起腹稿，口授金丈，代爲筆錄。錄
　　　　就後，略一過目，無誤漏，則繕寫員持去付印矣。」這本著作顚倒錯漏之處
　　　　很多，應該與此有很大關係。
〔註45〕黃摩西列舉「文學特質」云：「（一）文學者雖亦因乎垂教而以娛人爲目的；（二）
　　　　文學者當使讀者能解；（三）文學者當爲表現之技巧；（四）文學者摹寫感情；
　　　　（五）文學者有關於歷史科學之事實；（六）文學以發揮不朽之美爲職分。」
　　　　（參看黃摩西：《中國文學史》，國學扶輪社印行，第 3～4 頁。）
〔註46〕可以參考戴燕的《文學・文學史・中國文學史——論本世紀初「中國文學史」
　　　　學的發軔》（發表於《文學遺產》1996 年第 6 期）中所對此所作的探討。

原《新教育與新文學——從京師大學堂到北京大學》中所言，當時一些西方
來的傳教士如林樂知（Young John Allen，同治七年創辦、後來易名為《萬國
公報》的《中國教會新報》的主筆；19 世紀 80 年代初於上海成立的中西書院
的創辦者；1901 年在蘇州成立的東吳大學堂的首任董事長）等人所說的「文
學」並非今人熟悉的漢譯 LITERATURE，〔註47〕至少可以肯定的是，兩份學
堂章程中的「文學」也不應該被理解為「廣義的文化教育」，而是相對於「實」
而來的「文」，現代意義上的「純文學」應該是其中最重要的成分之一。當然，
「文學」的概念仍然混雜，而沒有獨立。雖然「文科」之名已不少見，如羅
振玉在《學制私議》關於高等師範、高等學校（分科大學之預科）以及分科
大學中的主張中已經有「文科」的類似設置；〔註 48〕梁啓超在《教育政策私
議》〔註49〕中的《教育制度表》中也曾列出過文科大學、文科中學校之名目。
但是，像王國維這樣的美學先驅，雖然非常重視美育，且明確了文學的美學
標準，也還是沒想去改變「文學科大學」這樣的稱謂。〔註50〕

　　然而，「文學」內涵在官方章程中的轉變仍然發生了，雖然也許是不經意
的。光緒三十四年（1908 年）正月十六，劉廷琛正式到京師大學堂任監督。
在他的任期內，京師大學堂奏請設立分科大學時，就把「文學科」改稱「文
科」：「查奏定章程，大學八科共四十六門，……惟本學堂預科畢業學生僅百
三十餘人，師範能入分科者僅數十人。各省高等學堂尚無畢業者。擬就各生
學業相近，擇設經科之尚書門、三禮門、春秋左傳門，文科之中國史學門、
中國文學門，格致科之化學門、物理學門，工科之土木工學門、機器工學門、

〔註47〕　陳平原：《新教育與新文學——從京師大學堂到北京大學》，《中國大學十講》，
　　　　復旦大學出版社 2002 年版，第 106 頁。
〔註48〕　羅振玉在《學制私議》中提出在高等師範設立文、理兩科，文科分五門：曰
　　　　教育、曰文字、曰外國語、曰歷史、曰地理；高等學校分類六：理、醫、農、
　　　　工、法、文；分科大學分六門：法、醫、工、文、理、農。參看璩鑫圭、唐
　　　　良炎編：《學制演變》，上海教育出版社 1991 年版，第 157 頁。
〔註49〕　參看梁啓超：《飲冰室文集全編》，上海新民書局 1933 年版，第 11 頁。
〔註50〕　王國維在論及教育宗旨時明確提出「知育」、「道德」、「美育」為「完全教育」
　　　　的三個必不可少的因素（參看璩鑫圭、唐良炎編：《學制演變》，上海教育出
　　　　版社 1991 年版，第 161 頁）；他在《奏定經學科大學文學科大學章程書後》（載
　　　　於光緒三十二年正月、二月《教育世界》第一百十八、十九兩期）中也曾明
　　　　確說：「且定美之標準與文學上之原理者，亦唯可於哲學之一分科之美學中求
　　　　之」，但是該文在後面建議把「經學科大學」和「文學科大學」合併，還是以
　　　　「文學科大學」稱之。

採礦冶金學門，計共十門，候各省高等畢業有人即隨時量爲補設，逐漸推廣，以規大學之全，此籌學科之次第也。」〔註51〕劉廷琛的「文科」概念也被作爲最高教育行政機關的學部所採納：「學部奏：籌辦京師分科大學情形。一、學科。除醫科，須候監督屈永秋到堂，再行妥籌辦理，計經科、法政科、文科、格致科、農科、工科、商科，分門擇要先設。」〔註52〕宣統元年三月二十六日（1909 年 5 月 15 日），學部又上奏朝廷，將中學課程分爲「文」、「實」兩科：「文科以讀經講經、中國文學、外國語、歷史、地理爲主課，而以修身、算學、博物、理化、法制、理財、圖畫、體操爲通習；實科以外國語、算學、物理、化學、博物爲主課，而以修身、讀經講經、中國文學、歷史、地理、圖畫、手工、法制、理財、體操爲通習。主課各門授課時刻較多，通習各門較少，皆以五年畢業。」〔註53〕

從「文學科」到「文科」的稱謂的轉變，意味著「文學」觀念更具有獨立性，更窄化或說專業化。在當時的京師大學堂裏發生這樣的轉變，其官方背景當然更值得注意——這意味著西方的文學觀念不僅滲透進中國教育界，而且已經確立了在教育體制中的地位，它此後的任務就不僅是從觀念上，還要從實踐上不斷爲自身以及西方知識系統開拓新的疆域。

二、民國學制變遷與大學新文學課程

在教育現代化的過程中，與學科設置、文學觀念的現代化過程相比，白話的命運顯得更加一波三折。民國成立，政治上的帝制被推翻，但是文化傳統並沒有煙消雲散，民初學制對於晚清學制的繼承之處很多，〔註54〕甚至連教育宗旨都是如此。當時的教育總長蔡元培在陳述自己對新教育方針的理解時，剔除了晚清教育宗旨中的「忠君」、「尊孔」兩項，但「尚武」、「尚實」、

〔註51〕《大學堂爲開辦分科大學致學部呈文》，北京大學校史研究室編：《北京大學史料》第 1 卷，北京大學出版社 1993 年版，第 199 頁。

〔註52〕《學部奏籌辦分科大學情形摺》，北京大學校史研究室編：《北京大學史料》第 1 卷，北京大學出版社 1993 年版，第 200 頁。

〔註53〕《學部：奏變通中學堂課程分爲文科、實科摺》，璩鑫圭、唐良炎編：《學制演變》，上海教育出版社 1991 年版，第 553 頁。

〔註54〕1912 年到 1913 年間形成的壬子‧癸丑學制與晚清學制相比，其最爲人稱道的是女子獲得了某種程度的受教育權利，小學校內男女甚至可以同校。然而在大學卻不招收女生，也沒有女校。單從形式上來說，這個學制基本上沿用了清末以來的日本模式。

「尙公」三項大致都被他接受。〔註55〕在 1912 年 7 月 10 日開始的教育部臨時教育會議上，有議員提出「學校不拜孔子案」，認爲「前清有《學堂管理通則》，有拜孔子儀式，孔子非宗教家，尊之自有其道，教育與宗教不能混合爲一；且信教自由，爲憲法公例，不宜固定一尊」。對於這個提案，議員們討論再三，還是認爲：「若將此案明白宣佈，恐起社會上無謂之風潮；只須於學校管理規程內刪除此節，則舊日儀式自可消滅於無形」〔註56〕，於是這個提案在「初讀」時沒有通過。這說明了當時的教育部即使有意改革，有時也不得不採取模糊的態度。後來，袁世凱當政，在復辟動機驅動下，又開始在教育界提倡「尊孔」〔註57〕，一時間復古主義大盛。

其實袁世凱在晚清時代，對廢除科舉、提倡官話字母是有貢獻的。這說明，復古者未必就反對白話——他們只是反對把白話奉爲「正統」而已，白話固然可以「開啓民智」，但不能妨害作爲「國粹」載體的文言文的存在。而面對數千年的傳統文化積澱，白話如果不與文學掛鉤，僅僅靠「開啓民智」的理由，確實很難消除擁護文言文者的優越感。新文學運動發起之後，胡適、陳獨秀等人提倡的新文學遭到林紓駁難的時候，嚴復給熊純如的信中就認爲：「今夫文字語言之所以爲優美者，以其名辭富有，著之手口，有以導達要妙精深之理想，狀寫奇異美麗之物態耳。……今試問欲爲此音，將於文言求之乎？抑於白話求之乎？……須知此事，全屬天演。革命時代，學說萬千，然而施之人間，優者自存，劣者自敗，雖千陳獨秀，萬胡適、錢玄同，豈能劫持其柄，則亦如春鳥秋蟲，聽其自鳴自止可耳。林琴南輩與之校論，亦可笑也。」〔註58〕進化論這種「現代性」理論，竟然成爲嚴復爲傳統文化辯護的理論依據。這足以說明在「傳統」和「西方」、「新」與「舊」之間有多麼複雜的關係。

當然，民國初期的守舊者無論以何種姿態出現，都難以掩蓋其復古的實質。在這個時期，「國文」顯得比晚清時期還受重視：「處今列強競爭之世，

〔註55〕蔡元培：《對於新教育之意見》，中國蔡元培研究會編：《蔡元培全集》第 2 卷，浙江教育出版社 1997 年版，第 9～16 頁。

〔註56〕我一：《臨時教育會議日記》，1912 年 9 月《教育雜誌》第 4 卷第 6 號。

〔註57〕1915 年 1 月袁世凱當政、湯化龍任教育總長時期，以袁世凱名義頒佈的《頒定教育要旨》中就以「愛國」、「尚武」、「崇實」、「法孔孟」、「重自治」、「戒貪爭」、「戒躁進」爲教育要旨。參看璩鑫圭、唐良炎編：《學制演變》，上海教育出版社 1991 年版，第 758～767 頁。

〔註58〕王栻主編：《嚴復集》第 3 冊，中華書局 1986 年版，第 699 頁。

爲國民者，不可不具有政治之智識，尤不可不具通權達變之政治思想。中小學國文一科，實爲輸入此種知識之捷徑。《尙書》、《國語》、《國策》，不特文詞古樸精微，可爲文範；而經權正詭，無所不具，尤足發達思想。應由教育部通飭中小學校於編定國文教科書外，多讀《國語》、《國策》，並選讀《尙書》。中學以上，並應於每日學科之暇，多閱史鑒，以增其政治之知識。所謂良教育，係造成有機的國民，非造就器械的國民也。」〔註59〕

「國文」既被如此重視，以倡導白話爲目的的國語運動，就更多了阻力。國語運動者們在如何理解晚清學制中已經進入學校課堂的白話問題上，也顯示出分歧。

在前面已經提到的 1912 年 7 月 10 日教育部召開的臨時教育會議上，議員們決定成立「讀音統一會」，制訂公佈《讀音統一會章程》八條，規定由專門司主持此事。王照受聘爲讀音統一會會員，聽說之後很不高興。他認爲，議行拼音字，爲的是普及白話教育之用，應屬社會教育司；現在歸屬專門司，已入韻學範圍，這是抹煞了本旨。此後王照在天津訪問嚴修，說到讀音統一會的會名時，嚴修說：「此以『讀』書之『音』注相號召也，與我輩倡行此事之原意迥爲兩事；君之赴會，效果殊未可知！」當時吳敬恒草定《讀音統一會進行程序》一冊，印發給已經聘任的會員們，王照接到後立即加了評語：「玄虛荒謬！」〔註60〕

民國初期國語運動的主要目的有二：一是要「語音統一」，二是「文言合一」，這兩者是密切相關的。「語音統一」的要義在於「使天下語言一律」，消除各地方言的分歧，這對於革新者和守舊者來說都是沒有問題的；而「文言合一」則不然，在守舊者看來，可以統一到文言上——至少應該和文言不相妨礙，而「新」派的主張，自然以普及「白話」爲目的。在晚清時期混亂的社會政治格局以及傳統文化仍具有話語霸權的語境中，不徹底的白話運動中包含的矛盾還未充分展現；及至民國，新的思想潮流開始在文化上要求領導地位，此種分歧則暴露無遺。就此看來，把普通教育中的「國文」改「國語」，就成爲一種可能動搖傳統文化根基的革命性構想。

〔註59〕《特定教育綱要》（1915 年 2 月　大總統袁世凱頒定），1915 年 2 月《教育公報》第 9 冊。

〔註60〕上述有關讀音統一會的記載，參看黎錦熙：《國語運動史綱》，商務印書館 1934年版，第 50 頁。

（一）改「國文」爲「國語」：白話文官方地位的確立

在學校內設立「國語」科的提議在晚清就出現了，民國時期直接把「國文」改爲「國語」的設想當然是在晚清的基礎上更進了一步，但困難也是可想而知的，國語運動者們的一系列努力也沒能取得實際成效。在 1912 年 7 月 10 日開始的教育部臨時教育會議上，蔡元培在會議開始的演說中提及：有人提議初等小學宜於教國語，不宜教國文。蔡元培認爲：「既要教國語，非先統一國語不可；然而中國語言，各處不同，若限定以一地方之語言爲標準，則必招致各地方之反對，故必有至公平之辦法。國語既一，乃可定音標。從前中央教育會雖提出此案，因關係重要，尚未解決。」〔註61〕

1913 年 2 月 15 日教育部附設的讀音統一會召開第一次正式會議，又有人提議將初等小學「國文」改爲「國語」，或者另外添設「國語」課程。但是後來因爲袁世凱篡權，當局內彌漫著復古主義空氣，各項議案都被懸置。據黎錦熙說，1914～1915 年間，教育部設處編纂國定小學教科書，主編者熊崇煦及陳潤霖、李步青、黎錦熙等，每每主張「國文」改爲「國語」時，聞者「但微笑」，後來只把第一冊勉強用些言文接近的句子；第二冊將「的」、「麼」、「這」、「那」等字附在課後，以與課文中「之」、「乎」、「彼」、「此」對照，但它們最終還是被刪除了。

民初教育界的守舊空氣看來不僅僅和袁世凱有關。即使在袁世凱倒臺、范源濂任教育總長後，壬子·癸丑（1912～1913）學制得到修訂，也只是於 1916 年 10 月 9 日頒佈的《教育部令第 17 號（修正高等小學校令施行細則）》中把原來袁世凱的年號「洪憲元年」改成「民國五年」，將原來第二條第一項的「讀經」二字刪除，但是在第二條之後又加上「讀經要旨，在使兒童薰陶於聖賢之正理，兼以振發愛國之精神」，並云：「宜講授論語大義，務期平正明顯，切於實用。」〔註62〕

袁世凱倒臺後，復古空氣稍淡，國語研究會繼續鼓吹改「國文」爲「國語」，在 1917 年的第三屆全國教育會聯合會呈部請推行注音字母議決案中，才開始有「以爲將來小學改國文科爲國語科之預備」的字樣。〔註63〕

〔註61〕 我一：《臨時教育會議日記》，璩鑫圭、唐良炎編：《學制演變》，上海教育出版社 1991 年版，第 640 頁。
〔註62〕 璩鑫圭、唐良炎編：《學制演變》，上海教育出版社 1991 年版，第 807 頁。
〔註63〕 黎錦熙：《國語運動史綱》，商務印書館 1934 年版，第 107～108 頁。

在國語運動的艱難時刻，促成「國文」改「國語」的關鍵力量是新文學的提倡者。1918 年胡適在《建設的文學革命論》中提出「國語的文學——文學的國語」〔註 64〕的口號，成爲國語運動和文學革命兩個潮流正式匯合的標誌。從當時教育部附設的國語統一籌備會（簡稱國語統一會）的成員上也能看出這種合流的趨勢。該會成立於 1919 年 4 月，會長是張一麔，副會長是袁希濤、吳稚暉，會員有黎錦熙、錢玄同、胡適、劉半農、周作人、朱希祖、馬裕藻、趙元任、汪怡、蔡元培、沈兼士、林語堂、王璞等。〔註 65〕從上述名單來看，除了陳獨秀、李大釗等人之外，《新青年》的核心人物胡適、錢玄同、周作人、劉半農都在其中。作爲新文學運動的倡導者，他們自覺地匯入了晚清以來的國語運動大潮。

正是這些新文學的倡導者們直接促成了「國文」改「國語」。對此，黎錦熙的《國語運動史綱》中有詳細記載：就在 1919 年 11 月 29 日國語統一籌備會召開的第一次大會上，劉半農、周作人、胡適、朱希祖、錢玄同、馬裕藻等提出「國語統一進行方法」的議案，其第三件事，是「改變小學課本」：

> 統一國語既然要從小學校入手，就應當把小學校所用的各種課本看作傳佈國語的大本營；其中國文一項，尤爲重要。如今，打算把「國文讀本」改作「國語讀本」：國民學校全用國語，不雜文言；高等小學酌加文言，仍以國語爲主體。「國語科」以外，別種科目的課本，也該一致改用國語編輯。

此案通過，國語統一籌備會組織委員會整理呈教育部施行。1920 年 1 月，教育部頒佈了訓令：「自本年秋季起，凡國民學校一、二年級先改國文爲語體文，以期收言文一致之效。」同年，教育部又訓令全國各國民學校先將一、二年級國文改爲語體文，又以部令修改學校法規。在《教育部令第七號》中這樣規定：

> 茲修正國民學校令第十三條第十五條，公佈之。此令。
>
> 第十三條第十五條「國文」均改爲「國語」
>
> 中華民國九年一月二十四日　　教育次長代理部務傅岳棻

〔註 64〕胡適：《建設的文學革命論》，1918 年 4 月《新青年》第 4 卷第 4 號。

〔註 65〕據 1919 年 2 月 25 日《北京大學日刊》報導：「教育部公佈國語統一籌備會規程，由本校校長於教員中推選朱希祖、馬裕藻、胡適、錢玄同、周作人、劉復六教授爲該會會員。」由此可知胡適等人是經過蔡元培推舉加入該會的。

據黎錦熙說，聯繫後面的第八號部令中的表格可以看出，國民學校第三、四年級，在法規上也已被確定為「語體文」（白話文）。〔註66〕歷經波折之後，不僅在初等小學內「國文」終於變為「國語」，而且「國語」的浪潮也漸及初中、高中、大學。

在初中、高中內：第八屆全國教育聯合會組織了一個「新學制課程標準起草委員會」，於1923年6月將其所擬訂的《中小學各科課程綱要》刊佈。其中規定：小學及初中、高中，一律開設「國語科」。小學國語讀本，取材以兒童文學（包含文學化的實用教材）為主；初中讀本，第一年語體約占四分之三，第二年四分之二，第三年四分之一；高中「目的」之第三項為「繼續發展語體文的技術」。其所列舉的略讀書目，初中首列《西遊記》、《三國志演義》；高中首列《水滸傳》、《儒林外史》、《鏡花緣》。這個綱要沒有經過教育部公佈，但教育界一直試行到1927年國民政府公佈《大學院組織法》時為止。〔註67〕

在大學內：中華教育改進社第一次年會於1922年7月在濟南召開，會議上周銘三提出「大學、高等師範學校添設國語專科案」，其中提議「高等師範及師範學校，除普通必修之國語外，應當添設國語專科，定為一年至二年的修業期限。至於大學有教育科的，也應當添設。」〔註68〕

「國文」改「國語」的意義是巨大的。如胡適所說，教育部1920年的命令是「幾十年來第一件大事」，它的影響和結果雖然難以預先計算，但「這一道命令把中國教育的革新至少提早了二十年。」〔註69〕對新文學來說，其作用更是難以估量：學校要推行「國語」，就不能不借助「語體文」，這就使語體文（新文學）從制度上得到了落實。從此新文學不僅進一步贏得了話語權，學校教育也可以為新文學儲備大量創作人才並能培養更多新文學的接受者。

另外，「國文」改「國語」過程中新文學倡導者和教育當局之間合作也是頗富意味的。如果說新文化運動倡導者們所處的北京大學跟權力當局的關係

〔註66〕 以上關於教育部頒佈國民學校「國文」改「國語」的過程及「提案」、「部令」等，參看黎錦熙著：《國語運動史綱》，商務印書館1934年版，第110～112頁。

〔註67〕 參看黎錦熙：《國語運動史綱》，商務印書館1934年版，119～120頁。

〔註68〕 該提案刊載於《國語月刊》1922年7月20日第1卷第6期。原案無「大學」，公決時增加。

〔註69〕 胡適：《國語講習所同學錄序》，白吉庵、劉燕雲編：《胡適教育論著選》，人民教育出版社1994年版，第122頁。

還不算十分緊密的話，那麼他們進入國語統一籌備會這樣由教育部附設的機構，足可以說明此後新文化派在權力當局那裡已經得到了認可。這同時也為後來新文學被列入教育部頒佈的大學中國文學系必修選修科目表埋下伏筆。雖然後來新文學、國語運動還是受到過來自教育當局的阻力——如「甲寅派」〔註70〕的核心人物章士釗任段祺瑞政府的教育總長時就曾反對新文學、新文化，30 年代中期社會上又出現了復古主義思潮，但是在教育領域內，由於大量「新」派知識分子的存在以及蔡元培等所確立的「教育獨立」傳統的影響，實際上復古主義並沒有完全佔據上風。在具體到如何對待文言與白話、新文化運動等問題上，民國時期教育當局的態度往往因人而異，很難說有總體的傾向性。

當然，這次「國文」改「國語」並未明確規定白話文在教育體系中的正統地位，離胡適等人以白話文為文學正宗的目標還有相當的距離。出現這個結果的原因很複雜，除了傳統文化勢力的強大之外，另外一個原因可能在於新文學從一開始就對文言文採取了容忍與吸納的態度。胡適在《文學改良芻議》中提出「八事」，其中第六項是「不用典」，但是他認為「廣義之典」是可用可不用的；即使是「狹義之典」，他也並非完全反對：「狹義之典亦有工拙之別，其工者偶一用之，未為不可，其拙者則當痛絕之。」〔註71〕在 1917年 11 月 20 日寫給錢玄同的信中，胡適談及對「白話」的理解時還說：

　　（一）白話的「白」，是戲臺上「說白」的白，是俗語「土白」的白。故白話即是俗話。

　　（二）白話的「白」是「清白」的白，是「明白」的白。白話但須要「明白如話」，不妨夾幾個文言的字眼。

〔註70〕「甲寅派」的概念是相當複雜的。1913 年，國民黨人發動的反袁「二次革命」失敗，章士釗隨國民黨人亡命日本。在與章士釗關係很好的黃興等人的支持下，章士釗與谷鍾秀等創辦《甲寅》月刊。1914 年 7 月，章士釗邀請了早在 1898 年就結識的陳獨秀到日本協助他編輯《甲寅》月刊。初期《新青年》與此時的《甲寅雜誌》有一定的人事和思想淵源。圍繞《甲寅》月刊聚集了後來《新青年》上的作者如李大釗、易白沙、高一涵等；1917 年 1 月 28 日《甲寅》日刊出版（2 月 17 日改為周刊發行），章士釗又曾邀請李大釗、高一涵、邵飄萍參加編輯工作。明確表示反對新文化的，是章士釗 1925 年 7 月 18 日復刊的《甲寅》周刊。此時的「甲寅派」除了章士釗外，主要有瞿宣穎、陳小豪、孫師鄭等人，與胡適在《五十年來中國之文學》中所稱的早期「甲寅派」不同。

〔註71〕胡適：《文學改良芻議》，1917 年 1 月《新青年》第 2 卷第 5 號。

（三）白話的「白」是「黑白」的白。白話便是乾乾淨淨沒有
堆砌塗飾的話，也不妨夾入幾個明白易曉的文言字眼。〔註72〕

以「明白易曉」的文言文作爲建設白話文、新文學的資源，自然是一個相當
必要而且有效的手段，但是在「五四」時期文言和白話激烈對立的情況下，
又難免給「文言優勝論」者們留下了生存以及想像的空間。

（二）邏輯與歷史：民國學制與大學新文學課程的發生

民國時期有兩次大規模的學制變革：一是前面所提到的民初制訂的壬
子・癸丑（1912～1913）學制；二是 1922 年制訂的壬戌學制，兩者的區別主
要在於前者「仿日」而後者「仿美」。因爲它們都是西方學制在中國初步確立
的形態，所以其中的差異不需要詳細討論，值得關注的仍然是其中所體現的
「新」、「舊」話語及其與大學新文學課程之間的關係。

民國成立，帝制被推翻，教育自然也有新氣象。1912 年 1 月蔡元培主持
教育部時公佈的《中華民國教育部普通教育暫行辦法通令》中規定：

一、從前各項學堂均改稱爲學校。監督、堂長應一律改稱校長。

……

一、初等小學校可以男女同校。

……

一、凡各種教科書，務合乎共和民國宗旨。清學部頒行之教科
書，一律禁用。

一、凡民間通行之教科書，其中有尊崇滿清朝廷及舊時官制、
軍制等課，並避諱、擡頭字樣，應由各該書局自行修改，呈送樣本
於本部，本省民政司、教育總會存查。如學校教員遇有教科書中不
合共和宗旨者，可隨時刪改；亦可指出，呈請民政司或教育會，通
知該書局改正。

一、小學讀經科一律廢止。

……

一、舊時獎勵出身，一律廢止。初、高等小學畢業者，稱初、

〔註72〕胡適：《答錢玄同書》，《胡適文存》（一），上海亞東圖書館 1923 年版，第 54
～55 頁。

高等小學畢業生。中學校、師範學校畢業者，稱中學校、師範學校
畢業生。〔註73〕

在這種語境中，文學觀念、文學課程也在不斷地現代化（或曰西化）。1912年
9月，教育部公佈教育宗旨時提及的四項教育目標「道德教育、實利教育、軍
國民教育、美感教育」〔註74〕中，「美感」是個新概念，國文課程也和美感明
確聯繫起來：「國語國文之形式，其依準文法者屬於實利，而依準美詞學者，
屬於美感。」〔註75〕

　　張之純的師範學校本科教科書《中國文學史》並沒有什麼名氣，然而從
中正好可以看出當時在教育界已經相當普及的西方文學觀念（如果考慮到師
範學校本身就是以培養教師為目的的，那麼這種文學觀念的傳播應該是相當
迅速的）。該教科書的《緒論》開宗明義，先明確了文學與文字的區別：「文
學與文字，一而二者也。吾國舊時學說，往往混合言之，無所區別。不知文
學自文學，文字自文字，具有獨立之性質。謂文學根據於文字則可，謂文學
即文字則不可。謂文字為文學之元素則可，謂文字即文學則不可。此近世教
育家言，截然分為兩事也。」〔註76〕

　　文學課程從形式到內容也都在逐步地發生變化。1912年教育部頒佈的普
通教育課程標準中，不僅小學、中學以及師範學校都設「國文」，從而取代了
晚清學制中混亂的「中國文學」、「詞章」等課程，〔註77〕而且和「國語」相
比具有保守色彩的「國文」也有新含義。在小學內，「國文要旨在使兒童學習
普通語言文字，養成發表思想之能力，兼以啟發其智德。……教授國文務求
意義明瞭，並使默寫短句短文，或就成句改作，俾讀法、書法、做法聯絡一
致，以資熟習。」〔註78〕1912年12月教育部公佈的《中學校令施行規則》中

〔註73〕 《教育部：電各省頒發普通教育暫行辦法》（1912年1月19日），璩鑫圭、唐
　　　　良炎編：《學制演變》，上海教育出版社1991年版，第596頁。

〔註74〕 《教育部公佈教育宗旨令》，璩鑫圭、唐良炎編：《學制演變》，上海教育出版
　　　　社1991年版，第651頁。

〔註75〕 蔡元培：《對於新教育之意見》，中國蔡元培研究會編：《蔡元培全集》第2卷，
　　　　浙江教育出版社1997年版，第15頁。

〔註76〕 江陰張之純編纂、武進蔣維喬校訂：《中國文學史》卷上，商務印書館1915
　　　　年版，第1頁。

〔註77〕 《教育部：承包並咨行普通教育暫行辦法及課程標準》（1912年1月19日），
　　　　璩鑫圭、唐良炎編：《學制演變》，上海教育出版社1991年版，第597～601頁。

〔註78〕 《教育部訂定小學校教則及課程表》（1912年12月），璩鑫圭、唐良炎編：《學
　　　　制演變》，上海教育出版社1991年版，第691頁。

規定：「國文要旨在通解普通語言文字，能自由發表思想，並使略解高深文字，涵養文學之興趣，兼以啓發智德。國文首宜授以近世文，漸及於近古文，並文字源流，文法要略，及文學史之大概，使作實用簡易之文，兼課習字。」〔註79〕由此可以看出，當時不惟文學得到了更多強調，貴古賤今的傳統也一變而爲「由今及古」，「自由」一詞不再遭貶斥，而成爲表達思想的一種必要方式。在師範學校系統內，則進一步規定：「第三十二條　國文依第十條，以近世文爲主，又令熟練語言，作實用簡易之文，兼課教授法。」〔註80〕

　　大學裏的課程也變得更加條理、系統。1912 年 10 月教育部公佈的《大學令》〔註81〕第二條中規定：「大學分爲文科、理科、法科、商科、醫科、農科、工科。」「文學」成爲「文科」四門之一，和「哲學、歷史學、地理學」並列，〔註82〕「文學門」又分「國文學、梵文學、英文學、法文學、德文學、俄文學、意大利文學和言語學」八類。這樣的課程已經相當接近於現在的大學學科設置。這顯然和以蔡元培爲首的一批新教育家有很大關係：據現有材料，晚清大學裏的經科，就是經過蔡元培提議廢除，分入「文科」的「哲學」、「史學」、「文學」三門的。〔註83〕

　　但是，「文學門」再細分爲八類學科時，仍然顯示出學制制訂者在用西方化的知識框架處理中國傳統文學時的困難：

　　　　（二）文學門分爲下之八類　國文學類：（1）文學研究法，（2）說文解字及音韻學，（3）爾雅學，（4）詞章學，（5）中國文學史，（6）中國史，（7）希臘羅馬文學史，（8）近世歐洲文學史，（9）言語學概論，（10）哲學概論，（11）美學概論，（12）論理學概論，（13）世界史。梵文學類：（1）梵語及梵文學，（2）印度哲學，（3）宗教學，（4）因明學，（5）中國哲學概論，（6）西洋哲學概論，（7）文

〔註79〕璩鑫圭、唐良炎編：《學制演變》，上海教育出版社 1991 年版，第 669 頁。
〔註80〕《教育部公佈師範學校規程》（1912 年 12 月 10 日部令第 34 號），璩鑫圭、唐良炎編：《學制演變》，上海教育出版社 1991 年版，第 683 頁。
〔註81〕本文刊載於 1913 年 1 月《教育雜誌》第 4 卷第 10 號。
〔註82〕《教育部公佈大學規程（1913 年 1 月）》，1913 年 4 月《教育雜誌》第 5 卷第 1 號。
〔註83〕我一：《臨時教育會議日記》（1912 年 9 月《教育雜誌》第 4 卷第 6 號）中記載，在 1912 年 7 月 10 日開始的教育部臨時教育會議的演説中蔡元培曾經説到：「普通教育廢止讀經，大學校廢經科，而以經科分入文科之哲學、史學、文學三門，是破除自大舊習之一端。」

學概論，(8)言語學概論，(9)論理學概論，(10)倫理學概論，(11)中國文學史。英文學類：(1)英國文學，(2)英國文學史，(3)英國史，(4)文學概論，(5)中國文學史，(6)希臘文學史，(7)羅馬文學史，(8)近世歐洲文學史，(9)言語學概論，(10)哲學概論，(11)美學概論。法文學類：(1)法國文學，(2)法國文學史，(3)法國史，(4)文學概論，(5)中國文學史，(6)希臘文學史，(7)羅馬文學史，(8)近世歐洲文學史，(9)言語學概論，(10)哲學概論，(11)美學概論。德文學類：(1)德國文學，(2)德國文學史，(3)德國史，(4)文學概論，(5)中國文學史，(6)希臘文學史，(7)羅馬文學史，(8)近世歐洲文學史，(9)言語學概論，(10)哲學概論，(11)美學概論。俄文學類：(1)俄國文學，(2)俄國文學史，(3)俄國史，(4)文學概論，(5)中國文學史，(6)希臘文學史，(7)羅馬文學史，(8)近世歐洲文學史，(9)言語學概論，(10)哲學概論，(11)美學概論。意大利文學類：(1)意大利文學，(2)意大利文學史，(3)意大利史，(4)文學概論，(5)中國文學史，(6)希臘文學史，(7)羅馬文學史，(8)近世歐洲文學史，(9)言語學概論，(10)哲學概論，(11)美學概論。言語學類：(1)國語學，(2)人類學，(3)音聲學，(4)社會學原理，(5)史學概論，(6)文學概論，(7)哲學概論，(8)美學概論，(9)希臘語學，(10)拉丁語學，(11)西洋近世語概論，(12)東洋近世語概論。〔註84〕

考察以上內容，「國文學類」中除了「中國文學史」之外還專門開列了具有傳統色彩的「詞章學」而非「中國文學」；有「文學研究法」，而不像其他七類中那樣設「文學概論」課程。顯見得是制訂課程方案的人並不願意將「詞章」與外國的文學等而觀之，「文學概論」似乎也只是對應於外國文學。〔註85〕

　　這說明，中國傳統學術研究模式的變革並非易事。到了1919年，北大

〔註84〕《教育部公佈大學規程》(1913年1月12日部令第1號)，璩鑫圭、唐良炎編：《學制演變》，上海教育出版社1991年版，第698～699頁。

〔註85〕在前面提到的張之純的教材中也有以西方觀念處理中國傳統時的類似困難。但他以「經傳」而不是「詞章」爲文學之正宗；原來不登大雅之堂的文學門類雖然得到了更多關注，卻非常簡單：「近世小說戲曲日益發明。稽之古昔，實以宋元時代爲最盛，本書亦擇要敍列，俾知概略。」參看其「編輯大意」第1～2頁。

廢「門」改「系」，廢除學長，改設教務長，〔註86〕學生實行選課制。這樣雖然能提高學生學習的主動性，但是也給傳統學術提供了更大的生存空間。當時的北大國文系內，很多是應用傳統治學方法的老教師，派別眾多，各有所長。他們隨意設課，雖然容易發揮個人專長，但弊端也是明顯的：妨礙了學生的基本素質的培養——有的學生專趨一冷僻之門，有的則吸收過於蕪雜。〔註87〕傳統學術和現代化的學科分化之間的矛盾更加充分地表現出來了。

正是在這種情況下，1925 年北大國文系進一步進行課程改革，國文系課程被劃分為 3 類：除了一年級設立了共同必修科目外，自二年級以上有 A、B、C 共 3 類必修及選修科目，由學生各擇一組專修。其中：

「語言文字類」的課程屬於 A 類，必修科目有「語音學」、「言語學」、「中國聲韻沿革」、「中國文字及訓詁」；選修科目有「中國聲韻文字訓詁書研究」、「中國方言研究」、「中國古方言研究」、「中國文法學」。

「文學類」的課程屬於 B 類，必修科目有「中國文學」、「中國文學史」；選修科目有「中國文學專書研究」、「中國文學史研究」、「中國修辭學研究」、「樂律」、「外國文學」、「外國文學史」。

「整理國故之方法類」的課程屬於 C 類，必修科目有「中國目錄學」、「中國校勘學」、「中國古禮學」、「中國古樂學」、「中國古曆數學」、「中國古器物學」；選修科目有「古籍校讀之演習及指導」。

這種課程設置體現出相當的科學性與創造性。首先，該體系將國文系課程中的「語言文字學類」與「文學類」分開，凸顯了文學本身的獨立性；其次又把一時難以被融合到新的知識體系中的「國故」與其他課程分開。當然這同時也證明「國故」還沒有完全被整合進新的知識框架中。

北大中文系 1925 年的課程設置在整個民國時期大學中文系課程現代化進程中的意義是不言而喻的，它至少表明：「文學」已經不是「國故」的專利。這同時表明，自晚清以來的教育現代化，已經逐漸突破了中國傳統知識框架，

〔註86〕據王學珍等編：《北京大學紀事（1898～1997）》（北京大學出版社 1998 年版，第 70 頁）記載，1919 年北大各學門改各學系。另外，同年 2 月，評議會議決廢除學長制，見第 55 頁。

〔註87〕馬越編著：《北京大學中文系簡史（1910～1998）》，北京大學出版社 1998 年版，第 18～21 頁。

為新文學課程開闢了道路：沒有這種現代化，新文學以及新文學課程如何得以發生並確立？

　　當然，必須指出的是，這種現代化和新文學課程之間的邏輯關聯還面臨著「歷史」的考驗。也就是說，上述的教育現代化邏輯還不等於新文學課程的歷史本身，在理解了民國時期大學新文學課程所處的「大氣候」之後，只有再瞭解其發生的特定「小歷史」，才能比較全面地理解它發生、成長的環境及其本真狀態——歷史並不完全遵從宏大的時代邏輯，雖然時代邏輯經常以一種隱晦的方式在左右著歷史。

　　事實證明，僅僅從教育現代化的邏輯來理解民國時期的大學新文學課程是遠遠不夠的。從現有的歷史材料來看，新文學課程的發生發展和民國時期的西方學術分科、大學文學課程設置的現代化實際進程之間並不具有絕對的同步性——歷史似乎不時以嘲諷的方式來驗證自身對於邏輯的絕對優勢地位：直到 1929 年朱自清開設「中國新文學研究」時，清華大學中文系的課程似乎也看不到多少現代化的跡象。從 1930 年度清華大學中文系的課程表中可以清楚地看到這一點：〔註88〕

大一國文	楊樹達	張煦	劉文典	朱自清
音韻學	趙元任			
賦	劉文典			
文	劉文典			
詩	朱自清			
中國新文學研究	朱自清			
歌謠	朱自清			
高級作文	朱自清			
文	楊樹達			
古書詞例	楊樹達			
古書校讀法	楊樹達			
目錄學	楊樹達			
詞	俞平伯			
戲曲	俞平伯			

〔註88〕轉引自黃延復著：《水木清華：二三十年代清華校園文化》，廣西師範大學出版社 2001 年版，第 330～331 頁。

小說	俞平伯		
文學專家研究	黃節	張煦	楊樹達
曹子建詩	黃節		
阮嗣宗詩	黃節		
樂府	黃節		
中國文學批評史	郭紹虞		
佛經翻譯文學	陳寅恪		
當代比較小說	楊振聲		

在當時的清華中國文學系，新文學家楊振聲兼任系主任，但是課程卻並不顯得那樣「新」：語言和文學課程還是混雜在一起，且多有因人設課的跡象；劉文典、黃節等人的課程也遠較朱自清的中國新文學研究和楊振聲的當代比較小說更爲顯豁。這至少可以看出，新文學能登上大學課堂，並非課程現代化的直接結果——與其說教育、課程的現代化是新文學課程登上大學課堂的原因，倒不如說新文學課程是教育現代化的一個鮮明標誌。

但必須強調的是，晚清「西學東漸」以來文學課程的現代化過程仍然對新文學課程的發生產生了巨大影響力。「西學東漸」不僅帶來了西方學科框架，也帶來了中國教育系統內「人」的更新。這些更新不僅參與塑造了不易被明確定性、定量分析的社會文化背景，而且使那些接受了西方知識系統的文學家們佔領了教育的陣地，這才將剛剛誕生不久的新文學推上大學課堂。只有這樣理解「西學東漸」，這樣理解學校教育、課程的現代化和新文學課程的關係，才能更清楚地看到兩者在歷史表象之下的深層聯繫。

事實正是如此。新文學進入大學課堂的一個原因就在於當時的新教育體制容納了一大批新文學家。1917 年蔡元培任北京大學校長後，借改革北大之機扶植新人，聘請了陳獨秀任文科學長，於是北大和《新青年》這「一校一刊」就此結合，聚集了大批新文化人，北京大學於是成爲新文化運動的大本營。這些新文化人以及受到他們影響的學生們在大學內互相援引，不僅使得新文學在大學校園裏迅速傳播，最終也使新文學在大學內的地位得到確立。

再者，課程現代化和新文學課程之間也並非全無直接干係。1938 年西南聯大的朱自清和羅常培受教育部委託，草擬了一份大學中國文學系必修選修

科目表，經修訂後於 1939 年秋正式頒佈。〔註89〕當時教育部頒發的中國文學系必修科目表是這樣的：〔註90〕

科　目	規定學分	第二學年		第三學年		第四學年		備　註
		第一學期	第二學期	第一學期	第二學期	第一學期	第二學期	
中國文學史	六	三	三					
歷代文選	六	三	三					
歷代詩選	六			三	三			
詞選	二～三					二～三		
曲選	二～三						二～三	
中國文學專書選讀(一)	四～六			二～三	二～三			群經諸子
中國文學專書選讀(二)	四～六					二～三	二～三	四史及晉書
文字學概要	六			三	三			形音義並重
語言學概要	三					三		
各體文習作	四	一	一	一	一			包括古代現代各體
外國語或西洋文學史	六	三	三					
畢業論文或研究報告	二～四					一～二	一～二	
總　計	五一～五九	十	十	九～十	九～十	八～十一	五～八	

必修課中「各體文習作」一欄後面的「備註」裏注明：「包括古代現代各體」。所謂「現代」體，自然是指新文學。此外，選修課中也有「現代中國文學討論及習作」一項。從這份科目表來看，各種學科的設置已經完全打

〔註89〕朱自清：《部頒大學中國文學系科目表商榷》，朱喬森編：《朱自清全集》第 2 卷，江蘇教育出版社 1988 年版，第 7 頁。

〔註90〕本科目表載於程千帆：《部頒中國文學系科目表平議》，1941 年 9 月 16 日《國文月刊》第 1 卷第 10 期。

破了傳統學術研究的框架，雖然 1925 年北京大學國文系的課程已經相當現代化，但是與其相比這個部頒課程表的學科分化色彩更濃：「中國文學」被分爲「歷代文選」、「歷代詩選」、「歷代詞選」、「歷代曲選」。這種對於「中國文學」課程的細分無疑是以朱自清爲代表的新文學家們顛覆傳統學術研究模式、促進課程現代化的一個明證，也正是在此時，新文學才正式被列入了官方制訂的大學中文系課程表。這不就是課程現代化與新文學課程之間直接關聯的最好證據嗎？

　　除了大學課程不斷現代化的因素之外，新文學在傳統文化勢力還相當強盛、新文學剛剛誕生不久的情況下就進入大學課堂的另一個重要原因就在於民國時期當局對於教育的控制並不是那麼嚴密，大學仍然有相當的自主權。《教育部公佈修正大學令（1917 年 9 月 27 號部令第 64 號）》中規定「大學設評議會，以各科學長、正教授及教授互選若干人爲會員。大學校長隨時召集評議會，自爲議長。遇必要時，得分科議事」，並規定評議會的職責之一就是審議學科課程，〔註91〕這就給某些由「新」派人物掌權的大學自主開設新文學課程埋下了伏筆。

　　從「五四」時期開始，新文學課程就一步步確立了自己的地位。1921 年10 月北京大學中國文學系課程指導書中「本系待設及暫缺各科要目」中列有「本學年若有機會，擬即隨時增設」的科目 9 種，其中就有「新詩歌之研究」、「新戲劇之研究」、「新小說之研究」三種。〔註92〕燕京大學在 20 年代初就由周作人開設了新文學課程；〔註93〕1929 年朱自清、楊振聲在清華大學分別開設「中國新文學研究」、「新文學習作」並到北平師範大學、燕京大學講授；沈從文則從 30 年代在上海開始，先後在上海公學、武漢大學、青島大學（後來又在西南聯大、北京大學）開設「新文學研究」、「各體文習作（白話文）」

〔註91〕參看璩鑫圭、唐良炎編：《學制演變》，上海教育出版社 1991 年版，第 815、816 頁。
〔註92〕1921 年 10 月 13 日《北京大學日刊》第四版。
〔註93〕據張菊香、張鐵榮編：《周作人年譜》（天津人民出版社 2000 年版，第 198 頁）記載，1922 年 3 月 4 日，經過胡適介紹，周作人與燕京大學校長司徒雷登及劉廷芳相見，約定從下學年開始擔任該校新的國文系主任；3 月 6 日，周作人接到燕京大學來信，簽訂了合同，內容是說擔任國文系的「現代國文」的一部分，學校裏派許地山來幫忙做助教。周作人規定：「國語文」學四小時，周作人和許地山各任一半；另外，周作人又設立了三門功課，自己擔任，「彷彿是文學通論、習作和討論」等類，每星期分出四個下午，到燕大去上課。

等；北京大學國文系從 1931 年開始在 B 類課程中正式開設「新文藝試作」；〔註
94〕30 年代王哲甫在山西省立教育學院講授新文學運動史；〔註 95〕從 1932 年
起，蘇雪林就在武漢大學開設「新文學研究」；30 年代的金陵大學文學院中國
文學系雖然重視國學研究，但對當代中國文化走向也相當關注，曾一度開設
「現代文藝」；〔註 96〕1933 年 8 月北平師範大學重新修訂本校《組織大綱》和
《學則》，《學則》中規定，文學院國文系開設「白話文學選」、「新文學概論」
等選修課；〔註 97〕復旦大學也在 1937 年修訂課程設置大綱，其中國文學系宗
旨中也表明要「研究歷代文學及創造新文學」〔註 98〕。

　　此外，在 1939 年教育部頒佈大學中國文學系必修選修科目表之前開設過
新文學課程的大學還有廣州大學、輔仁大學等。廣州大學文學院中國文學系
曾開設選修課「新文學研究」，另外還設有「現代文學」必修課；〔註 99〕朱以
書則在輔仁大學開設過「中國現代文學」〔註 100〕。

　　當然，當時開設新文學課程的大學並不普遍。1935 年 1 月 1 日，新文學
運動發起人胡適赴香港大學接受名譽博士學位。同年 1 月 6 日他在香港華僑
教育會演講時，對當時廣東存在的復古主義傾向如反對語體文，提倡用古文，
甚至還提倡讀經等等提出批評。當這次講演內容傳到內地，廣東政界、學界
的尊古人士大為憤慨，廣東的中山大學、嶺南大學甚至取消了原定邀請胡適
到校講演的安排。中山大學刊出的布告中還指責胡適在香港大學發表的言

〔註 94〕　馬越：《北京大學中文系簡史（1910～1998）》，北京大學出版社 1998 年版，
　　　　　第 24 頁。
〔註 95〕　1933 年北平傑成書局出版的《中國新文學運動史》就是王哲甫講授新文學課
　　　　　程時的講義。
〔註 96〕　《私立金陵大學一覽》，1933 年 6 月刊印，第 165 頁。
〔註 97〕　北京師範大學校史編寫組：《北京師範大學校史（1902～1982）》，北京師範大
　　　　　學出版社 1984 年版，第 100 頁。
〔註 98〕　復旦大學校史編寫組：《復旦大學志》第 1 卷，復旦大學出版社 1985 年版，
　　　　　第 308 頁。
〔註 99〕　參看廣州大學 1937 年 7 月呈報給教育部的課程表，載於中國第二歷史檔案館
　　　　　藏：《私立廣州大學學程總則科目表及有關文件》，全宗號 5，案卷號 5731。
〔註 100〕參看《私立北平輔仁大學一九三七年度學科報告表課程表》，中國第二歷史檔
　　　　　案館藏，全宗號 5，案卷號 5725。關於該課程的教師朱以書，據徐友春主編：
　　　　　《民國人物大辭典》（河北人民出版社 1991 年版，第 189 頁）介紹，他 1904
　　　　　年出生，安徽蕭縣人。1923 年考入廈門大學，半年後轉入燕京大學國文系，
　　　　　1928 年畢業。1932 年任北平輔仁大學、中國大學講師，兼天津扶輪中學國文
　　　　　教員。

論，認爲「在中國國家立場言之，胡適爲認人作父，在廣東人民地位言之，胡適竟以吾粵爲生番蠻族，實失學者態度」〔註101〕。在這種特定的大學校園氛圍中，新文學很難有登上課堂的機會。

而且，即使某些大學開設了新文學課程，也沒有眞正改變中文（國文）系的課程結構。直到1937年，沈從文還向胡適抱怨說，大學對新文學實在是太疏忽了，課程表上照例有李白、杜甫或《文選》的專題研究，有的還是必修課，一禮拜上兩小時，或四小時，可是把明淸「章回小說」的研究列入課表的就很少，至於一個學校肯把「現代中國文學」正式列入課程表，作爲中國文學系必修課程的，是非常稀有的現象。而那些「新文學習作」類的課程，沈從文認爲不過是敷衍「好弄筆頭」的大學生，事實上這種課程旣不能造就作家，更不能使學生有系統地明白一下新文學二十年來在中國的意義。〔註102〕

1939年左右，新文學能一度被教育部列入大學中文系必修選修科目表，則和政治氣候有關。20世紀20年代末到30年代中期，新教育和新文學都進入了一個「定型化」與「建立規範」的時期，當局對教育的控制逐漸加強。1929年4月26日，國民政府公佈了中華民國教育宗旨及其實施方針：「甲教育宗旨：中華民國之教育，根據三民主義，以充實人民生活，扶植社會生存，發展國民生計，延續民族生命爲目的；務期民族獨立，民權普遍，民生發展，以促進世界大同。」〔註103〕

此後，教育當局逐漸開始釐定大學課程。1929年8月14日，教育部公佈《大學規程》，其中規定「除黨義、國文、軍事訓練及第一第二外國文爲共同必修課目外，須爲未分系之一年級設基本課目」，「各學院或各科之課目分配及課程標準另定之。」〔註104〕

正是在這樣的背景下，新文學課程才進入了教育當局的視野，才有了前面所提到的1939年部頒大學中文系課程表中的新文學課程。就目前的材料看，這個部頒課程表對促進大學中文（國文）系開設新文學課程有一定的作用。如果不考慮表中所列白話文的「各體文習作」，除了前面所提到的1939

〔註101〕胡適：《南遊雜憶·（二）廣州》，1935年3月17日《獨立評論》第142號。

〔註102〕沈從文：《關於看不懂》，《沈從文全集》第17卷，北嶽文藝出版社2002年版，第145～146頁。

〔註103〕中央教育科學研究所教育史研究室編：《中華民國教育法規選編（1912～1949）》，江蘇教育出版社1990年版，第45～46頁。

〔註104〕中央教育科學研究所教育史研究室編：《中華民國教育法規選編（1912～1949）》，江蘇教育出版社1990年版，第407頁。

年前開設過新文學課程的大學以及後面要詳細討論的西南聯大之外，開設「現代中國文學討論及習作」的還有中山大學〔註105〕、暨南大學〔註106〕、浙江大學〔註107〕、復旦大學〔註108〕、河南大學〔註109〕、東吳大學〔註110〕等等。

　　因爲這個時期的新文學課程往往是選修課，所以各個大學所設的具體科目名稱也往往不盡相同。東北大學在1944年開設過「現代文藝思潮」〔註111〕；嶺南大學開設過必修課「戰時文藝及翻譯」、「戰時文藝及中國修辭研究」、選修課「戰時文藝」〔註112〕。復旦大學也開設過多種新文學課程──陳子展在

〔註105〕 《國立中山大學文學院三十年度必修及選修科目表》，載於中國第二歷史檔案館藏：《國立中山大學課程設置科目表及處理留存雲南公物等有關文件》，全宗號5，案卷號5671。

〔註106〕 《國立暨南大學文學院准開學程一覽（廿八年度第一學期）》，載於中國第二歷史檔案館藏：《國立暨南大學、同濟大學課程設置及借撥圖書儀器的文件》，全宗號5，案卷號5674。當時在暨南大學文學院中國語文學系開設「現代中國文學討論及習作」的是王統照。

〔註107〕 見《國立浙江大學三十三年度必修選修科目表》。另據《國立浙江大學師範學院國文學系必修選修科目表》中記載，該系也開設同樣的課程。以上兩文件載於中國第二歷史檔案館藏：《國立浙江大學呈送必修選修科目表及有關文件》，全宗號5，案卷號5676。

〔註108〕 《國立復旦大學分院分系必修選修科目表》（二十九年修訂），另外據《國立復旦大學文學院中國文學系三十三學年度第二學期科目表（三十四年春季）》記載，章靳以本學年擔任必修課「小說戲劇選及習作」。參看中國第二歷史檔案館藏檔案，全宗號5，案卷號5712。

〔註109〕 1940學年河南大學文史學系開設的是「現代文藝討論」，選修課，課程表的「備註」中說是「自行設置」；到1942學年，該系開設的課程名字就成了「現代中國文藝討論及習作」。參看《國立河南大學三十一年度各院系必修選修科目表》，載於中國第二歷史檔案館藏：《國立河南大學呈送科目表及添設圖書儀器的有關文件》，全宗號5，案卷號5715。

〔註110〕 《江蘇私立東吳大學文理學院各學系科目表（二十九年十一月造送）》，載於中國第二歷史檔案館藏：《私立東吳、南開、中法、震旦、齊魯大學呈報科目表及有關文件》，全宗號5，案卷號5729。

〔註111〕 《國立東北大學文學院中國文學系必修及選修科目表（三十三年度）》，載於中國第二歷史檔案館藏：《國立東北大學課程設置科目表及有關文件》，全宗號5，案卷號5677。

〔註112〕 1940年4月嶺南大學呈送教育部的課程表中課程名稱爲「戰時文藝及翻譯」，備註中說「選戰時文藝者必選翻譯側重實用文藝者選此」；11月呈送的課程名稱爲「戰時文藝及中國修辭研究」。兩者都是必修課，但是又注明學生可以選擇「書目學及訓詁學」代替此課。「戰時文藝」還出現在11月呈報的擬增設的選修科目中。參看中國第二歷史檔案館藏：《私立嶺南大學呈報各系科目表及有關文件》，全宗號5，案卷號5727。

《關於大學中國文學系的建議和意見》〔註113〕中曾說：「抗戰時期，部定課目表中原列有『現代中國文學討論及習作』一課，我們這裡還適應當時的需要，實則也是允許新文學教授的要求，開設過『抗戰文藝及其習作』一個選修課程，加上前文說及的幾種中外文系互選課，算是不曾跑開了新文學。……最近這一學年度，我們又恢復了現行部定課目表刪去的『現代中國文學討論及習作』，同時還新添了『現代詩與散文選及習作』、『短篇小說習作』，一年之間輪流開設，每學期中，這三課之中必設兩課。」

應該說明的是，不是所有的大學都按照部頒課程表上課（從陳子展的文章來看，部定課程表中的選修課「現代中國文學討論及習作」後來也被取消了）。東北大學文學院中國文學系的課程跟部頒課程表有較大差異：1942 學年的課程表中包括「周易、三傳研究、墨子、詞曲選、論語、語言學、詩史、戲劇史、歷代詩選、各體文習作、楚辭、中國文學史、中國哲學史、中國文學批評、哲學概論、歷代文選」等。〔註114〕湖南大學 1943 學年上學期「文法學院中國文學系選課指導」中沒有按照教育部頒發的科目表設置課程，也沒有「各體文習作」和「現代中國文學討論及習作」〔註115〕。

民國時期的大學新文學課程最終並未能像小學裏的「國語」課一樣在制度上得到保障，所以它在大學中文（國文）系裏也就仍然處於一種相對邊緣化的地位。即使是各大學普遍開設的「各體文習作」課程，因為教育部頒發的課程表對白話文、文言文的要求並不明確，在實際上課時也不盡相同。比如，40 年代大夏大學國文系「文選及習作的教材，由擔任教授選用坊間所印活頁文選，分代講解習作。大多數學生覺得五四以後的作品較有生氣，白話文是現代人表情達意的工具，便於自由發揮，故學生作文多為語體」〔註116〕，明顯有新文學內容；而《國立師範學院國文系必修及選修科目表（三十二年度）》中，甚至連各體文習作都沒有──只有「歷代詩詞選及習作」、「歷代文選及習作」等等。〔註117〕

〔註113〕 本文刊載於 1948 年 3 月《國文月刊》第 65 期。
〔註114〕 《國立東北大學文理學院中國文學系必修及選修科目表（二十九年度）》，載於中國第二歷史檔案館藏：《國立東北大學課程設置科目表及有關文件》，全宗號 5，案卷號 5677。
〔註115〕 《國立湖南大學三十二年度上學期各系組科目表》，中國第二歷史檔案館藏：《國立湖南大學呈送科目表及課程實施情形的文件》，全宗號 5，案卷號 5679。
〔註116〕 程俊英：《我對於中國文學系課程改革意見》，1948 年 3 月《國文月刊》第 65 期。
〔註117〕 參看中國第二歷史檔案館藏：《國立師範學院、國立女子師範學院呈報各系科科目表學程草案及購置借用圖書儀器的文件》，全宗號 5，案卷號 5689。

　　另外值得一提的是，在民國時期，除了主流政權控制區域內的大學開設有新文學課程之外，在共產黨政權控制地區，新文學所受傳統文化阻力更小、更受重視，相關課程開設更多。1938 年成立的延安魯迅藝術學院設置課程的目的就是提倡新的文學藝術，三、四十年代該校先後開設過「中國文藝運動」、「創作」、「寫作」、「中國新文學論」、「新文學運動」、「創作實習」、「中國新劇運動史」、「中國文藝思潮史」、「寫作實習」等等課程。周揚在魯藝曾主講「中國新文學運動史」，《新文學運動史講義提綱》（載於《文學評論》1986 年第 1、2 期）就是其課程講義。〔註118〕但是，由於當時共產黨政權所處的政治、軍事、經濟情境，解放區的新文學課程實際上無法得以大規模展開。

〔註 118〕關於延安魯藝開設新文學課程的情況參看《延安文藝叢書·文藝史料卷》，湖南文藝出版社 1987 年出版，第 633～649 頁；王培元：《延安魯藝風雲錄》，廣西師範大學出版社 2004 年版，第 76～97 頁。

第二章 「新」派人物

　　新文學在尚未完全成熟的情況下能登上大學課堂，實有賴民國時期大學裏的「新」派人物的推動。可以推斷，就像胡適認為如果沒有他和陳獨秀一班人的鼓吹，白話文學就會遲出二、三十年一樣，如果沒有這些「新」派人物，新文學課程的出現至少要晚出幾十年。所以，對這些人物的考察，就成為追蹤新文學課程發生發展過程的另一重要線索。而且，對於這些人在大學內足跡的追尋，也足以從一個側面反映新文學話語的確立──或者說「新」、「舊」話語變遷的過程。

　　然而，考慮到很多新文學家都有在大學裏任教的經歷，開設過新文學課程的教師名單可能相當龐大。除了周作人、朱自清、楊振聲、沈從文、廢名、蘇雪林、朱以書、王統照、章靳以、王哲甫、周揚等人外，前面提到過的許地山、徐志摩、余上沅以及冰心〔註1〕、老舍〔註2〕、林庚〔註3〕、郁達夫等等都可能開設過此類課程。逐校搜求新文學教師的名單並梳理其傳記材料，顯然是本書不可能完成的任務，因此，選擇一些比較有影響的新文學教師──周作人、楊振聲、朱自清、沈從文、蘇雪林、廢名進行考察，也就成為一

〔註1〕　據《燕京大學史稿》（張瑋瑛、王百強、錢辛波主編，人民中國出版社 1999年版，第 72 頁）記載：在 30 年代，冰心開設過「新文藝習作」課。
〔註2〕　章棣在《憶老舍在山大》（山東大學校史編寫組：《山東大學校史資料》第 1 期，1981 年出版，第 59 頁，內部出版物）中曾經說，老舍在山大教授過「小說做法」。
〔註3〕　據《燕京大學史稿》（人民中國出版社 1999 年版，第 78 頁）記載：1947 年林庚應聘來到燕大國文系任專職教授，曾先後開出「中國文學通史」、「中國現代文學史」、「歷代詩選」、「新詩習作」和「楚辭」等課。

種不得已的做法。又因爲新文學倡導者多得蔡元培之保護，而胡適則堪稱新文學運動的「擂主」以及新文學課程的「保姆」，所以將二人冠於本章最前。

這種考察採用的是一種類似於譜系學的方法——通過對上述人物的年譜、傳記材料的發掘與整理，揭示新文學走上大學課堂背後的人事線索與權力關係。福柯在《尼采、譜系學、歷史》中說：「譜系學枯燥、瑣細，是項極需耐性的文獻工作。它處理各種凌亂、殘缺、幾經轉寫的古舊文稿」，「譜系學要求細節知識，要求大量堆砌的材料，要求耐心」〔註4〕。本章所利用的也正是一些殘缺的、甚至看起來已經有點「古舊」的歷史碎片，目的當然也不過是要建立「不明顯的、以嚴格方式確立起來的微小眞理」，而不是總結某种放之四海而皆準的規律。

一、小引：北大「新」「舊」鬥爭之始與蔡元培

很難說蔡元培是一個「新」派人物，但是他對於新文學話語權的確立，確實起到了非常重要的作用。新文學之首倡者胡適、陳獨秀等人能在大學內立足，和蔡元培執掌北大自然有莫大的關係——1917 年，胡適和陳獨秀等人受蔡元培之邀，進入北京大學任教，這無疑給了原屬民間性質的新文學主張以某種官方的背景。這種官方背景對於新文學眞正引起世人的注意影響不小——林紓給蔡元培寫信，對其「崇尚新學」進行責難的時候就特別強調：「大學爲全國師表，五常之所繫屬」。他其實很看重蔡元培這種「表率士林」的作用：「大凡爲士林表率，須圓通廣大，據中而立，方能率由無弊。若憑位分勢力，而施趨怪走奇之教育，則惟穆罕默德左執刀而右傳教，始可如其願望。」〔註5〕

蔡元培邀請「新」派人物到北大任教，並不是完全出於提倡或扶持新學的目的，但確實包含著「新」「舊」之爭的成分。要理解這一點，不妨從民國初年的北京大學校長們談起。

民國時期北京大學首任校長是嚴復。然而，他在民國元年 10 月就被迫辭去了這項職務。關於嚴復辭職的原因，眾說紛紜。有一種說法是因爲他抽大

〔註 4〕 福柯：《尼采、譜系學、歷史》，杜小眞編選：《福柯集》，上海遠東出版社 2003 年版，第 146 頁。

〔註 5〕 參看《中國新文學大系·建設理論集》，上海文藝出版社 2003 年影印版，第 171～173 頁。

煙，但這也只是表面的理由。沈尹默曾經說：「嚴復之被趕，抽鴉片是表面理由，眞正的原因是北京大學不服教育部管。嚴復之一向不服教育部管，也不僅僅是他的來頭特別大，而是他有一個六萬兩存摺在手中，這個存摺是東淸鐵路股票，存在華俄道勝銀行。這個存摺相沿在京師大學堂校長手中（東淸鐵路和京師大學堂的關係，我就不知其詳了），蔡元培、董惇士到教育部後，就要嚴復交出這個存摺，被嚴拒絕，教育部則必得之而甘心，因此，示其辭職。」〔註6〕

看來和教育部門的財政糾紛是嚴復辭職的主要原因之一。在 1912 年新曆 4 月 2 日給夫人朱明麗寫的信中，嚴復說：「大學堂每月至省須二萬金，即不開學亦須萬五，刻存款用罄，度支部、學部一文不給，豈能爲無米之炊？」〔註7〕薛玉琴、劉正偉所著《百年家族——馬相伯》一書中也曾寫到：

> 嚴復上任後，對原京師大學堂實施了一些順應時代的改革，如取消了大學堂的經學科，把儒家經典著作的學習分散到各個學系等。但是學校財政卻十分困難。擺在他面前的問題是，學校的各項資金都無法及時地撥放。1912 年 5 月 15 日，嚴復不得不以校長的名義向中俄銀行申請貸款。然而不久，財政部就宣佈凍結北大全體教員的薪金，聲稱必須恢復以前的制度和課程，否則，財政部將迫使學校解散所有教授。……財政部……進而提出要關閉這所大學。〔註8〕

但是，單單財政拮据就讓嚴復辭職，這種說法難以令人信服。而關於辭職的原因，嚴復自己也語焉不詳：「方今吾國教育機關，以涉學之人浮慕東制，致枘鑿不可收拾。……教部使復回校，必無此事，其原因複雜，難一二語盡也。」〔註9〕

由此可見，在教育制度上是學習歐美（西制）還是學習日本（東制），是嚴復和當時的教育部之間的一個重要分歧。《百年家族——馬相伯》中的說法是很可疑的，因爲財政部無論如何也沒有以學校的制度和課程爲藉口來關閉一所大學的權力。

〔註6〕 沈尹默：《我和北大》，鍾叔河、朱純：《過去的學校》，湖南教育出版社 1982 年版，第 32～33 頁。

〔註7〕 王栻主編：《嚴復集》第 3 冊，中華書局 1986 年版，第 772 頁。

〔註8〕 薛玉琴、劉正偉著：《百年家族——馬相伯》，河北教育出版社 2003 年版，第 245～246 頁。

〔註9〕 王栻主編：《嚴復集》第 3 冊，中華書局 1986 年版，第 607 頁。

　　另外，民國初年的嚴復已經完全喪失了革新者的姿態。《百年家族——馬相伯》中所說嚴復在北大進行的「順應時代」的改革，其實在後來的新文學家們看來應該是一種倒退。1912 年 4 月 19 日嚴復給熊純如的信中就很明白地表示過：「比者，欲將大學經文兩科合併爲一，以爲完全講治舊學之區，用以保持吾國四五千載聖聖相傳之綱紀彝倫道德文章於不墜，且又悟向所謂合一爐而冶之者，徒虛言耳，爲之不已，其終且至於兩亡。故今立斯科，竊欲盡從吾舊，而勿雜以新……」〔註 10〕由於他和教育部之間的矛盾，他的這種設想無法得到貫徹，也可能是造成他辭職的重要原因。

　　也就是說，在造成嚴復辭職的諸多原因中，是有「新」「舊」鬥爭的因素在內的。沈尹默對此曾云：「一九一二年蔡元培任教育總長，范源濂是次長，董惇士大約是秘書長，頗專權，因嚴復抽鴉片，示其辭北大校長職，以何燏時代理校長，仍兼工科學長。這是新舊鬥爭之始。」〔註 11〕

　　最後，焦頭爛額的嚴復被迫辭去了北京大學校長的職務，而接下來的章士釗因爲擔心自己的資歷淺，甚至都沒有到任；被委派臨時代理校長的馬相伯，也因無法處理好這個爛攤子而不得不在兩個月後向教育部申請辭職。

　　馬相伯之後，又有何燏時署理北京大學校長，然而也因事離開。〔註 12〕蔡元培是從胡仁源手裏接受北大校長一職的。關於蔡元培任北大校長的來由，沈尹默認爲是出於沈步洲的策劃（沈步洲曾在北京大學任職）：

　　　　天下事說來也怪，沈步洲爲什麼要作此策劃呢？原來，沈和他的好友胡仁源發生了矛盾。據說，胡平時語言尖刻，在開玩笑時，得罪了沈步洲。沈也是一個睚眥必報的人，所以欲謀去胡而後快，他就擡出蔡元培來，通過教育總長范源濂、次長袁希濤向北洋政府推薦。蔡先生爲海內外知名之士，沈擡出蔡來長北大，當然振振有詞。……那時我曾在北京醫科專門學校兼課，醫專的校長是湯爾和。有一天，我到醫科學校上課，湯爾和對我說：「我告訴你一件事。你

〔註 10〕王栻主編：《嚴復集》第 3 冊，中華書局 1986 年版，第 605 頁。

〔註 11〕沈尹默：《我和北大》，鍾叔河、朱純：《過去的學校》，湖南教育出版社 1982 年版，第 32～33 頁。

〔註 12〕沈尹默在《我和北大》中還回憶說：「北大代理校長何燏時大約在一九一四至一九一五年間（按：其實何辭職是在 1913 年 11 月，沈尹默所記有誤），辭職回諸暨老家去了，辭職的原因不詳，但不外也是內部人事之爭，趕何，我疑胡仁源亦在內。何辭職後，即由預科學長胡仁源代理校長，預科學長由胡的好友，留美學生沈步洲繼任。」

看沈步洲這個人荒唐不荒唐，他要蔡先生來當北京大學校長。你看北大還能辦嗎？內部亂糟糟，簡直無從辦起。」我回答說：「你認爲胡次山（仁源）在辦學校嗎？他是在敷衍，如果蔡先生來辦，我看沒有什麼不可以。」湯說：「呀！你的話和夏浮筠一樣，他也認爲蔡先生可以來辦北大，既然你們都認爲如此，那我明天就去和蔡先生講，要他同意來辦北大。」

……

果然，湯爾和去見蔡元培，極言北大之可辦。蔡先生之同意出長北大是否即由湯之一言，我不得而知，但總之，蔡先生在一九一七年一月就到北大來當校長了。〔註13〕

沈尹默的回憶同蔡元培自己的說法基本是一致的。他來北大之前確實徵求過湯爾和、范源濂和沈步洲等人的看法，而且可能背後還有同盟會等人的意見。〔註14〕

蔡元培到北大後，所面臨的問題極多，除了前面所說的教職員隊伍中的人事糾葛之外，學生素質也成一個問題。據 1915 年至 1918 年間在北大哲學系學習的馮友蘭說：「當時的北大，就文科方面說，所講的已覺【決】不是應科舉考試的『舉業』的一套，但是太多的學生，思想還是科舉的一套，就是說，還是以學校畢業作爲取功名利祿的手段，認爲學校畢業相當於科舉的舉人、進士資格。……他們認爲，在政界混，主要的不是靠眞才實學，而是靠拉攏應酬。當學生時就要在這方面學習。他們看戲、吃館子、逛窯子。當時的『八大胡同』（妓女所聚集的地方）有『兩院一堂』之說。『兩院』指當時

<hr />

〔註13〕 沈尹默：《我和北大》，鍾叔河、朱純：《過去的學校》，湖南教育出版社 1982 年版，第 35～36 頁。

〔註14〕 羅家倫的《蔡元培先生與北京大學》（載臺灣《傳記文學》第 10 卷第 1 期）記載：「蔡先生本來在清季就不願他翰林院編修清高的地位和很好地出路，而從事革命，加入同盟會。當時黨內同志有兩種意見，一種贊成他北上就職，一種不贊成。國父孫中山先生認爲北方當有革命思想的傳播，像蔡元培先生這樣的老同志應當去那歷代帝王和官僚氣氛籠罩下的北京，主持全國性的教育，所以主張他去。蔡先生自己又不承認做大學校長是做官，於是決定前往。」蔡元培自己則回憶說：「到上海後，有多數友人，勸不可就職，說北大太腐敗，恐整頓不了，反把自己名譽毀掉了。也有少數勸駕的，說腐敗的總要有人整頓，不妨試一試。我從少數友人的勸，往北京。」參看蔡元培：《自寫年譜》，高叔平編：《蔡元培全集》第 7 卷，中華書局 1989 年版，第 318 頁。

的國會，眾議院和參議院；『一堂』指北京大學（當時稱爲『大學堂』）。『兩院一堂』就是說，去逛八大胡同的，以國會議員和大學生爲最多。」〔註15〕

面對這樣的一個北大，曾經留學德國的蔡元培，提倡「學理」的研究並進行學制改革，擴張文、理兩科。〔註16〕單從蔡元培的改制方案來看，對於新文學並沒有採取特別的措施（雖然他後來回憶自己整頓北大的時候，他提倡的事情之一就是「變更文體，兼用白話，但不攻擊文言」，〔註17〕但蔡元培在此前對於白話的態度並不明晰，在改制之中也沒有提出過此類主張）。有理由相信，蔡元培的眞正目的，不過是想借用德國的學制，來整頓北大的腐敗，而其所影響下的新文學革命主張（此時還沒有準確意義上的新文學作品），不過是借助此次改革而走進了官方體制。

要理解這一點，我們不妨簡單看一下蔡元培任校長後，北京大學文科人事安排上所發生的主要變化：

1916 年 12 月 26 日，蔡元培被任命爲北京大學校長，同日到前門外一家旅館訪陳獨秀，聘其爲北大文科學長（經湯爾和推薦）。

1917 年 1 月 18 日，商請吳敬恒到北京大學任學監兼教授。

3 月，曾商請汪精衛到北京大學任教（打算讓汪主持國文類教科）。

3 月 28 日，函告英籍教員克德來，欲將其辭退。

4 月 4 日，延請周作人爲北京大學預科教授。

5 月 9 日，覆函外交總長申明北京大學辭退克德來、燕瑞博兩名英籍教員，「全照合同辦理，絕無含混不清之處。」。

8 月，經過陳獨秀推薦，聘任胡適爲北京大學文科教授（早在 1 月，陳獨秀給胡適的信中就曾經力促胡適回國，到北大任職）。

約 10 月間，劉半農應陳獨秀邀請，到北京大學任預科教授，講授模範文和文法概論，選編新教材，並加以分段和標點。

11 月，應陳獨秀邀請，章士釗由日本返國，到北大任教，講授邏輯學併兼任圖書館主任。同月，聘請徐悲鴻爲北京大學畫法研究會導師。

〔註15〕馮友蘭：《五四前的北大和五四後的清華》，鍾叔河、朱純：《過去的學校》，湖南教育出版社 1982 年版，第 56～57 頁。

〔註16〕《大學改制之事實及理由》，1917 年 8 月 1 日《新青年》第 3 卷第 6 號。

〔註17〕《整頓北京大學的經過——在南京北大同學聚餐會上的演說詞（一九三六年二月十六日）》，高叔平編：《蔡元培全集》第 7 卷，中華書局 1989 年版，第 21 頁。

另外，本年劉師培也應邀到北大任中國文學門教授。〔註18〕

1918 年 1 月，經章士釗向陳獨秀推薦，李大釗接替章本人擔任北京大學圖書館主任。

3 月 23 日，延請馮祖荀（漢叔）爲畫法研究會導師。

4 月 29 日，訪羅振玉（叔蘊），聘其爲北京大學古物學研究所主任教員。

1919 年 1 月 8 日，聘請蓋大士爲北京大學畫法研究會導師。

1 月 25 日，提議請陳仲子、夏寶淮等分別任音樂研究會主任幹事及副主任幹事。

5 月 3 日，聘請法國法學博士巴赫爲北大名譽教員。

7 月 23 日，發佈北大校長職務由蔣夢麟代理的啓事。〔註19〕

此後，魯迅也在 1920 年秋季到北京大學做講師；法科中還引進了王雪艇、周鯁生等人。

在這個不完全的列表中，可以發現，當時文科聘請的「新」派教授，有很多是陳獨秀所邀。另外，當時北大引進的教師，除了文化上的「新」派之外，也有守舊派；除了有革命者之外，也有前清遺老以及背叛革命者、「帝制犯」──如果考慮到此前蔡元培在民國成立之初還和章太炎聯名在《大共和日報》上刊登啓事尋找劉師培這樣的舊式學者，〔註20〕都可能使我們對於蔡元培這樣一位「超人」的思想的探究更加複雜化。

很顯然，蔡元培任北大校長期間，引進了很多「新」派，在委託巴黎法

〔註18〕關於劉師培到北大的時間，李帆在《劉師培與中西學術》（北京師範大學出版社 2003 年版）中說是 1917 年的上半年；而萬仕國的《劉師培年譜》（廣陵書社 2003 年版）中則說是 1917 年的秋天。關於他來北大的原因，臺靜農說是陳獨秀向蔡元培推薦，蔡元培表示同意（《龍坡雜文·早期三十年的教學生活讀後》，臺灣洪範出版社 1988 年版，第 163 頁）。這個說法有一定的可信性，因爲早在 1903 年劉師培就在上海和陳獨秀、章士釗、謝无量等人結識。1905 年 9、10 月間，還應陳獨秀之邀赴安徽蕪湖，在安徽公學、皖江中學任教，時化名「金少甫」。另外，陳覺玄的《陳獨秀先生印象記》（載於 1942 年 9 月《大學》第 1 卷第 9 期）認爲，劉師培與陳獨秀在很多方面見解不同，但「兩人感情極篤，背後也互相尊重，絕無間言」。當然，蔡元培和劉師培也是老朋友。

〔註19〕以上參考了王世儒：《蔡元培先生年譜》上冊（北京大學出版社 1998 年版）中的材料。

〔註20〕劉師培雖然是「舊」派，但是當時學校內的很多舊式學者都很鄙薄劉的爲人。1917 年秋天，黃節被聘爲北京大學教授，講授中國詩學。本年 10 月 22 日，黃節在給蔡元培的一封信中說：「申叔之無恥，甚於蔡邕之事董卓。」對蔡元培給予劉的寬容表示不滿（轉引自萬仕國：《劉師培年譜》卷三，廣陵書社 2003 年版，第 263 頁）。

華教育會邀請法國學者來華講學的信中還要求受聘者本人須是「新黨」，是能「熱心教授中國人，且不與守舊派接近者」〔註21〕。他當時還提倡「以美育代宗教」，斷定將來「白話派一定占優勝的」〔註22〕等等，但他並不是要一味提倡新文化，也不想強調「新」、「舊」之間的對立性質。也許在他看來，「新」的更需要「舊」的作為依託。他甚至在為胡適的《中國古代哲學史大綱》所做的序言中說胡具有「績溪胡氏」漢學的「遺傳性」，這無疑是為了故意擡高胡適在傳統學術氛圍很重的北京大學中的地位。

蔡元培的改革，調和「新」「舊」的意圖更為明顯。1919 年 3 月蔡元培在回應林紓對於北大的責難時候所提出的「兼容並包、思想自由」原則，就是這樣一個調和的口號。作為一個有著深厚的傳統政治、文化和西方學術背景的知識分子，蔡元培更傾心於胡適這樣「舊學邃密，新知深沉」的溫和的改良派，而不是陳獨秀那樣的激進的革命者。

但是，在新文化運動初期「新」「舊」對立十分激烈的情況下，蔡元培是如何將兩者連接到一起的呢？他所依靠的就是「學術獨立」原則。也就是把文化、學術層面的問題同政治、意識形態，乃至褊狹的實用主義脫鈎。他把學術限制在自身之內，外部的影響就不至於對激烈衝突的「新」、「舊」兩派造成毀滅性的影響。

從蔡元培到北大之後所採取的各項措施中，都能或隱或顯地看到他提倡「純粹學問」的企圖。1917 年 1 月 9 日，他在主持北京大學開學儀式並發表就任演說時，就指出：「大學者，研究高深學問者也」〔註23〕，而此前北大腐敗的主要原因之一，就在於師生們缺乏對於學術的興趣〔註24〕。他

〔註21〕 參看 1917 年 8 月 15 日《旅歐雜誌》第 22 期。

〔註22〕 蔡元培：《國文之將來——在女子高等師範學校演說》，《中國新文學大系·文學論爭集》（影印本），上海文藝出版社 2003 年版，第 97 頁。

〔註23〕 《就任北京大學校長之演說》，高叔平編：《蔡元培全集》第 3 卷，中華書局 1984 年版，第 5 頁。

〔註24〕 在《自寫年譜》中，蔡元培說：「北京大學，在清季本名京師大學堂，分設仕學、師範等館，所收的學生，都是京官。後來雖逐漸演變，而官僚的習氣不能洗盡。學生對於專任的教員，不甚歡迎；較為認真的，且被反對，獨於行政司法界官吏兼任的，特別歡迎；雖時時請假，年年發舊講義，亦不討厭，固有此師生關係，畢業後所為奧援。所以學生於講堂上領受講義及當學期、學年考試時要求題目範圍特別預備外，對於學術，並沒有何等興會；講堂以外，又沒有高尚的娛樂與自動的組織，遂不得不於學校以外，競為不正當的消遣，這就是著名腐敗的總因。」

要求學生的是「大學學生當以研究學術爲天責，不當以大學爲陞官發財之階梯。」正因如此，他圍繞著「學術」這個核心來整頓北京大學，延請的是「純粹的學問家」，而不考慮——甚至是有意疏離教師們的政治、文化派別與權力身份。1917 年 1 月，北京大學發出通告，規定學校教員擔任「教科鐘點」辦法時就提出：「教員中有爲官吏者，不得爲本校專任教員。」〔註25〕法科的王亮疇、羅鈞就因爲同時在司法部任職，沒有被聘爲北大教授；魯迅在 1920 年到北大任教時，也因在教育部任職的關係，只能任講師。1917年，蔡元培還強硬地頂住了當時外交部的壓力，辭退克德來、燕瑞博這樣的外籍教員。

蔡元培特別重視文、理兩科，這其中也隱約能看到他對於「純粹學問」的欣賞。在他的改制方案中，「大學文理二科學生，不經研究科，則不能畢業。而分科學生，則准免入研究科，但僅予技師資格，不得受學位之榮譽。」〔註26〕因爲在他看來，那些應用性的學科是較淺的「術」，而文理兩科才是高深的「學」。把應用性學科和純粹的理論性學科相區別，蔡元培再次透露出他對於學術純粹性的強調。

在學術純粹原則之下，蔡元培有意淡化處理「新」、「舊」文化之間的分歧，這實際上是起到了保護新文化、新文學的作用。在「新」派的基礎還比較薄弱的時候，面對著具有幾千年歷史的傳統文化與學術，這種保護是相當必要的。

更進一步說，在蔡元培學術獨立、講求純粹學問的觀念影響下的北京大學，爲新文學的發生發展準備了幾乎可以說是最好的土壤：首先，北京大學是具有官方背景的教育機構，純粹學術的口號實際上爲新文學話語的合法化、取得體制的承認，提供了理由；其次，或者是更重要的，就在於在這種思想的指導下，大學體制爲新文學保留了一個能刺激它健康生長的對立面——「舊」派。

蔡元培在改制中對於傳統學術的保護，對「新」派來說絕不能僅僅被視爲一種阻礙。毫無疑問，在北京大學的「新」派人物中，很少有那種有深厚背景的專業型學者。陳獨秀是一個老革命黨；胡適也不過是一個剛從美國留學回來的二十幾歲的青年；劉半農甚至連高中都沒有畢業，就被請到北京大

〔註25〕 參看《教育雜誌》1917 年第 9 卷第 2 號。
〔註26〕 參看《教育雜誌》1917 年第 9 卷第 4 號。

學教書。〔註27〕這樣的學術素養如果不得到提高的話,「新」派的前景是令人悲觀的。而那些被局限在「純粹學術」中的「舊」派,無疑能爲「新」派的發展提供有益的滋養,而且不會傷害它。兩派學術、文化互相碰撞、轉換,就可以爲「新」派的健康成長做出更大的貢獻。在這個過程中,那些從「舊」派中分裂出來的人——這也許是最豐富的營養——更是對新文化的繁榮起到了推波助瀾的作用,傅斯年就是一個很好的例子。作爲當時北京大學的本科生,傅斯年舊學功底深厚,且深得黃侃等人器重,在學生中又素有威望,本來可以成爲太炎學派的正宗傳人,卻被胡適所吸引,暗中做了胡的保護人。〔註28〕可以想像,像傅斯年這樣素諳舊學的年輕學生領袖擁護「新」派,會在學生中產生什麽樣的影響。

也就是說,北大1917年的改制是不可能拋棄傳統的。這不僅僅是因爲當時傳統的勢力還相當強盛,更因爲它其實無法被拋棄。任何一種文化在它自命與傳統決裂之時開始,就已經是傳承的結果——不管新形式對傳統是多麽厭棄,新文化不可能面對一種虛無的歷史而只能面對它,所謂「新」,不過是處理傳統的另一種方式,如胡適所說,是「重新估定一切價值」。而且在當時新文化還沒有多少實際成就(就新文學來說,甚至還只有一個口號)的情況下,讓「新」派完全消滅「舊」派也是不可能的。新文學運動的發起者能以「新」派的身份進入大學體制,成爲文化轉型時期和傳統碰撞交融的一元,足以顯示出蔡元培對於新文化、新文學的貢獻與意義。

二、胡適

論及胡適對新文學的貢獻,除了對文學革命的倡導、理論建設和新文學開風氣的創作之外,應該就是提攜新人,把「新」派人物(尤其是新文學作家)引進大學校園了。實際上,當時的新文學教師朱自清、沈從文、蘇雪林等人能在大學任教,都或多或少地跟胡適有關,所以稱其爲新文學的「保姆」並不爲過。

〔註27〕胡適一開始到北大時的處境並不很好,學生中反對者很多;劉半農即使在「新」派人物的眼裏都是「淺」的。1920年,劉半農還「被迫」到歐洲留學,以擺脫來自「新」、「舊」兩方面的攻擊與嘲諷。

〔註28〕胡適最初在北大教授中國哲學史,拋開唐、虞、夏、商,直接從周宣王以後講起,受到學生們的反對,並想趕走他。那時傅斯年是學生中的領袖,他聽了胡適的課之後,認爲胡適治學的思路是正確的,制止了想鬧事的學生。參看沈衛威:《胡適傳》,河南大學出版社1988年版,第72~73頁。

　　胡適之所以能把「新」派人物引入大學，是因為他在教育體制內的巨大影響力。胡適自 1917 年倡導文學革命並從美國留學回來後到北大任教，可謂「暴得大名」，在體制內也是春風得意。下面根據耿雲志《胡適年譜》（四川人民出版社 1989 年 12 月出版），對胡適在北大任職的主要情況稍加列舉：

　　1917 年 12 月 3 日，創辦哲學研究所，自任主任，同時還兼任英文科教授會主任。

　　1918 年起又擔任了北京大學評議會評議員。

　　1919 年除了兼任大學出版委員會委員長之外，10 月又開始代理北大教務長（12 月 13 日，北京各高等學校代表會議為反對教育部欠薪不發，決定罷教。胡適堅決反對罷教遭到各校代表反對後，於 12 月 17 日辭去北大教務長職）。

　　1922 年 4 月，再次被舉為北大教務長。

　　1931 年，在蔣夢麟任北京大學校長期間，出任北大文學院院長。〔註 29〕

　　1946 年 9 月，胡適就任北京大學校長，直到 1948 年 12 月離開北平為止。

　　另外，雖然在 1917 年 7 月從美國回來之初，胡適就曾「打定二十年不談政治的決心」〔註 30〕，而且他和當局之間也不乏衝突，但是應該說，政治一直都是青睞他的。以下是他在 1938 年正式踏入政界之前，當局以及一些和當局關係密切的機構邀請他任職的主要情況：

　　1922 年 2 月 18 日，中華教育改進社致函通知胡適，推其為籌劃全國教育經費委員會賠款部部員。

　　1922 年 9 月 4 日，羅文幹代表當時的北洋政府代國務總理王寵惠訪胡適，請他出任教育次長（胡適雖然表示堅決不幹，但是事後又與蔡元培商量，勸湯爾和出任）。

　　1922 年 10 月 9 日，離京去山東濟南參加第八屆全國教育會聯合會會議，會議期間被推舉主擬學制草案。〔註 31〕

〔註 29〕據耿雲志：《胡適年譜》（四川人民出版社 1989 年版，第 190 頁），本年 2 月初，胡適寫信給楊振聲，談北大文學院院長的人選問題。信中說，陳大齊原為代校長，蔣夢麟接任校長後，首先請他擔任文學院院長，但彼未允。蔣不得不暫時擱置。胡適表示希望楊振聲來任院長，但是傅斯年不肯讓楊離開青島。耿雲志推斷，大約不久，蔣夢麟就決定聘請胡適為文學院院長了。

〔註 30〕《胡適文存》二集卷三，亞東圖書館 1924 年版，第 96 頁。

〔註 31〕他草成的學制案原則有七條：一、適應社會進化之需要；二、發揮平民教育精神；三、謀個性之發展；四、注意國民經濟力；五、注重生活教育；六、使教育易於普及；七、多留各地方伸縮餘地。學制案規定：小學分初小四年，

1932 年 1 月 12 日，林森以國民政府主席名義頒發聘書，聘胡適爲全國財政委員會委員。23 日，又請他參加國難會議（但胡適沒有參加）。

1932 年 11 月 28 日，全國經濟委員會發聘書，聘請胡適爲該會教育專門委員會委員。

1933 年 3 月 31 日，汪精衛致信請胡適出任教育部長。

1933 年 4 月 25 日，國民政府聘胡適爲農村復興委員會委員。

1935 年 9 月 7 日，當選爲中央研究院第一屆評議會評議員。

1938 年 7 月在蔣介石的催請下，胡適經過七八天的考慮，始任中國駐美大使（1937 年抗戰全面爆發後，蔣介石派胡適以非官方身份去歐美爭取同情和援助）。

關於胡適對「新」派人物的引薦，蔡元培在《我在北京大學的經歷》一文中，曾經說：「胡君（胡適——筆者注）眞是『舊學邃密』而且『新知深沉』的一個人，所以一方面與沈尹默、兼士兄弟、錢玄同、馬幼漁、劉半農諸君以新方法整理國故，一方面整理英文系，因胡君之介紹而請到的好教員、頗不少。」〔註32〕

自 1919 年起，胡適就常託赴海外的友人替北大物色新教員。陶孟和、任鴻雋於 1919 年出國後曾多次寫信給胡適報告訪詢人才的情況，戲劇家丁西林就經過陶孟和推薦，1920 年，丁西林同李四光、唐危等應北京大學校長蔡元培延聘回國，到北大任教。

1921 年 2 月 14 日，胡適致信周作人，請他考慮是否肯到燕京大學去擔任國文系主任。1922 年 3 月 4 日，燕京大學校長司徒雷登與劉廷芳訪問胡適，司徒雷登請爲其國文部推薦主任人選，胡適再次推薦周作人，故當日胡邀周作人一起相見。

1923 年 10 月 4 日，胡適離煙霞洞赴上海。在這次休養期間，他曾一度與徐志摩同住，交往頗密。從徐氏的《日記》可看出他們親密的程度：「昨夜寫

高小二年，以初小爲普及教育的目標。中學定爲六年以三三制爲基礎，以二四或四二爲變例。大學四到六年，實行選科制。此案經會議通過後，於 11 月 2 日，以總統教令公布施行。這個學制案奠定了整個民國時期學制的基礎，一直沿用到解放初期。參看胡適：《對於新學制的感想》，1922 年《新教育》4 卷 2 期。

〔註32〕蔡元培：《我在北京大學的經歷》，鍾叔和、朱純編：《過去的學校》，湖南教育出版社 1982 年版，第 3 頁。

此後，即去適之處長談，自六時至十二時不少休。」「與適之談，無所不至，談書，談詩，談友情，談愛，談戀，談人生，談此談彼，不覺夜之漸短。」（陸小曼編《志摩日記》1923 年 10 月 13 日）徐氏此後和胡適交往頗多。他在 1925 年 9 月接編《晨報》副刊後不久就進入北大教授英文，1927 年又和胡適同在上海光華大學任教。1930 年 11 月，胡適應聘到北大任教，又力薦他到北大外文系任教。其間他還和胡適同辦新月書店，出版《新月》雜誌。

1925 年，清華學校增設大學部後，請胡適介紹教員，胡適推薦了俞平伯，俞平伯因為種種考慮，暫時不願意出城教書，就推薦了朱自清代替自己。

1928 年 4 月 30 日，接任中國公學校長併兼文理學院院長，請高一涵任社會科學院院長還羅致不少英美留學生到校任教。

1929 年 9 月，經過徐志摩的介紹，胡適把沈從文安排到中國公學教書，極大地改變了沈從文的生活狀態。

從以上可以簡略看出胡適在政界、教育界地位逐步上昇的過程以及他援引、舉薦「新」派人物的大致情況。當然，胡適的地位絕非一蹴而就。早期的新文學陣營受到林紓、黃侃等「舊」派人物的攻擊已為學界常識，自然不須多言，而此後他在北京大學也並不平靜。

大約在 30 年代初，胡適在北大已躋身權力核心。據陶希聖回憶：「北京大學居北平國立八校之首。蔣夢麟校長之鎮定與胡適之院長之智慧，二者相併，使北大發揮其領導作用。」又云：「國立各大學之間，另有聚餐，在騎河樓清華同學會會所內，隨時舉行，有夢麟北大校長，梅月涵（貽琦）清華校長，適之及枚蓀兩院長，我也參加。交換意見。月涵先生是遲緩不決的，甚至沒有意見的。夢麟先生總是聽了適之的意見而後發言。北大校務會議席上，如丁在君（文江）在座，他的發言最多，最有力。清華同學會聚餐席上，適之先生是其間中心。夢麟先生是決定一切之人。」〔註33〕

胡適在北京大學的地位對該校的新文學課程應該有一定影響。馬越的《北京大學中文系簡史（1910～1988）》中介紹，1931 年北大國文系在 B 類科目（文學類的科目）中開設了文學講演和新文藝試作兩科，曾先後邀請鄭振鐸、章太炎、俞平伯、葉公超、羅常培等學者來作演講，內容涉及到不同的專業領域，其中對新文學多有涉及；後者則專為激發學生的創作興趣，為有意於從

〔註33〕吳相湘：《民國百人傳》第 1 冊，臺灣傳記文學出版社 1979 年版，第 87～88 頁。

事文藝創作者提供指導，內分為小說、詩歌、散文、戲劇 4 組，分別由馮文炳、徐志摩、周作人、余上沅等在新文學創作上卓有成就的作家和學者擔任指導。〔註34〕這些課程應該是胡適就任北京大學文學院院長之後的手筆。

但是，即使真如陶希聖回憶的那樣，「新」派在北大掌權，恐怕也不能說明「舊」派已經失去了市場——連胡適自己的朋友，往往也對胡適的「新」頗有微詞。湯爾和在 1935 年 12 月 29 日給胡適的信中就說：「兄在八、九年（指 1919～1920 年）力主打破枷鎖，吐棄國渣，影響所及豈止罷課而已。為功為孽，兄自知之，無待弟之解釋也。」次年 1 月 2 日，胡適的回信中作出回應：「我在國中的事業『為功為罪』，我完全負責」，「至於『打破枷鎖，吐棄國渣』，當然是我的最大功績。所惜者打破的尚不夠，吐棄的尚不夠耳。」〔註35〕

北京大學「新」「舊」派別之間矛盾的一次大爆發則發生在 1934 年國文系改革時。

在這一年的 4 月 13 日，胡適寫信給馬幼漁（裕藻），商量國文系課程裁併。胡適在信中認為，因為「講授課程太多，實不能收訓練上的好效果」、「一系占預算太多，而總預算又不能擴張，則他系受其影響」、「教員名額都被占滿，無從隨時吸收新人，則不易有新血脈的輸入」，所以在課程方面列出幾條意見：

第三組（當指「整理國故之方法」類的課程）決定刪去；

語言文字學一組作有系統的安排，其關於中國文字學聲韻學的一部，似可設法裁併；

文學組似須分文學史為數期，隔年講授二三段。其「詞」「曲」等皆列入各段。其太專門之科目，如「鮑參軍詩」之類，似可刪除。

胡適以為，這樣改組，講師或可去三分之二以上，教授亦可減少二三人，至少可減少一二人。〔註36〕

胡適所列改革原因雖多，然而其背後仍然是「新」「舊」之間的矛盾，削弱「國故」派的勢力是他的真正目的。後來的事實可以證明這一點：此次所

〔註34〕馬越：《北京大學中文系簡史（1910～1988》，北京大學出版社 1998 年版，第 23～24 頁。

〔註35〕中國社會科學院近代史研究所中華民國史組編：《胡適來往書信選》中冊，中華書局 1979 年版，第 295 頁。

〔註36〕關於胡適改革北大國文系課程的意見，可參看耿雲志主編：《胡適遺稿及秘藏書信》第 19 冊，黃山書社 1994 年版，第 245～247 頁。

解聘的教授就是素來與胡適不和的「舊」派林損以及許之衡。林損是陳介石的外甥兼門生，與陳漢章、劉師培、黃侃、黃節、吳梅、錢夏、張爾田等人交好，反對新文學：「林先生傲慢，上課喜歡東拉西扯，罵人，確是有懈可擊。但他發牢騷，多半是反白話，反對新式標點，這都是胡博士（即胡適——筆者注）提倡的。」〔註 37〕此外，林損還得到過吳宓的稱讚。據吳宓說，他與林損曾久談，「甚佩其人。此真通人，識解精博，與生平所信服之理，多相啓發印證。」〔註 38〕

被「舊」派引爲同道的林損，在新文學家那裡就很難得到青睞了。周作人在《知堂回想錄》裏曾經說：

> 林公鐸名損，也是北大的一位有名人物，其脾氣的怪僻，也與黃季剛差不多，但是一般對人還是和平，比較容易接近得多。他的態度很直率，有點近於不客氣……愛喝酒，平常遇見總是臉紅紅的，有一個時候不是因爲黃酒價貴，便是學校欠薪，他便喝那廉價的劣質的酒。黃季剛得知了大不以爲然，曾當面對林公鐸說道：「這是你自己在作死了！」這一次算是他對友人的道地的忠告。後來聽說林公鐸在南京車站上暈倒，這實在是與他的喝酒有關的。他講學問寫文章因此都不免有使氣的地方。一天我在國文系辦公室遇見他，問在北大外還有兼課麼？答說在中國大學有兩小時。是什麼功課呢？說是唐詩。我又好奇的追問道，林先生講哪個人的詩呢？他的答覆很出意外，他說是講陶淵明。大家知道陶淵明與唐朝之間還整個的隔著一個南北朝，可是他就是那樣講的。這個緣因是，北大有陶淵明詩這一種功課，是沈尹默擔任的，林公鐸大概很不滿意，所以在別處也講這個，至於文不對題，也就不管了。他算是北大老教授中舊派之一人，在民國二十年頃，北大改組時，標榜革新，他和許之衡一起被學校所辭退了。北大舊例，教授試教一年，第二學年改送正式聘書，只簡單的說聘爲教授，並無年限及薪水數目，因爲這聘任是無限期的，假如不因特別事故有一方預先聲明解約，這便永久

〔註37〕 張中行：《負暄瑣話》，黑龍江人民出版社 1986 年版，第 35 頁。張中行在書中還對胡適辭退林損表示了不滿，認爲是林損雖然有懈可擊，但是胡適「自己有了權，整頓，開刀祭旗的人是反對自己最屬害的，這不免使人聯想到公報私仇」。

〔註38〕 參看《吳宓日記》第 3 冊，生活・讀書・新知三聯書店 1998 年版，第 59 頁。

有效。十八年以後始改爲每年送聘書，在學校方面怕照從前的辦法，有不講理的人拿著無限期的聘書，要解約時硬不肯走，所以改了每年送新聘書的方法。其實這也不盡然，這原是在人不在辦法，和平的人就是拿著無限期聘書，也會不則一聲的走了，激烈的雖是期限已滿也還要爭執，不肯罷休的。許之衡便是前者的好例，林公鐸則屬於後者，他大寫其抗議文章，在《世界日報》發表的致胡博士（其時任文學院長兼國文系主任）的信中，有「遺我一矢」之語，但是胡適之並不回答，所以這事也就不久平息了。〔註39〕

周作人對這件事情的回憶是比較準確的。林損被逐，憤恨已極，曾寫信痛詆蔣夢麟和胡適。不過周作人沒有提到的是，胡適也給林損寫過回信。相比林損的憤怒，大權在握的胡適的回信則顯得心平氣和：「今天讀手示，有『尊拳毒手，其寓於文字者微矣』之論，我不懂先生所指的是那一篇文字。我在這十幾年之中，寫了一兩百萬字的雜作，從來沒有一個半個字『寓』及先生。胡適之向來不會在文字裏寓意罵人，如有罵人的工夫，我自會公開的罵，決不用『寓』也。」〔註40〕

這件事情中的另一個重要人物——北大國文系主任馬裕藻則力圖維護林損。馬並非新文學家，因此他雖然和周作人是浙江同鄉，立場和周卻並不相同，而是和林損站在了一起。馬裕藻以爲，林損爲人耿直，言談間難免直率，如果因爲林損的言談直率而將其解聘，是學校的不智。〔註41〕

北大學生在事件中也並沒有沉默。1934 年 4 月 23 日，國文系學生孫震奇、石蘊華、徐芳、李耀宗四人謁見校長蔣夢麟，向蔣以書面形式遞交了改革國文系的八項意見：（一）反對將國文系併入史學系；（二）請勿將國文系經費削減；（三）請勿變更該系現行分組組織法；（四）此後學生方面，對增進系務向校方提出意見時，請校方予以接受；（五）對變更系主任人選無成見，亦不表示迎拒態度，但繼任者須眞能改善並發展該系，否則決反對；（六）請挽留林損教授；（七）請挽留許之衡教授；（八）請勿准現系主任教授馬裕藻辭職。〔註42〕

〔註39〕 參看《北大感舊錄（三）》，周作人：《知堂回想錄》，香港天地圖書公司 1979 年版，第 483～487 頁。
〔註40〕 耿雲志主編：《胡適遺稿及秘藏書信》第 19 冊，黃山書社 1994 年版，第 201～202 頁。
〔註41〕 《改革北大國文系》，1934 年 5 月 3 日《京報》。
〔註42〕 《北大國文系學生派代表謁蔣夢麟》，1934 年 4 月 24 日《北平晨報》。

　　校長蔣夢麟面對學生的「逼宮」毫不退讓，甚至打算乾脆讓胡適來兼任國文系主任：「蔣夢麟談　關於國文系及其他一切學校行政，校方均有妥當計劃，例如國文系課程計劃書，自在籌擬之列。該系學生如有意見，固可陳述，以供參考。但學校自亦有妥當計劃，至國文系主任，此亦涉及學校行政範圍，學校自有權衡爲之。設有人竟反對胡適兼任國文系主任，余絕對不答應。胡適『學貫中西，國家之寶』，胡兼國文系主任乃北大之光榮，求之不得，豈可反對云云。」〔註43〕

　　這時的馬裕藻也並不示弱。表面上看起來他所持的是「不偏不倚」的中立態度，實際上是在強調自己和胡適的分歧：

> 此次國文系改革問題，一方固屬思想問題，他方面又爲主張問題。本人（指馬裕藻）以爲研究學問，應新舊思想並用，既不反對新，亦不擁護舊，新者更有新，舊者亦有其研究之價值。新派講方法，方法固需要，但對於文學，不可僅講方法，而不研究。胡適之先生出版中國哲學史大綱，學生專講方法以爲閱讀哲學史大綱，即可了事。而不讀子書，此不可謂研究，研究學問，不論新舊，辜鴻銘亦可請到北大講課。大學與中學不同，中學須有統一思想，以免腦筋紊亂，大學則不應思想統一，必須新舊並用，始能獲得研究之結果。林損先生，與胡適之先生意見不合，業已四年，本人則在兩者之間。〔註44〕

曾經的北大「新」派學生傅斯年看到報上登載的消息後，則一方面對林損的被逐大爲興奮；另一方面也明確揭示了「新」派和馬裕藻之間的矛盾：「今日看到林損小丑之文，爲之憤怒，恨不得立刻返北平，參加惡戰。……此等敗類，竟然容許其在北大如此久，亦吾等一切人之罪也。」〔註45〕傅斯年指出：「罪魁馬幼漁也。數年來國文系之不進步，及爲北大進步之障礙者，又馬幼漁也。林妄人耳，其言誠不足深論，馬乃以新舊爲號，顛倒是非，若不一齊掃除，後來必爲患害。」傅斯年請蔣夢麟當機立斷，不留禍根，還稱：「馬醜

〔註43〕《北大國文系教授林、許去後主任馬裕藻辭職　蔣夢麟推崇胡適》，1934 年 4 月 22 日《京報》。

〔註44〕《北大主任馬裕藻談國文系糾紛內幕情形係急進與緩進改革主張不同》，《京報》1934 年 4 月 25 日。

〔註45〕耿雲志：《胡適年譜》，四川人民出版社 1989 年版，第 219～220 頁。

惡貫滿盈久矣，乘此除之，斯年敢保其無事。如有事，斯年自任與之惡鬥之工作。」〔註46〕

但是爭執的結果並不如傅斯年所希望的那樣。馬裕藻在北大可謂根深蒂固，想「乘此除之」並不容易。結果是蔣夢麟雖然同意馬辭去國文系主任一職，但仍稱其「教授職務，決不該告辭。」而事件的主人公之一林損，則只能拂袖而去應黃侃之約請就教於南京中央大學了。至於課程改革，單就「新」「舊」而言，倒有些調和的痕跡：「新定計劃。……約為（一）注重新舊文學，文藝理論，文藝思潮，以及世界民眾文學之介紹，……」〔註47〕

此後北大的「新」「舊」之間，雖無大的波瀾，但「舊」派對「新」派仍然耿耿於懷。1937年1月17日，胡適為「學衡派」成員湯用彤校閱《漢魏兩晉南北朝佛教史》稿本第一冊，認為此書極好，並大力稱讚湯與陳寅恪為當時治佛教史最勤、最有成績者，並認為湯的訓練極精，工具也好，又把這本書推薦給王雲五，由商務印書館出版。第二天，當胡適與湯用彤閒談時，湯用彤卻說自己「頗有一個私見，就是不願意說什麼好東西都是從外國來的。」胡適則笑著回答：「我也有一個私見，就是說什麼壞東西都是從印度來的！」事過之後，胡適也未能即刻釋懷，自云：「其實，這都不是歷史家正當態度。史家紀實而已。如果有些好東西是從海外來的，又何妨去老實承認呢？」〔註48〕

當然，此後在北大內處於守勢的「舊」派已無力再向「新」派挑戰了。或者不如說，兩派之間的融合已經大於對立。1945年9月，南京政府任命胡適為北大校長，湯用彤是最早致信要胡適接受這個職務的北大教授。1946年，胡適任北大校長，經常要到南京出差，而北大「校務」他則多委託文學院長湯用彤代理。1948年底，胡適離開北大之前，又把北大事務託付給了湯用彤。

三、周作人

據現有材料，周作人很可能是民國時期在大學裏講授新文學課程的第一人。1922年7月周作人在燕京大學開設了「國語文」、「文學通論」、「習作和討論」等課程。

〔註46〕中國社會科學院近代史研究所中華民國研究室編：《胡適來往書信選》下冊，中華書局1983年版，第531頁。
〔註47〕《北大國文系學生派代表謁蔣夢麟》，1934年4月24日《北平晨報》。
〔註48〕參看《胡適全集》第32卷，安徽教育出版社2003年版，第599～600頁。

據《燕京大學史稿》〔註 49〕記載：燕京大學是美國教會在中國創辦的一所私立綜合大學，由原來在北京的兩所基督教學校——北京匯文大學、通州華北協和大學合併而成。1919 年，美國傳教士司徒雷登被任命爲新校校長，最後確定以「燕京大學」爲正式校名，次年又將協和女子大學併入。1926 年 11 月及 1927 年 12 月先後向北洋政府、南京政府教育部申請立案，皆獲批准爲私立教會大學。

當時的燕京大學校長司徒雷登奉行比較開明的宗教政策，力主實行中國化辦學方針，尤其重視中國文史方面課程的開設和研究工作，通過各種渠道聘請有影響的中國學者到校任教。胡適在 1921 年 2 月 14 日寫給周作人的信中說，燕京大學校長 Dr. Stuart（司徒博士，即司徒雷登）和教務長 Porter（博晨光）需要一位懂得外國文學的中國學者去做國文門的主任。〔註 50〕

司徒雷登和博晨光託朱我農、胡適商量，朱我農和胡適都認爲周作人是最合適的人選。胡適的理由是，周作人在北大，用違所長，所以想讓周出去獨當一面。在有些人的眼中，這或許是胡適的「調虎離山」之計——他不過是想借機清除蔡元培任北京大學校長後校中勢力頗盛的章太炎弟子而已。恰巧這時周作人病倒，因此此議被擱置，周作人並沒有到燕京大學就職。

第二年，胡適舊事重提，3 月 4 日還邀請了周作人以及司徒雷登等人到家中相見。周作人於是答應下學年到該校擔任國文系內的「現代國文」的一部分，學校裏還派畢業生許地山來做他的助教。新文學借燕京大學「整頓」之機首次登上大學講堂。

周作人當時所講的課程主要有「國語文學」四小時，他和許地山各任一半，另外他又設立了三門功課，「彷彿是文學通論、習作和討論等類」〔註 51〕，每星期分出四個下午到燕大去上課。

周作人在燕大所講課程的內容似乎與新文學並不太合題。據他自己說，他最初的教案是從現代起手，先講胡適之的《建設的文學革命論》，其次是俞平伯的《西湖六月十八夜》，底下就沒有什麼了。周作人之所以這麼講授新文學，他自己的理由是，這時新文學剛剛處於發端時期，並沒有多少現成的材

〔註 49〕張瑋瑛、王百強、錢辛波主編：《燕京大學史稿》，人民中國出版社 1999 年版，第 1、9、15、70 頁。
〔註 50〕參看《胡適全集》第 23 卷，安徽教育出版社 2003 年版，第 354 頁。
〔註 51〕張菊香、張鐵榮編：《周作人年譜》，天津人民出版社 2000 年版，第 198 頁。

料可用。當時冰心還在周作人的班上上課，廢名則剛進北大預科，徐志摩更是尚未出現。雖然這些人的文章後來周作人也都曾選過，不過那已經是 20 年代末期了。這之後周作人還曾加進一些白話翻譯的《聖經·舊約》、《儒林外史》的楔子、金冬心的《畫竹題記》、鄭板橋的《題記》和家書、李漁的《閒情偶寄》、金聖歎的《水滸傳序》以及明朝的張宗子、王季重、劉同人、李卓吾、三袁、倪元璐、譚友夏、李開元、屠隆、沈承、祁標佳、陳繼儒等人的作品。〔註52〕

　　周作人的教學思路在其著作《中國新文學的源流》中得到了集中體現。但本書並不是他在燕京大學任教時候的講義，而是 1932 年 2 月開始他應沈兼士之約往北平輔仁大學進行講演的稿子，由輔仁大學學生鄧恭三記錄，同年 9 月由北平人文書局印行。在書中，周作人把中國文學分為「載道」與「言志」兩派：「道」指思想，「志」指「感情」，「言志」就是抒發性靈。他認為，這兩派在中國文學史上交替佔據主導地位，構成了中國文學發展的過程；而新文學繼承的就是明末公安、竟陵派「獨抒性靈」、「不拘格套」的「言志」傳統。

　　儘管《中國新文學的源流》對當代的新文學史研究者產生過一些影響，但是書中引用的史實和邏輯都是站不住腳的。該書發表不久，當時就讀於清華大學的錢鍾書就發表了《評周作人的〈中國新文學的源流〉》（1932 年 11 月《新月》第 4 卷第 4 期，署名「中書君」）一文，對周作人提出嚴厲批評，指出：所謂「載道」與「言志」，在古代主要是指「文」與「詩」兩種文學體裁的差別，因為周作人實際上對古文學並不太懂，所以才會產生了書中那種文學歷史循環論的觀點。實際上，此後除了沈啓無等人仍然堅持其學術路徑（沈在 40 年代初編輯了《大學國文》，北平新民印書館 1944 年出版，其中涉及了俞平伯、廢名等人的新文學作品），實際上周作人一派的觀點在當時影響並不是很大。

四、楊振聲

　　據沈從文的回憶，楊振聲在 1925 年從美國留學歸來到武昌高等師範學校任教後曾開設新文學課程。沈從文在《湘人對於新文學運動的貢獻》一文中曾說：「武昌高等師範學校因楊振聲、郁達夫兩先生應聘主持中文系講『現代

〔註52〕周作人：《知堂乙酉文編》，上海書店 1985 年版，第 64 頁。

中國文學』，學生文學團體因之而活動，胡雲翼、賀揚靈、劉大杰三位是當時比較知名的青年作家。」〔註53〕此說待考。

1926 年 8 月，楊振聲應聘到燕京大學中文系任教，主講「現代文學」。〔註54〕1927 年他和俞平伯一起受聘到廣州中山大學任教，1928 年暑假期間返回北平並於 8 月任國立山東大學（後改為國立青島大學）籌備委員，但是因為日軍佔據濟南，籌備工作難以進行。同樣在 1928 年 8 月，南京國民政府決議原清華學校改為國立清華大學，羅家倫被任命為校長，而楊振聲這時則重新回到燕京大學任教。

羅家倫和楊振聲之間頗有淵源。兩人原是在北京大學讀書時的同學，1918 北大學生組織的文藝社團新潮社最初成立時，羅家倫為發起人之一，該社正式成立後擔任《新潮》編輯，楊振聲則為書記（傅斯年任該刊主任編輯）。1919 年秋，楊振聲與傅斯年、原北大學生馮友蘭等同時赴美留學；次年春天楊振聲入紐約的哥倫比亞大學學習心理學，馮友蘭則入該校哲學系，二人常有往來。1920 年秋，羅家倫也獲得穆藕初所設獎學金的資助赴美留學。據云羅在普林斯頓大學學習期間，經常到紐約。〔註55〕

1928 年羅家倫被任命為清華大學校長後，將楊、馮二人調入清華以擴充自己的勢力。馮友蘭對此曾有回憶：

> 1928 年暑假中，南京的國民政府任命羅家倫為清華校長，到北京來接收清華。他來的時候，只帶了一個秘書，差不多是單槍匹馬來的。到北京才開始組織班子。在紐約同羅家倫和我在一起的北大同學楊振聲，這時候也在燕京。羅家倫把我們兩個從燕京「挖」出來，列入他的班子之中。……羅家倫聘請楊振聲為教務長，我為哲學系教授兼秘書長。我們是靠著北伐軍的餘威進入清華的。〔註56〕

此後楊振聲還被聘為清華大學中文系教授併兼主任之職〔註57〕。當時的清華

〔註53〕沈從文：《湘人對於新文學運動的貢獻》，《沈從文全集》第 17 卷，北嶽文藝出版社 2002 年版，第 163 頁。

〔註54〕李培剛編注：《楊振聲編年事輯初稿》，黃河出版社 2007 年版，第 44 頁。另據此條後文所載，關於楊振聲到燕京大學的時間，沈從文在未刊手稿中回憶是一九二七年左右。姑存此說以備考。

〔註55〕參看馮友蘭：《三松堂自序》，人民出版社 1998 年版，第 55 頁。

〔註56〕參看馮友蘭：《三松堂自序》，人民出版社 1998 年版，第 71～72 頁。

〔註57〕1929 年 2 月，楊振聲辭去教務長職務；3 月 7 日，他被補選為校評議會評議員；6 月，又經教授會選舉，被校長聘為文學院院長。1929 年 3 月，馮友蘭

頗有「崇洋」之風，中文系則大受輕視。楊振聲計劃整頓中文系並提高其地位，於是同樣是新文學家、又畢業於北大的朱自清自然就成了他改革的合作對象。〔註58〕在楊、朱二人一起草創的建設中文系的計劃中，明確地把「創造我們這個時代的中國新文學」〔註59〕作爲辦系宗旨。正是在這樣的背景下，才有了一直朱自清在1928學年第二學期（1929年春）開設的「中國新文學研究」課程。同時楊振聲也在中文系開設了「新文學習作」「和當代比較文學」〔註60〕兩門課程並在燕京大學開設「現代文學」〔註61〕。

1930年4月，楊振聲接受了教育部的任命擔任國立青島大學校長；6月，離開了清華大學轉赴青島。楊振聲在青島大學期間，曾聘請了聞一多、梁實秋、沈從文等新文學家到校任教，中文系還開設了「高級作文」（分詩、小說、戲劇、散文四種）課程且有楊親自教授「小說做法」之說：

> 　　楊振聲任職青島大學校長之後，發動了一場課程內容革新結構
> 的調整。他帶頭開設了《小說做法》課，並親登講臺講授，把新文
> 學課提到了與《楚辭研究》、《詩經研究》等古典文學同等的地位，
> 　　而且是全國文學系課程的中心和先導！〔註62〕

儘管上文所謂青島大學的課程是全國文學系課程「中心」、「先導」的說法屬明顯誇大，「小說做法」也無實證材料支撐（疑即「高級作文」中的「小說」一科），但仍可看出楊振聲在開設新文學課程方面的努力與成就。然而，楊振聲提倡新文學的工作沒有能繼續下去。1932年9月，他因事辭去青島大學校長一職，赴北平定居，稍後被聘爲國民政府參謀本部下設的國防設計委員會委員，隸屬教育與文化組，開始了編寫中小學國語教科書的工作。

辭去秘書長職務。1930年6月楊振聲離開清華後，馮友蘭任文學院代理院長並於1931年7月11日起正式任文學院院長。

〔註58〕楊振聲在《爲追悼朱自清先生講到中國文學系》（刊載於1948年10月《文學雜誌》第3卷第5期）中說：「系中一切計劃朱先生和我商量規定者多。」

〔註59〕《中國文學系的目的與課程的組織》，1929年《清華大學一覽》，第39頁。

〔註60〕參看本書附錄中的《清華大學民國十七至十八年度學年考試時間表摘錄》。

〔註61〕蕭乾在《我的副業是溝通土洋》（《新文學史料》1992年第1期）中說：「1930年，我在燕京旁聽了楊振聲老師的『現代文學』。」但是在爲《楊振聲選集》（孫昌熙、張華主編）所寫的代序《我的啓蒙老師楊振聲》一文中他又說，1929年他對新文藝才有了點輪廓性的認識——那一年他在燕京大學旁聽了從清華來的客座教授楊振聲的「現代文學」。

〔註62〕楊洪勳：《楊振聲：躬身執教後人仰》，《文學家與海大園》，中國國際廣播出版社2010年版，第11頁。

楊振聲再次和新文學課程發生關係，已經到了國立西南聯合大學時期。

1937 年 7 月 7 日抗日戰爭全面爆發，北平、天津相繼淪陷，北大、清華、南開三校負責人開會討論南遷事宜，楊振聲就已經參與其中。1937 年 8 月教育部籌備將北大等三校合併爲長沙臨時大學，楊振聲被任命爲籌備委員會秘書主任（代替當時的教育部次長周炳琳），由北大、清華、南開校長組成的長沙臨時大學常委會開會時，楊振聲也都列席參加。嗣後隨著戰局的發展，該校西遷入滇並奉教育部令改名爲西南聯合大學，楊振聲曾先後任總務長（兼代）、校務委員會常委會秘書主任、敘永分校校務委員會主席、分校主任、西南聯大中文系及師範學院國文學系主任、代理文學院院長等職。

但是這一系列的頭銜並不能保證他原來爲清華中文系擬定的「創造我們這個時代的中國新文學」辦學方針能夠在西南聯大得以完全貫徹。曾與他在清華親密合作的朱自清在 1938 年 11 月 21 日的日記中曾這樣寫到：

> 今甫（即楊振聲）對中文系很感興趣，他想把創作訓練作爲中文系的培養目標之一。但這個計劃不會成功的，他對此提出不少想法，我不願同他爭辯。他想召開一個會議來討論一年級的作文課，我只好同意。〔註63〕

然而，楊振聲所設想的討論一年級作文課的會議還是召開了。1938 年 12 月 15 日，大一國文作文委員會開會並制定了作文規則。28 日下午又召開了中文系會議及大一國文會議，除決議准許學生由學兩年英文改爲一年之外，又通過了關於大一國文的議案三則：一、定背誦者七篇；二、課外制定比較的新文學讀物；三、作文考試不及格者，每年繼續接受相同之考試，不必重修。〔註64〕大約同時，楊振聲開始了西南聯大《大一國文讀本》的編選工作。該書至 1942 年定稿，其中包括 15 篇文言文、11 篇語體文、44 首詩和 1 篇附錄。

除此之外，儘管飽含爭議，楊振聲在 1939 年 6 月的一次常委會上還是提議沈從文到聯大師範學院國文學系任教並最終獲得通過。楊振聲自己則在西南聯大文學院中文系和師範學院國文學系開設新文學課程「現代中國文學討論及習作」（1938～1939 學年下學期）、「現代中國文學」（1939～1940 學年、1941～1942 學年、1943～1944 學年上學期）。他還在 1939 年與朱自清共同指導了劉泮溪的畢業論文《從詩界革命到新詩》，1941 年與沈從文合作指導了吳

〔註63〕朱喬森編：《朱自清全集》第 9 卷，江蘇教育出版社 1998 年版，第 560 頁。

〔註64〕同上註，第 566 頁。

宏聰的畢業論文《曹禺研究》、與朱自清合作指導了林掄元的畢業論文《抗戰後文藝發展情形》。

1946 年西南聯大各校復員，楊振聲和沈從文一起進入北京大學中文系，據云擔任北大文學院院長直到北平解放爲止。〔註 65〕在此期間楊振聲曾講授「英文文學選讀」（與廢名合開）、「現代文學」與「傳記文學研究」等課程並和沈從文一起指導了有關新文學的學生畢業論文《中國現代文學所表現的鄉土性》（王達人，1947 年）《五四以來的新詩》（廖文仲，1947 年）。〔註 66〕

五、朱自清

朱自清是在胡適的推薦下得以進入清華的。據耿雲志的《胡適年譜》記載，1924 年 2 月 22 日，清華校長曹雲祥致胡適信，告以清華舉辦大學，此後大學部與留學部分開，特請胡適爲籌備顧問。胡適推薦了俞平伯，但是俞平伯出於種種考慮，暫時不願去清華教書，於是轉而推薦了朱自清代替自己，於是朱自清在 1925 年 8 月得以進入清華，任國文教授。〔註 67〕

清華學校，原名清華學堂，是 1911 年 4 月晚清的外交部會同學部奏請批准，由遊美學務處管轄的「遊美肄業館」改設的。民國成立後，1912 年 4 月 7 日北京政府外交部將遊美學務處裁撤，並將其職權全部劃歸清華學堂，此後很長一個時期內，清華都是中國學生留美的預備學校。1912 年 10 月，清華學堂監督唐國安呈請教育部，把清華學堂改名爲清華學校。1925 年 9 月曹雲祥任校長時期，清華學校正式設立大學部，並創辦國學研究院。〔註 68〕

在這一時期，看不出朱自清有任何即將要在大學內講授新文學的跡象。相反，他更多轉向了「舊」學。除了教學以外，他專心研究的是舊詩詞，還向著名的「舊」派人物黃節請教。1929 年 1 月朱自清甚至應吳宓的邀請，加

〔註65〕 此說出自沈從文《我所知道的楊振聲先生》一文（季培剛編注：《楊振聲編年事輯初稿》，黃河出版社 2007 年版，第 379 頁），存以備考。

〔註66〕 關於楊振聲在北京大學開設課程及指導學生論文的情況，參看王學珍、郭建榮主編：《北京大學史料 第四卷 1946～1948》，北京大學出版社 2000 年版，第 491～517 頁。

〔註67〕 耿雲志：《胡適年譜》，四川人民出版社 1989 年版，第 128 頁。

〔註68〕 關於清華大學的情況，參看賀崇鈴主編：《清華大學九十年》，清華大學出版社 2001 年版。如非特別注明，所引材料均出自此書。

入《大公報》之《文學副刊》〔註 69〕撰稿人行列。當然，吳宓在此副刊上開闢的白話文學欄目，曾經吸引了不少的新文學作家如林徽因、蕭乾、沈從文等等，並不是僅僅朱自清一人。

由於 1928 年羅家倫、楊振聲等原北大新潮社成員入掌清華，1929 年朱自清才得以開設「中國新文學研究」課程。從 1930 年 9 月起，朱自清還應當時燕京大學國文系主任、和朱自清同為「樸社」〔註 70〕成員的郭紹虞之邀，到該系講授「中國新文學研究」。1933 年 11 月 7 日，朱自清又被錢玄同邀請去北平師範大學講授該課。

由於學校內部矛盾的激化，1930 年 5 月 23 日羅家倫向教育部提出辭職，旋即離開清華。楊振聲這時也奉命到山東擔任國立青島大學校長一職，「新」派勢力大為削弱。所幸楊振聲不再擔任文學院院長後，和楊關係交好的馮友蘭又被推舉代理院長，中文系主任之職則由朱自清暫時代理，因此在楊振聲最初離校的時候，朱自清仍然對提倡新文學充滿了信心：

> 本系從民國十七年由楊振聲先生主持，他提供一個新的目的：這就是「創造我們這個時代的新文學」。……我們並不看輕舊文學研究考證的工夫，但在這個時代，這個青黃不接的時代，覺得還有更重大的使命：這就是創造我們的新文學。……自然，人的才分不同，趨向各異；本系的同學也可以有不能或不願從事新文學，卻喜愛研究舊文學的人。我們當讓他們自由地發展；但希望大部分都向著我

<hr>

〔註 69〕吳宓與時任《大公報》主筆的張季鸞是老朋友兼老鄉，吳宓在 1926 年中華書局以刊物賣不掉為由停辦《學衡》後，乃主動向張季鸞請纓主持副刊，並聲明不領薪金。吳宓主持此副刊開始於 1928 年 7 月，結束於 1934 年 1 月 1 日。值得注意的是，吳宓在此副刊上也發表關於白話文學的評論，如《茅盾著長篇小說〈子夜〉》，雖然他自己用的還是文言，對《子夜》卻給予了相當高的評價。到了後來，甚至他自己都開始用白話寫文章，如他在 1936 年 3 月 1 日《宇宙風》第 12 期上發表的《徐志摩和雪萊》。此外，他在徐志摩遇難後，曾經在《文學副刊》上發表了不少悼念詩文，他自己也寫過悼念文字。他在《挽徐志摩君》一詩的附記中說：「與徐君交誼甚淺，徐君以新詩名當代，予則專作舊體詩。顧念徐君只作新詩，蓋取法英國浪漫詩人，而予常以新材料（感情思想典故）入舊格律，其所製與徐君實同。雖彼此途徑有殊，體裁各別，且予愧無所成就，然詩之根本精神及藝術原理，當無有二。此應為凡致力於詩者所共信」。

〔註 70〕樸社是鄭振鐸、王伯祥、葉聖陶、顧頡剛、周予同、沈雁冰、胡愈之、謝六逸等人為了不受出版商限制，方便自己出書而發起組織的。該社成立於 1923 年 1 月 6 日，當時該社社員還有俞平伯、潘家洵、耿濟之、陳萬里等人。

們的目的走近便好。其實要創造新文學，也還是得研究舊文學；這
層楊先生《中國文學系的目的與課程的組織》一文（見本大學一覽）
中已經詳說。再看我們的課程，也還是舊的方面占大部分；新的只
有當代比較文學，中國新文學研究，新文學習作（高級作文的一部
分）三種。現在覺得習作一項為重要，下年度想定為必修科，並加
重分量，這樣於我們的目的，將更合適些。……我們還注意一件事，
參考外國文學，理由也見楊先生文中。現在必修科中有西洋文學概
要及西洋文學專集研究兩科，便是為此。〔註71〕

但是，此後的新文學不僅沒有被列為清華中文系的必修課程，據王瑤在《先
驅者的足跡——讀朱自清先生遺稿〈中國新文學研究綱要〉》〔註72〕中回憶，
朱自清 1933 年以後甚至再也沒有開設過「中國新文學研究」——雖然從此後
清華大學中文系的課程表來看，這個課程仍然被保留。〔註73〕在 1934 年 6 月
1 日出版的《清華周刊》第 41 卷第 13、14 期合刊上，朱自清寫的《中國文學
系概況》中甚至沒有提及「新文學」一詞：

研究中國文學又可分為考據、鑑賞及批評等。從前做考據的人
認為文學為詞章，不大願意過問；近年來風氣變了，漸漸有了做文
學考據的人。但在鑑賞與批評方面做工夫的還少。……至於創作，
我們也注意；習作一科，用意就在此。研究中國語言文字，包括形
聲義、文法、修辭等，所涉也甚廣博。

當然，這並不意味著朱自清放棄了對新文學課程的關注。到了抗戰期間，新
文學課程被正式列入教育部頒佈的大學中國文學系課程表，而朱自清則是參
與製作這個課程表者之一。抗日戰爭爆發後，朱自清隨校南遷，從長沙臨時
大學時期就擔任中文系教授會主席，後又曾任西南聯大中文系主任、師範學
院國文系主任等職。1938 年 6 月在蒙自期間，朱自清與羅常培一起討論大學
中文系課程草案，擬訂大學中國文學系科目草案報教育部，經過修改後於 1939
年秋天正式頒佈。這個包含了「現代中國文學討論及習作」、「各體文習作（包
括古代、現代各體）」的課程表是新文學取得學術話語權的一個重大突破。

〔註71〕 參看朱自清：《清華大學中文系概況》，1931 年 6 月 1 日《清華周刊》第 35
卷第 11、12 期《響導》專號。
〔註72〕 朱喬森編：《朱自清全集》第 8 卷，江蘇教育出版社 1996 年版，第 127 頁。
〔註73〕 參看《文學院　中國文學系學程一覽（民國二十五年至二十六年度）》，《清華
大學一覽》1937 年。

　　然而，儘管朱自清等「新」派學者已經取得相當的話語權力，當時西南聯大時期的「新」、「舊」兩派之間，仍不免分歧，有時鬥爭還十分激烈。

　　1939 年新學期伊始，西南聯大中文系舉行了迎新茶話會，參加的教師有羅常培、羅庸、魏建功、浦江清、朱自清、楊振聲等人。主持人羅常培提到：有一個同學，學號是 1188。他填的表裏說他愛讀新文學，討厭舊文學、老古董。這思想要糾正。中國文學系，就是研究中國語言文字、中國古代文學的系。愛讀新文學，就不該讀中文系！

　　羅常培所說的學生就是劉北汜。當時西南聯大中文系規定，一、二年級學生上基礎課，選一門社會學科、一門自然科學、一門第二外國語。三、四年級以後分為兩組，一為語言組，攻讀訓詁學、古文字學、中國音韻學、中國語法等；另一組為文學組，攻讀中國古代文學、《詩經》、唐詩、宋詞、宋詩、《戰國策》研究等。那時中文系只有楊振聲開「中國現代文學」，沈從文開「各體文習作（白話文）」，劉北汜感到新文學課程不多，因此在「課外愛讀書籍」這一欄目裏寫上那些意見。

　　朱自清和楊振聲都立即起來為劉北汜說話。朱自清認為劉北汜的意見很值得重視：「現代文學，這應該是中文系的方向；不能說學生愛讀新文學就要不得。研讀古文，不過為的便於瞭解和運用古代文學遺產，但這絕不是中文系的唯一目標。」楊振聲甚至直截了當提出中文系課程中應該增加現代文學比重的問題。〔註74〕

　　這次爭論後，下一年西南聯大中文系的課程表又發生了一點微妙的變化：增加了由張清常主講的「國語及國音」和「國語運動史」。〔註75〕考慮到自新文學興起以來和國語運動之間的密切聯繫，這兩門課程其實就是「新」派向「舊」派的一種示威。

　　1946 年西南聯大各校復員後，朱自清仍然對新文學課程保持了相當的熱情。本年下半年朱自清在清華大學開設了「詩論」、「中國現代詩歌和散文」；1947 年朱自清還在清華大學「中國近百年史研究室」的研究計劃中承擔了「白話文」和「新文學」兩項課題。〔註76〕另外，據朱自清的學生郭良夫回憶，

〔註74〕以上參看劉北汜：《憶朱自清先生》，《新文學史料》1982 年第 4 期。

〔註75〕參看《國立西南聯合大學各院系必修選修學程表（1940 年～1941 年度）·文學院·中國文學系》，北京大學、清華大學、南開大學、雲南師範大學編：《國立西南聯合大學史料》第 3 卷，雲南教育出版社 1998 年版，第 205 頁。

〔註76〕姜建、吳為公編：《朱自清年譜》，安徽教育出版社 1996 年版，第 298、308～309 頁。

1946 年到 1947 年間，他曾經學習朱自清講授的「文藝寫作」課程。〔註77〕

六、沈從文〔註78〕

　　沈從文能進入大學教書，顯然和「新月派」、「現代評論派」諸人有密切關係。1925 年秋天，沈從文經由林宰平等人介紹，開始參加新月社的誦詩會，結識徐志摩、聞一多等人。1925 年 8 月 29 日，《現代評論》周刊發表了沈從文的散文《怯步者筆記──雞聲》，從此沈從文成為《現代評論》的經常撰稿人，結識了這個刊物的主編陳源和文藝編輯楊振聲並因此被認為是「現代評論派」成員；1928 年 3 月，《新月》月刊創刊，沈從文又成為這個刊物的經常撰稿人。1929 年胡適擔任中國公學校長期間，由徐志摩介紹，胡適同意聘用沈從文在中國公學教書，教授「新文學研究」、「小說習作」、「中國小說史」等課程，同時在暨南大學兼課。

　　關於在上海教課的情況，在沈從文 1930 年 1 月 29 日寫給王際真的信中曾說：「新的功課是使我最頭痛不過的，因為得耐耐煩煩去看中國的新興文學的全部，作一總檢查，且得提出許多熟人，大約將來說全是『好的』，不然就說全是壞的，因為通差不多。」〔註79〕在本年 7 月上旬，沈從文給王際真的信中又提到：「我暑期又教中國新詩。」〔註80〕

　　作為一個僅僅有小學畢業水平的新文學作家，一開始在大學內當老師，當然不會太順利。據說沈從文第一次講課開始時因為緊張，約有一點半鐘沒有開口，在勉強中說了約二十分鐘的空話。後來還是有賴胡適的保護，才免於被轟下臺。實際上，他在大學校園裏，因為缺乏傳統、西方學術背景，只能教有關新文學的課程，一直都處於邊緣人的狀態。〔註81〕

〔註77〕郭良夫：《懷念我的老師朱佩弦先生》，郭良夫編：《完美的人格──朱自清的治學和為人》，清華大學出版社 2003 年版，第 50～51 頁。

〔註78〕本節關於沈從文的傳記材料，採自糜華菱的《沈從文年表簡編》、《沈從文年表簡編〔續〕》（刊載於《新文學史料》1995 年第 3、4 期）、王保生：《沈從文評傳》（重慶出版社 1995 年版）、凌宇：《沈從文傳》（北京十月文藝出版社 2003 年版）、金介甫：《鳳凰之子：沈從文傳》（中國友誼出版公司 2000 年版），以下不一一注明。

〔註79〕《沈從文全集》第 18 卷，北嶽文藝出版社 2002 年版，第 48 頁。

〔註80〕同上註，第 83 頁。

〔註81〕金介甫在他的《沈從文傳》裏以為沈從文「成了作家卻不依附任何作家集團」。其實他不僅在作家圈子裡保持著一種比較獨立的個性，在大學校園裏，他更

也許正是因為游離於大學的學術圈子之外，沈從文才和當時校園內外的「新」、「舊」之爭離得較遠。雖然「五四」精神的感召是他當初去北京求學的一個原因，後來他對「五四」也念念不忘，但是 20 年代初他在北京大學旁聽的時候，似乎並未對「舊」派表示多少反感。當時的保皇派辜鴻銘上課時，曾經面對學生對他的辮子的鬨堂大笑所說的一番話，對沈從文的教益甚至是終生的：他對此一直銘記在心，並且認為培養了自己以後堅持獨立思考的信念。〔註82〕

1930 年 1 月起，胡適屢次提出辭去中國公學校長一職；5 月 15 日，蔡元培代表校董會同意了胡適的申請。失去了胡的照應，此後沈從文在中國公學的處境可想而知。於是這年秋天，經由胡適介紹，沈從文離開上海，去武漢大學教書。

國立武漢大學是在武昌中山大學的基礎上籌建的。1928 年 7 月，國民政府大學院院長蔡元培聘請劉樹杞等 8 人為創建武漢大學的籌備委員；1928 年 10 月武漢大學正式開學上課。武漢大學和北京大學關係相當密切，先後擔任其校長的王世杰、王星拱、周鯁生原來都在北京大學教書。〔註83〕

在北大人進入武漢大學之前，武漢地方上「新」、「舊」之間早已矛盾重重。1925 年之初，國民黨元老石瑛（石蘅青）開始就任武昌師範大學校長，力圖「維新」，邀請了郭沫若、郁達夫等新文學家到該校任教（郭沫若未到）。也許正是因為這個原因，他一直受到舊教職員的抵制。黃侃當時也在該校執教。黃侃既是學術名流，也是學生心目中一個權威，恃才傲物，而石瑛則性情粗暴，兩人一經接觸，則弄成僵局。校長石瑛宣佈解聘黃侃，但黃侃既不辭職，又不上課。一部分學生反對石瑛的決定，堅持挽留黃侃，甚至有少數暴徒把石瑛捆綁起來，以武力相威脅。

本年 9 月，有一篇《教授耶抑流氓也》的通訊揭發武昌師大學潮真相，指斥黃侃，替石瑛打抱不平，還激起了部分學生的不滿。有人甚至主張以國

是處於一種遠離中心的狀態，這裡面恐怕跟大學體制對於新文學家身份的疏離有密切的關係。

〔註82〕辜鴻銘當時面對學生們的嘲笑稱：剪下自己的辮子，極其容易；學生們精神的辮子想去掉則很不容易。參看沈從文：《二十年代的中國新文學》，《沈從文全集》第 12 卷，北嶽文藝出版社 2002 年版，第 379 頁。

〔註83〕關於武漢大學的材料，本書主要參考了《國立武漢大學一覽》（臺北傳記文學出版社 1971 年出版的影印本，第 1～13 頁），如非特別注明，均出自此書，以下不一一注明。

文系的名義上書湖北督軍蕭耀南，要蕭耀南進行干涉，促使黃侃復職。〔註84〕

　　1929 年 2 月，國民政府任命王世杰爲武漢大學校長，王世杰未到任前則由王星拱代理校長之職；5 月，王世杰到武漢。1930 年 8 月，文學院也換了陳源代理院長，正是因爲這些「現代評論派」成員在武漢大學主政，沈從文才得以在課堂上講授新文學。

　　沈從文在武漢大學教授的是新文學研究，內容主要是新詩。這時，雖然陳源的夫人凌叔華在生活上對他十分關心，家裏凡有好菜都要叫他，陳源還勸他學點英文，但實際上他的日子並不好過。沈從文曾在給好朋友王際眞的信中透露出他的苦悶：

> 從上海到這裡來，是十分無聊的，大雨〔註85〕是大教授，我低兩級，是助教。因這卑微名分，到這官辦學校，一切不合式也是自然事。到十二月後，我回上海，有二十天放假，若上海有生活，我就不回武昌了。但我恐怕一定要回武昌，……因爲我在中國，書又讀不好，別人要我教書，也只是我的熟人的面子同學生的要求。學生即或歡迎我，學校大人物是把新的什麼都看不起的。我到什麼地方總有受恩的樣子，所以很容易生氣，多疑，見任何人我都想罵他咬他。我自己也只想打自己，痛毆自己。〔註86〕

他的處境不如意，原來的患難朋友——已經參加了「左聯」的胡也頻更糟糕：1931 年初，胡被當局逮捕。沈從文向學校請假營救胡也頻，但是營救沒有成功。胡在上海被殺害後，沈從文幫助丁玲料理後事並護送丁玲回到湖南，已經耽誤了返校日期。雖然他曾寫信去武漢大學續假一個月，然而待到從湖南返回上海時，學校開學已頗有時日，作爲一個不受歡迎的教師，他恐怕已經沒有勇氣再去看別人的臉色。於是沈從文選擇留在上海，繼續自己的寫作。然而很明顯，種種苦惱與煩悶使得他的創作也出現了問題：

> 我又住到上海地方不動了，有許多古怪原因，我不再傍到人教書。……

〔註84〕 以上關於武昌師大的情況請參看李俊民：《落花如雨拌春泥——郁達夫殉國四十週年祭》，陳子善、王自立編：《回憶郁達夫》，湖南文藝出版社 1986 年版，第 118～126 頁。

〔註85〕 指孫大雨（1905～1997），浙江諸暨人，詩人、文學翻譯家。

〔註86〕 1930 年 11 月 5 日沈從文在武漢大學教書時候給王際眞的信，《沈從文全集》第 18 卷，北嶽文藝出版社 2002 年版，第 111 頁。

……

　　際眞，我近來會要變了，我的性情越不行了，在上海作文章，大約我再支持兩年，也不能再支持下去了。原因是我文章寫下去，越來越無主顧，因爲大多數在作文章的人，一定是在文章以外，他們平時也得有一種友誼，也可以說全是友誼，文章才有出路的。我卻差不多同每一個書店中人皆成爲仇人。……

……

　　我如能改業，生活一定可以變好，因爲我可以從各方面得到許多優待，譬如教書，我是比別人方便一點的。不過我賭咒不教書，我做官又辦不了，做別的事又無本領，故到後一著我看得很分明的，是我得回到家鄉很寂寞的死去。……

……

　　我在這裡過了三年，近來想到北平去看看，也不容易。北平去，有事做又是教書，書我總教不來，故在北平也住不下。〔註87〕

可以想見，一個年輕、倔強、敏感又不服輸的年輕人在心理上經歷了怎樣的折磨與煎熬：「本來到近日情形下，我要教點書，是有辦法的，要做點事，也是有辦法的，因爲熟人那麼多，而且我又那麼隨便。可是書我是絕不教，事也絕不找人幫忙。」〔註88〕

　　1931 年 5 月中旬，接受徐志摩的建議，沈從文從上海到了北平；8 月，還是在徐志摩的介紹下，沈從文到青島大學重執教鞭。

　　這時沈從文的生活與在上海和武漢時期相比有了相當的改善——他所任教的青島大學的校長就是楊振聲，而且當時的青島大學彙集了很多具有新文學家身份的教師。楊振聲被教育部指派到山東籌備國立青島大學之後，於 1930 年夏天到上海延攬教員，恰巧遇到剛從武漢大學負氣而出、又拒絕了武昌藝術專科學校校長唐義精之邀的聞一多，於是請聞一多去青島大學主持中文系工作；同時他還邀請了當時正在編輯《新月》，並在中國公學、暨南大學兼課的梁實秋去主持外文系。青島大學正式開學後，聞一多被聘爲教授，兼文學

〔註87〕1931 年 2 月 6 日在上海給王際眞的信，《沈從文全集》第 18 卷，北嶽文藝出版社 2002 年版，第 125～130 頁。

〔註88〕1931 年 4 月 13 日沈從文給王際眞的信，《沈從文全集》第 18 卷，北嶽文藝出版社 2002 年版，第 137～138 頁。

院院長、中國文學系主任；梁實秋任教授、圖書館館長、外文系主任；國劇運動的主要成員趙太侔也被聘爲教授。〔註89〕

在這樣的大學裏，沈從文自然不會再有被排擠的感覺，他的創作也達到了一個高峰。據沈從文在《從文自傳》的《附記》中說：

> 這個《自傳》，寫在一九三二年秋間，算來時間快有半個世紀了。當時我正在青島大學教散文習作。本人學習用筆還不到十年，手中一支筆，也只能說正逐漸在成熟中，慢慢脫去矜持、浮誇、生硬、做作，日益接近自然。爲了補救業務上的弱點，我得格外努力。因此不斷變換作品的內容和形式，用不同方法處理文字組織故事，進行不同的試探。當時年齡剛過三十，學習情緒格外旺盛。加之海邊氣候對我又特別相宜：每天都有機會到附近山上或距離不及一里的大海邊去，看看遠近雲影波光的變化，接受一種對我生命具有重要啓發性的教育。因此工作效率之高，也爲一生所僅有。前一段十年，基本上在學習用筆。後來留下些短短篇章，若還看得過去，大多數是在青島這兩年半內完成的。並且還影響此後十年的學習和工作。〔註90〕

但很明顯，沈從文並沒有融入青島大學教授們的小圈子——雖然他也往往被視爲「新月派」之一員。當時在青島大學的一大批文化人經常聚飲，楊振聲、趙太侔、陳季超、劉康甫、鄧仲存、方令孺，加上聞一多和梁實秋，被戲稱爲『酒中八仙』，三日一小飲，五日一大宴，往往是三十斤一壇的花雕搬到席前，喝完了才算罷休，傍晚入席，直到深夜才杯空人散。然而，這裡面也沒有沈從文——他在學術圈裏還是非常寂寞的。

1933 年暑假中，楊振聲辭去青島大學校長職務，到北平主持中小學教科書的編纂工作，沈從文也隨之辭去教職，轉到北平參加教科書編輯工作；9月，沈從文和楊振聲一起編輯天津《大公報·文藝副刊》；1938 年 4 月間，沈從文到昆明，和先期抵達的楊振聲一起繼續進行國文教科書的編輯工作；1939 年 6 月，經楊振聲介紹，沈從文得以進入西南聯大任教並開設了新文學課程「各

〔註89〕關於楊振聲和聞一多等人的情況，參看聞黎明、侯菊坤編：《聞一多年譜長編》，湖北人民出版社 1994 年版，第 386～389 頁。

〔註90〕沈從文：《從文自傳·附記》，《沈從文全集》第 13 卷，北嶽文藝出版社 2002 年版，第 366 頁。

體文習作（白話文）」、「創作實習」、「現代中國文學」〔註91〕等等。

1946 年 5 月，西南聯大解散，北大、清華、南開各校復員，沈從文也被留在北大文學院任教。8 月沈從文從上海到北平，除在北大任教外還在輔仁大學兼課。1949 年 8 月，沈從文經鄭振鐸介紹，到新成立的歷史博物館工作，並在輔仁大學繼續兼課。1950 年 2 月，沈從文進入中央革命大學研究班學習，學習結束後回到歷史博物館工作。

這位大學裏教授新文學的邊緣人最終離開了校園。

七、蘇雪林

1919 年，在安徽省立第一女子師範校長徐皇甫的幫助下，蘇雪林進入北京高等女子師範，成為國文系旁聽生。雖然到北京後不久，蘇雪林就受教於胡適、周作人、陳衡哲、李大釗等人且以「五四」人自命，〔註92〕但是她對於「新」、「舊」之間的分歧似乎並不很敏感，而且從她的經歷來看，「舊」學問比新文化對她的影響更大。

此前，蘇雪林在安徽第一女子師範本科讀書時，國文老師楊鑄秋教的都是桐城派的古文，蘇雪林的作文成績很好，曾用古文筆法給家鄉幾個節婦作傳，大蒙先生讚許。課外又能做舊詩、畫山水，因此大家都把她當「才女」看待，據說她的才名不僅洋溢宜城（安慶），甚至傳到京滬，寓居兩處的皖人提到「蘇小梅」，無人不知。而同學爭相與她攀交、修好，直把她當成一隻鳳凰似的捧著。很明顯，蘇雪林自己對「才女」這個稱號相當在意。

1919 年蘇雪林打算到北京高等女師讀書，但因為高等女師招考插班生的名額已滿，於是請徐皇甫向高等女師寫信推薦，得以去做一個旁聽生。與她同進國文系的還有後來成為文學研究會成員的黃英（廬隱）。

即使是在「五四」運動高潮時期的女高師，蘇雪林也並沒有像一般青年那樣表現出與傳統決絕的態度與熱情。雖然她也曾想模仿冰心，學作新詩，

〔註91〕參看本書附錄「民國時期大學課程表、考試時間表、學程說明書選錄」。

〔註92〕蘇雪林在《蘇雪林自傳》（江蘇文藝出版社 1996 年版）中說：她誕生於一個極端保守的家庭，思想保守，但是，在五四運動爆發的前一年，她在母校附小當教員時，學校組織了一個國文補習班，請原在女師授課國學最優長的陳慎登授課，終日痛罵陳獨秀、胡適，指為異端邪說、洪水猛獸。因為陳慎登罵得太激烈，反倒引起了她的興趣，想把這類書刊弄來看看究竟是何種東西。因此她在未到北京之前，思想已起了變化。

但終究不成，於是放棄——與其說她缺少新文學才能，毋寧說她更傾向並「適合」於「舊」派：在女高師時期，她自己都承認，教他們舊詩詞的顧震福，倒使她得了些益處。〔註93〕

　　1921 年蘇雪林和同學林寶權、羅振英等一起進入法國里昂中法學院後，還把原來所作的舊體詩十多首，連同白話詩，寄給女高師時期的老師陳鍾凡發表，而且無意之間竟啓發陳鍾凡學會了作舊體詩。即令是她的新文學作品《棘心》，她自己也覺得「舊文學的陳詞濫調太多」。

　　1925 年春夏之交，蘇雪林返國並結婚。

　　1926 年蘇雪林在蘇州又遇到了陳鍾凡（時在南京金陵女大授課），陳介紹她到蘇州基督教長老會辦的景海女子師範任國文主任，並在東吳大學教授詩詞選。

　　在東吳大學期間，她也進行新文學創作，用「美文體裁」寫了一本《綠天》，但應該注意的是，她仍然鍾情於傳統文化。當時滬江大學的顧實曾作《穆傳講疏》，考訂穆天子西行事跡，以擁護中國歷史文化。蘇雪林受顧實的影響極大，後來她極力「打通中西」，將中國古典文化（如楚辭）與西方的古典進行比附的做法其實和顧實非常相像。

　　1930 年蘇雪林進入安徽大學教書，〔註94〕僅一年之後就到了武漢大學。她能進入武大，與她在法國里昂中法學院時的同學楊潤餘有關。「現代評論派」成員楊端六（時任武漢大學教授）是楊潤餘的哥哥。蘇雪林到上海的時候，曾持楊潤餘的信登門拜訪楊端六的夫人——女作家袁昌英（蘭子），同時還見到了陳源及其夫人凌叔華。

　　正因有這樣的關係，再加上武漢大學在京滬招生時袁昌英曾推薦蘇雪林參加了閱卷工作，王世杰對蘇印象不錯，她才得以在 1931 年下半年進入武漢大學教書並被聘爲特約講師，開始時教授中文系基本國文一班、另外院系的國文一班、中文系《中國文學史》一班、每周 13 個鐘頭的功課。

〔註93〕《蘇雪林自傳》，江蘇文藝出版社 1996 年版，第 37 頁。

〔註94〕關於蘇雪林進入安徽大學，雖然蘇只說是校長楊亮功來函相邀，實際上很可能是馮沅君、陸侃如夫婦幫忙介紹。馮沅君是蘇雪林在北京女高師時候的同班同學，而當時安徽大學的文學院院長程憬是清華研究院出身，和陸侃如同學。蘇雪林進安徽大學後，一開始講授的是「世界性的文化史」，原來講授此課的程憬還把他自己編的講義供蘇雪林參考。這說明，安徽大學邀請蘇雪林時並沒有專門爲她準備課程。

這說明了蘇雪林進入武漢大學背後的人際關係因素，如果缺乏這種關係，蘇雪林恐怕難以立足：初到武大的第一年，由於她在課堂上「寫了個別字，讀了幾個訛音，被學生抓住把柄，向系主任告發」〔註95〕，幾至被解聘——連陳源在年終系會考績以定人員去留時，都想投她的反對票，幸虧校長王世杰保護，才得以繼續留教。

另外，聞一多在武大的經歷也可以作為這種人事關係重要性的證據——

1928 年，聞一多在他的老鄉劉樹杞（時任湖北教育廳廳長、武漢大學籌備委員、代理武漢大學校長）的極力拉攏下，從南京到了武漢大學任文學院院長。但是武漢大學正式成立後，王世杰被任命為校長，聞一多就失去了靠山。1930 年春天，學校籌辦校刊《文哲季刊》，有位教授劉華瑞，寫了篇有關江漢文化，內容卻只是太極拳一類東西的文章投給此刊。聞一多看後不贊成刊登，於是引起劉的不滿。恰在此時，學生中有人反對中文系講師譚戒甫講授《莊子》——因為譚是研究墨子的。聞一多勸告學生不該如此對待老師，於是劉華瑞慫恿跟隨他習武的學生張貼標語，攻擊聞一多。聞非常憤怒，寫信辭職。

事情發生後，學校議論紛紛。王世杰派外文系教授陳源調查處理，另外一些教授則在袁昌英家裏開會，商討辦法並表示要處分學生。然而，這些都不過是表面文章而已。王世杰雖然也曾對聞一多表示挽留，卻表情冷漠，於是聞一多才決意離開。

另外，據聞一多之姪聞立勳回憶：當時表面上是學生反對譚戒甫教《莊子》，實際上卻是有人想當文學院院長，採取了些卑鄙手段。總之，聞一多成了派系鬥爭的犧牲品。〔註96〕此後，武漢大學就換了現代評論派的陳源來代理文學院院長。

在現代評論派掌權的武漢大學內，講授新文學應該是不成問題的。1930年秋天沈從文離開中國公學到武漢大學之後，就曾經開過新文學研究，但是只教了一個學期。沈從文走後，這個課程沒有了着落。於是1932年，陳源對蘇雪林說要開新文學的課程，而且要她去教。〔註97〕

〔註95〕《蘇雪林自傳》，江蘇文藝出版社1996年版，第88頁。

〔註96〕關於聞一多在武漢大學的經歷，參看聞黎明、侯菊坤編，聞立雕審定《聞一多年譜長編》，湖北人民出版社1994年版，第386頁。

〔註97〕據蘇雪林：《中國二三十年代作家》（臺灣純文學出版社有限公司1983年版）的「自序」中說，她是從民國二十一年（1932）開始教授新文學的。但是據《蘇雪林自傳》（江蘇文藝出版社1996年版）中說，她是從民國二十三年（1934）年開始教授這門課程的。1931年沈從文離開武漢大學，蘇雪林是繼沈從文之

蘇雪林並不願意接受這個工作。可以想見，對於蘇雪林這樣東、西方學術基礎都很薄弱的人來說，做這種開創性的工作會有多難。然而陳源強之不已，並讓她拿沈從文在本校當助教時候所編的幾篇新文學講義去做參考。她答應了，但是實在不願意教這門課，於是無精打采──蘇雪林雖並不精通古典，卻「心嚮往之」，心理失落是難免的，其教學的效果也並不見佳。學生有一次在黑板上寫：「若不點名，誰也不願來上課了」〔註98〕，而她只好佯裝不見。

蘇雪林開設新文學課程不積極的原因，除了她心儀於古典文學且該課程尚處於開創階段、講起來非常困難之外，還有一點就是蘇雪林非常輕視當時的一些新文學家及其作品：「我的舊文學根柢雖不深，也算是從這個堡壘走出來的人，雖也早已認識新文學的價值；並不敢斥之為引車賣漿者之言，對於當時幾位新文學名流也由衷的敬佩，不過看見許多後生小子，線裝書沒讀幾本，西洋文學的修養也淺薄可憐，徒以能從報章雜誌上剽竊一點寫作技巧，便提筆亂寫，居然以作家自命，人亦以作家目之，我實不免隱存輕視，叫我在講堂上對學生鄭重介紹，實亦未所甘願，是以當時對於新文學家的書並未多涉獵，敘述幾句便算了事，那部講義編得如何馬虎，可想而知。」〔註99〕

而陳源之所以「強迫」蘇雪林講新文學，目的顯然是要為新文學及其學術爭取地位，有「布新」的意思。除此之外，陳源還力圖「除舊」，搶佔傳統學術的「地盤」。1938年10月武漢大學搬遷到四川樂山之後，陳源聘請葉紹均到校，就是「整頓」國文系的一個重要舉措。

當時的國文系主任是劉博平。劉博平（1891～1978），名賾，湖北廣濟人，長於音韻學，是黃侃的弟子。在他任武漢大學國文系主任的時候，系內復古空氣相當濃厚。

陳源之所以要請葉紹鈞，可謂用心良苦。陳源想改革國文系，必須引進「新」派，而要引進的人除了擁護新文學外，還必須懂得「舊」學問，才能使那些「舊」派服氣，僅僅依靠蘇雪林等人肯定不行。而葉紹鈞，是一個新文學家，又對國文教學素有研究，自然是一個非常合適的人選。

後開設新文學研究的。據此推斷，蘇雪林開始上課的時間應該是1932年，而不是1934年。

〔註98〕《蘇雪林自傳》，江蘇文藝出版社1996年版，第87頁。

〔註99〕蘇雪林：《中國二三十年代作家‧自序》，臺灣純文學出版社有限公司1983年版，第4頁。

葉紹鈞進入武大國文系之後，顯然也明白自己的「任務」。據蘇雪林說，雖然葉最初去的時候不過是教員，但是做起事情來，卻「儼然成了一個沒有名義的國文主任，不過他的權限止於基本國文罷了」。而葉紹鈞自然也非常盡責，不負陳源之託，把自己的國文教學經驗一概貢獻了出來。〔註100〕但是事情發展到最後，卻不是以陳源、葉紹鈞等「新」派的勝利而告終——因為這時「新」派固然和「舊」派有矛盾，而「新」派自身也早已經分化。

陳源是現代評論派，和魯迅的矛盾人所共知。在現代評論派掌權的地方，又有蘇雪林這樣的「反魯」大將，武漢大學原有的國文教材不選魯迅的文章，就是意料之中的事情了。然而性格溫和，看起來並不那麼「左傾」的葉紹鈞卻偏偏非常崇奉魯迅。在一次國文考試中，葉紹鈞擬定的題目中竟然有魯迅文壇地位如何、他的著作以何者為最有名等等。蘇雪林看到這種題目，自然不同意，而葉紹鈞也並不肯改正，結果是兩人竟多日不交一言。

這時的葉紹鈞其實已經處於「新」、「舊」兩派的夾板之間了，最終的結果只能是被擠扁或逃掉。

1940 年 4 月，教育部制定各大學生學業競賽方法：先於校中競賽，學生自由參加，選擇優秀的參加統考。武大的題目是由國文系主任劉博平親自擬定的：將柳宗元的《佩韋賦》譯為「恒言」。葉紹鈞和朱東潤、高晉生看到考試題目後，聯名寫信抨擊這種莫名其妙的考題，並以「恒言」二字不知所云為由拒絕閱卷。劉博平則以有人搗亂為名，一面向校長王星拱辭職，一面指使說客登門求情，要葉紹鈞等人向劉表示歉意，讓他有面子返校，而葉則並不讓步。

結果還是原北大化學系教授、時任武漢大學校長的王星拱給足了劉博平的面子。王星拱肯定了「恒言」這個說法是正確的，並表示以後如果再有人指責，學校必力為解決。

劉博平返校後，開始報復：他派了一名助教去聽葉紹鈞講課，讓助教「有聞必錄」。助教聽著蘇州人葉紹鈞的「吳儂軟語」而「有聞必錄」的筆記，成了劉博平指責葉「文句不通」的把柄，於是葉只能辭職。1940 年 7 月他離開武漢大學時，甚至還被扣了一個月的薪水。

陳源整頓武漢大學的想法自然也落了空，1943 年受國民黨政府委派赴英

〔註100〕蘇雪林：《文壇舊話》，轉引自商金林編：《葉聖陶年譜》，江蘇教育出版社 1986 年版，第 218 頁。

國從事外交工作，離開了武大。武大國文系的「舊」派勢力自然愈加強大。抗戰末期，蘇雪林依靠靈感，「忽然無意間」得到解決屈賦的線索，寫了幾篇文章如《月兔源流考》、《國殤乃無頭戰神說》、《山鬼與希臘酒神》，想刊登在《武大季刊》上。這時的文學院院長之職已經由劉永濟擔任，他較之劉博平更加「復古」，甚至經常以「內聖外王」之學灌輸學生，此時則橫加壓抑不讓蘇雪林的文章面世。劉還聘請程千帆來當國文系主任，強把中國文學史前半部奪去給程，後半部給蘇雪林。蘇雪林雖不願意，但是不敢違抗劉的意思。劉永濟「保衛中國文化之心強烈」，終日對著蘇雪林罵胡適之、顧頡剛是出賣中國文化的「漢奸」「賣國賊」，說日本人沒有歷史，卻要偽造歷史，中國明明有唐虞三代的歷史，胡顧等偏要將它斬斷，毀滅，「非出賣中國文化的漢奸賣國賊而何？」〔註101〕

然而，身受「舊」派壓擠的蘇雪林，直到1956年任臺灣成功大學中文系主任之後，仍然繼續著她的屈賦研究，雖然她的「國故之學」一直很少有人欣賞。這當然也並非完全是「舊」派壓抑的結果：僅僅靠「靈感」來進行的學術研究，其結論是很難經得起推敲的。

八、廢名〔註102〕

廢名（1901～1967），原名馮勛北，字焱明，號蘊仲，學名馮文炳，湖北黃梅人。

廢名接觸新文學很早。他1916年考入武昌省立第一師範學校，在讀書期間曾受教於黃侃的一名弟子。這名教師曾在課堂上攻擊胡適所做的新詩《蝴蝶》，後來廢名在《談新詩》中提到，他當時就覺得「《蝴蝶》算得上一首新詩，而『枯藤老樹』是舊詩的陳詞濫調而已。」〔註103〕

此後廢名在文學道路上受周作人的影響最大。1921年左右，廢名就開始了和周作人的交往。1924年11月17日《語絲》周刊在北京創刊，廢名和周作人一樣成為該刊的撰稿人之一。這一年的下半年，廢名由北大預科畢業，正式升入北大英國文學系讀書。1927年張作霖下令將北大等院校合併為京師

〔註101〕《蘇雪林自傳》，江蘇文藝出版社1996年版，第85頁。
〔註102〕關於廢名的傳記材料，主要採自陳建軍：《廢名年譜》，華中師範大學出版社2003年版，如非特別注明，均出自此書。
〔註103〕馮文炳：《談新詩》，人民文學出版社1984年版，第2～4頁。

大學校，引起北大師生的反感，周作人遂辭去北大教職，廢名也憤而休學一年，有追隨其師的意思。廢名休學後在北京西直門外孔德中學教國文，周作人等也在這所學校教書。1929 年秋天，廢名在北京大學英國文學系畢業，經周作人推薦在北京大學中國文學系任教；1930 年 5 月，他還和周作人等人創辦《駱駝草》，由他與馮至負責編輯、校對、發行等具體工作。

應該指出的是，關於廢名在北大任教的時間及講課內容，有兩種不同的說法。陳振國的《馮文炳小傳》(《新文學史料》1983 年第 3 期) 中說，馮文炳「1929年，北京大學畢業後，為周作人的推薦，即在北京大學中國文學系教書，提任講師，講授李義山、溫庭筠的作品，也講新詩。」〔註104〕但是根據周作人為廢名《談新詩》所作的序可知，廢名在北京大學當講師，是胡適兼任國文系主任的時候，大概是民國二十四年（1935）至二十六年（1937），最初擔任的課程為「散文習作」，後來添了一門「現代文藝」，講授新詩。〔註105〕

廢名開設的「散文習作」課程已經很難稽考。至於「現代文藝」，廢名的《談新詩》第一講「《嘗試集》」中曾明確提到：「我為得要講『現代文藝』這門功課的原故，……」〔註106〕，這本書正是該課程的講義，它的開設是沒有疑問的。

另外關於該課程開設的時間，《談新詩》第六講「《揚鞭集》」中曾云：「我今天早晨做了一件愉快工作、真是一件愉快的工作。我料不到從《揚鞭集》裏竟選了二十首詩之多，尚不嫌其多，有的還割愛。我要對《揚鞭集》的作者表示我的敬意。是的，在這裡我對他表示敬意。這位作者已經死去兩年了，我今日因為選詩的原故乃成為他的新相知，能不有點惘然？」《揚鞭集》的作者劉半農是 1934 年暑期赴西北調查方言時染病去世的。據此推算，「現代文藝」應該開始於 1936 年。到了第二年抗戰全面爆發後，北京大學南遷。學校規定，副教授以上人員隨校向內地轉移，講師以下人員自行安排。廢名是講師，不在此列，於是脫離北大。由此可知，「現代文藝」只講了一年就結束了。〔註107〕

〔註104〕陳建軍在《廢名年譜》中也支持這種說法，參看該書第78～79頁。
〔註105〕知堂（周作人）：《〈談新詩〉序》，陳振國編：《馮文炳研究資料》，知識產權出版社 2010 年版，第 189 頁。
〔註106〕廢名：《談新詩》，人民文學出版社 1984 年版，第 4 頁。
〔註107〕關於課程結束的時間，還有一點材料可以證明。廢名後來在 1946 年續寫的新詩講義《十年詩草》中曾說：「我的新詩講義講到郭沫若，學年便完了，那時

關於廢名上課的情況，現存材料不多。據馮建男說，廢名在講課之前曾問過胡適這門課怎麼上，胡適叫他按照《新文學大系》上講，意思是按照胡適的《談新詩》一文講即可，廢名卻在課堂上大說胡適的不是，一口一個胡適之。〔註108〕——無論是就人脈關係還是在學術觀念而言，廢名和胡適顯然都不是同路。

1946 年回到北大以後，廢名雖然又續寫了《十年詩草》等四章關於新詩的講義，但到目前為止，並未見其重新開設「現代文藝」課程的記載。這時的廢名已經主要致力於《論語》、《孟子》、陶淵明、外國文學名著選讀等課程的講授了。

廢名的詩學理論在二十世紀三、四十年代產生過一定影響。當時受廢名詩論影響的詩人有朱英誕、林庚、沈啟無、黃雨、路易士（紀弦）等等，其中朱英誕甚至稱自己是廢名的學生，儘管事實上兩人並沒有師生關係。沈啟無則最早研究了廢名的詩論，並在廢名的鼓勵下進行詩歌創作。1945 年 4 月，沈啟無在《〈思念集〉題記》中曾不無感激地說：「從前我印《水邊》（廢名、沈啟無合著），是紀念廢名，因為他是第一個認識我的詩的。」在抗日戰爭全面爆發、廢名離開北平回到湖北黃梅老家後，這些人繼續在北方淪陷區大量發表廢名的書信、詩歌和詩論等等，成為淪陷區詩歌創作的一面旗幟。後來朱英誕還在偽北大開講現代新詩（現存有「現代詩講稿」、《中國現代詩二十年集一九一七～一九二七》），繼承了廢名在上世紀三十年代未竟的新詩研究工作。〔註109〕

是民國二十六年。接著七七事變我離開了北京大學，再也沒有寫這個講義的機會了，到現在這還是一個未完的工作。」參看馮文炳：《談新詩》，人民文學出版社 1984 年版，第 165 頁。

〔註108〕眉睫：《新發現的一封廢名佚信——兼評〈新詩十二講——廢名的老北大講義〉》，《博覽群書》2007 年第 2 期。

〔註109〕關於廢名的影響一節，參考了眉睫的《新發現的一封廢名佚信——兼評〈新詩十二講——廢名的老北大講義〉》，刊載於《博覽群書》2007 年第 2 期。

第三章　課程講義

　　民國時期的很多新文學課程講義並沒有被保存下來。其主要原因就在於：大學中國文學系的新文學課程主要以培養新文學作家爲目的，所以教師們更注重對學生進行創作方面的指導而非學術研究，而在當時的新文學教師看來，規範化的講義對創作實踐能起到多少指導作用是值得懷疑的。據汪曾祺回憶，沈從文就不喜歡那些規範化的「小說做法」之類，[註1]當然，沈從文自己也並不反對對創作技巧進行總結並以之指導學生。

　　但是新文學課程的另外一個目的是對新文學進行初步的研究與歷史總結，所以還是有一些比較規範的課程講義被保存下來。就本書第二章中所列的幾個新文學課程教師而言：朱自清在清華、燕京、北師大等學校講授「中國新文學研究」，留下了講義提綱《中國新文學研究綱要》[註2]；蘇雪林則出版了在武漢大學講授「新文學研究」時的講義《中國二三十年代作家》[註3]；廢名的《談新詩》[註4]則是他在北京大學任教時的講義。此外沈從文曾在上海、武漢、青島、雲南、北平各地教授新文學課程，但是現存文獻中結

[註1] 參看汪曾祺：《與友人談沈從文》，《汪曾祺全集》第6卷，北京師範大學出版社1998年版，第346頁。
[註2] 朱自清：《中國新文學研究綱要》，朱喬森編：《朱自清全集》第8卷，江蘇教育出版社1996年版。
[註3] 蘇雪林：《中國二三十年代作家》，臺灣純文學出版社1983年版。
[註4] 馮文炳：《談新詩》，北平新民印書館1944年初版；人民文學出版社1984年2月再版。本書前十二章是抗戰前的講稿，後半部十三到十六章是抗戰後馮文炳在北大講課時續編的講義。

集的講義只有他在上海中國公學和武漢大學教授新詩時所用的《新文學研究
——新詩發展》。〔註5〕

　　除了上述幾人的新文學講義外，本書還選取了王哲甫的《中國新文學運
動史》、周揚的《新文學運動史講義提綱》，對其中的「新」「舊」話語進行考
察，又因爲王瑤在清華、北大講授新文學的講義《中國新文學史稿》作爲中
國現代文學史學科的奠基之作，也承襲了民國時期新文學學術研究的某些傳
統，所以將其一併列入進行分析，以彰顯新文學在學術話語方面從「現代」
到「當代」的轉折。

一、包容與客觀：朱自清的《中國新文學研究綱要》

　　現存的朱自清《中國新文學研究綱要》〔註6〕是由王瑤、趙園等人根據朱
自清的三種手稿整理而成的。〔註7〕該講義分「總論」、「各論」兩部分：總論
又分「背景」、「經過」、「『外國的影響』與現在的分野」三章；「各論」則按
文體分類，分爲「詩」、「小說」、「戲劇」、「散文」、「文學批評」五部分，其
中前兩章的分量較重。

　　這份在大學體制內開創現代文學學科建設先河的重要文獻已經引起了學

〔註5〕《沈從文全集》第16卷（北嶽文藝出版社2002年版）保存了這個講義。另
　　　　外沈從文《沫沫集》中的一些文章如《論馮文炳》、《論郭沫若》、《論落華生》、
　　　　《魯迅的戰鬥》、《論施蟄存與羅黑芷》有可能是他輾轉各地教書時候的講義。
　　　　至於後來他在西南聯大、北京大學等處的講義，可能零散地發表在各處報刊
　　　　上，這就給講義的搜集工作帶來了很大困難。就沈從文在西南聯大教書期間
　　　　所寫的文章來看，他在《國文月刊》上發的總題爲「習作舉例」的三篇文
　　　　章——《從徐志摩作品學習「抒情」》、《從周作人魯迅作品學習抒情》和《由
　　　　冰心到廢名》明顯具有講義的色彩（這三篇文章分別刊載於1940年8月16
　　　　日《國文月刊》創刊號、9月16日出版的第1卷第2期和10月16日出版的
　　　　第1卷第3期上）。《沈從文全集》第16卷對於《從徐志摩學習「抒情」》所
　　　　加的注釋中說：「『習作舉例』系列文章，是作者擔任西南聯合大學師範學院
　　　　「各體文習作」課程時，在語體組上所用的講義。同樣性質的講稿計10篇，
　　　　在《國文月刊》上共發表了3篇。」參看《沈從文全集》第16卷，北嶽文藝
　　　　出版社2002年版，第258頁。
〔註6〕本節所論述的《中國新文學研究綱要》，採自朱喬森編：《朱自清全集》第8
　　　　卷，江蘇教育出版社1996年版，第73～122頁。以下相關引文，不再一一注
　　　　明。
〔註7〕詳情參看趙園：《整理工作說明》，朱喬森編：《朱自清全集》第8卷，江蘇教
　　　　育出版社1996年版，第123～125頁。

者們的關注。王瑤說：「朱先生講授『中國新文學研究』課程，始於 1929 年春季。當時距『五四』已有十年，新文學運動已經經歷了它的倡導和開創的時期，各種文學體裁都出現了許多作者和作品，贏得了讀者的愛好，產生了廣泛的社會影響。但當時還沒有人對這一階段的歷程作過系統的回顧和總結，更沒有人在大學講壇上開過這類性質的課程。……因此朱先生的《綱要》可以說是最早用歷史總結的態度來系統研究新文學的成果。當時大學中文系的課程還有著濃厚的尊古之風，所謂許（慎）鄭（玄）之學仍然是學生入門的先導，文字、聲韻、訓詁之類課程充斥其間，而『新文學』是沒有地位的。……朱先生的《綱要》無論從哪一方面說都是帶有開創性的。它顯示著前驅者開拓的足跡。」〔註8〕

　　雖然說是「創新」之作，但是這份講義也並非無源之水。第一部分「總論」中的「背景」一章，大致就相當於胡適《五十年來之中國文學》所論述的內容。可以看出，朱自清的許多文學史觀即來源於此，譬如評價林紓的翻譯小說，他就直接引用了胡適的看法——「替古文開闢一個新的殖民地」。

　　但是朱自清似乎並不想如胡適那樣過分貶低近代文學在新文學發展中的積極作用，把它和新文學截然對立，而是對它表現出更多的包容性。在第一章中，他為「戊戌政變」和辛亥革命、梁啓超的「新文體」、吳沃堯的小說、林紓的翻譯小說、蘇曼殊等的小說、「禮拜六派」、白話運動等等都設立了專節並對蘇曼殊的小說有這樣的評價：a、禮教與個性的衝突；b、悲劇的意味；c、詩人的情調；d、談話的口吻。這些評價雖然只是寥寥數語，但也可以看出他對蘇氏小說並不反感，至於他突出蘇氏小說中禮教與個性的衝突、悲劇意味等特點，顯見得是要從小說內容方面替蘇氏和新文學的內容做一個接引。此外，朱自清還對後來因反對白話而聞名的章士釗的《雙枰記》也做了肯定性評價，謂之除了有「政治的意味」之外，還有「真切的描寫」。現在看來這樣的評價似乎並不出奇，但是和胡適的《五十年來中國之文學》對章士釗等人的否定性評價相比，有相當大的距離——在胡適看來，章士釗等人不過是在古文範圍內進行的革新，是「翻花樣」而已。

　　朱自清對章士釗的肯定在這份講義中還能找到一些蛛絲馬蹟。如果仔細翻檢，就會發現：在「總論」第二章「經過」中，朱自清對新文學發生過程

〔註 8〕　王瑤：《先驅者的足跡——讀朱自清先生遺稿〈中國新文學研究綱要〉》，朱喬森編：《朱自清全集》第 8 卷，江蘇教育出版社 1996 年版，第 127～128 頁。

中的反對者們都有所關注——譬如新文學發生時期的《國故》雜誌、林紓、學衡派等等——但惟獨缺了對「甲寅派」的記載。

1924 年 11 月 24 日，臨時執政府成立，章士釗到京就任司法總長，並在《甲寅》周刊上攻擊白話文。1925 年 6 月 14 日，錢玄同和黎錦熙以私人名義組織的《國語周刊》出版，和《甲寅》對抗。當時擔任撰述者的有魏建功、蕭家霖、杜同力、白滌洲、蘇耀祖、董渭川、吳敬恒、胡適、林語堂、周作人。《甲寅》布告徵文不收白話，《國語周刊》歡迎投稿不取文言。這樣的對壘，直到 11 月 28 日章士釗辭職、離開教育部，《甲寅》撤退，才告結束。

這次的「新」、「舊」之爭，聲勢較大，在 1930 出版的陳炳堃《最近三十年中國文學史》中就曾被提及，大約同時期開始在清華講「中國新文學研究」的朱自清不可能不瞭解，但是他何以言不及此？即使不站在價值觀念立場上進行評價，也應該按照客觀的「學術」規範，加以記錄為是。不惟如此，朱自清在《綱要》中涉及學衡派時，也並未提及其主將吳宓——這可能跟他與吳宓同在清華任教有關。朱自清還曾寫舊體詩贈給即將赴歐洲的吳宓：

> **送吳雨僧先生赴歐洲**
>
> 惺惺身獨醒，汲汲意恒賒。
>
> 道術希前古，文章輕世華。
>
> 他山求玉錯，萬里走雷車。
>
> 短翮難翻舉，臨歧恨倍加。 〔註9〕

如果說這只是朋友之間禮貌上的臨別贈詩，那麼只需有把袂牽衣、歧路沾巾之類詞句就足以表其情了。作為一個新文學家，朱自清怎麼會去稱讚曾主持《學衡》、攻擊新文學的吳宓「道術希前古，文章輕世華」呢？這說明朱自清和舊派之間的關係還是非常複雜的。

朱自清在清華、燕京、北師大等校講授「新文學研究」時，由於受到來自舊派的壓力，所以 1933 年後就再也沒有教授過這門課程。然而，據上面的情況來看，朱自清實際上並不像胡適、錢玄同等人一樣和「舊」勢不兩立。他對於「舊」派、舊文學，除了感到壓力之外，恐怕也有他自己的一點自覺向「舊」之心。

在上世紀 20 年代中後期的革命大潮中，覺得進退無據，為了自己的 Petty

Bourgeoisie（小資產階級）身份迷茫、消沉的朱自清曾仿照胡適在《我的歧路》裏「哲學是我的職業，文學是我的娛樂」這句話，說：「國學是我的職業，文學是我的娛樂」。〔註10〕但是，朱自清對國學的態度，和胡適不一樣。胡適以爲，研究國學只是要讓人知道「此路不通」，並不是要找出新路，他還爲一般青年丟了要緊的工夫不做，都來擁擠在這條死路上感覺可惜。而朱自清則以爲，研究學術原是不必計較什麼死活的。當然，朱自清也並不認爲研究國學就意味著要倒退。胡適開一代風氣，提倡了新文學，又提倡新國學。陳西瀅在他的《西瀅閒話》裏對胡適提倡新國學深以爲不然，認爲他正向前走著，忽然又走了回去。但是朱自清則認爲，胡適提倡的新文學與新國學不過是思想解放的兩面，都不過是「疑古」與「貴我」精神的表現而已。

不管怎樣，從以上材料大體可見朱自清對於「新」、「舊」的態度。以「疑古」、「貴我」的「新」精神，對傳統文學進行整理，而在此基礎上新文學自然也就成爲一個合理的方向。這也和他一貫的「欣賞」舊文學而「做」新文學的態度相一致。在《經典常談》的序言裏，他指出，經典訓練應該是中等以上教育中的一個必要項目，不過經典訓練的價值不在實用，而在文化。一個受到相當教育的國民，對於本國的經典，至少也有接觸的義務。〔註11〕

雖然朱自清也進行舊文學創作——現存於《朱自清全集》第 5 卷的《敝帚集》和《猶賢博弈齋詩鈔》就是證明，但是正如王瑤所說，這些舊體詩，朱自清在生前很少示人，更不發表，看他所取的舊詩集的名字就可知道，他只是自娛而已。〔註12〕對此，朱自己也曾經說過：「畫蚓塗鴉，題簽入笥，敢云敝帚之珍，猶賢博弈之玩云爾。」〔註13〕

公正地說，朱自清的新文學立場還是非常堅定的。不過，他所堅持的「新」派立場也是有選擇的，他更傾向於自由主義文學立場：在《中國新文學研究綱要》中就可以發現，他對「新月派」的詩歌藝術頗爲青睞，認爲《新月詩選》中的詩歌技巧周密、格律謹嚴、態度嚴正。而對於其它一些思潮、流派，

〔註10〕 朱自清：《哪裏走？》，朱喬森編：《朱自清全集》第 4 卷，江蘇教育出版社 1990 年版，第 243 頁。

〔註11〕 朱自清：《經典常談·序》，朱喬森編：《朱自清全集》第 6 卷，江蘇教育出版社 1990 年版，第 3 頁。

〔註12〕 王瑤：《先驅者的足跡——讀朱自清先生遺稿〈中國新文學研究綱要〉》，《文藝論叢》第十四輯，上海文藝出版社 1982 年版，第 52 頁。

〔註13〕 朱自清：《猶賢博弈齋詩鈔·自序》，朱喬森編：《朱自清全集》第 5 卷，江蘇教育出版社 1990 年版，第 242 頁。

朱自清則以批評性意見居多。比如，他對具有狹隘宗派主義色彩的左翼文學以及早期的愛美劇運動都表示了不滿。在評價 30 年代「文藝自由」論辯時，他寫到：「文藝創作自由的原則是一般地被承認了（指較進步的文學），左翼方面的狹窄的排斥異己的觀念是被糾正了，『武器文學』的理論是被修正到正確的方面了（廣義的非狹義的）。『第三種人』是被左傾宗派主義的鐵門評出來的名詞，本沒有成立的必然和可能，不如取消。左翼文壇的態度和理論的重新□定。」他還批評普羅文藝運動發生時期的作品中「題材的剪取，人物的活動，完全是概念在支配著」。當然，朱自清也並非對左翼文學完全排斥。30 年代初，在和學生吳組緗等人的一次課下交談中，朱自清對茅盾剛剛出版的《子夜》推崇備至，說取材、思想和氣魄都是中國新文學劃時代的巨製，是站在時代最尖端的作品，沒有辦法，只有跟它走。

在《綱要》中還可以發現，朱自清堅持嚴肅的文學觀，反對任何遊戲的文學態度。還比如他認為早期愛美劇的劇本有「不很徹底的社會思想，含有宣傳意味的教訓」，舞臺表演「喧囂」，追求「感官的刺激，趣味的創造。不曾傳達真情」；批評熊佛西等人的戲劇運動是憑空把人物放在某種困境中，又憑空用作者的力量給他們以解放，又從比較忠實（雖然比較淺薄）跑到趣味的路上。

總的看來，朱自清的講義還是很客觀的，他對「新」、「舊」的看法，也是包裹在某種程度的「客觀性」外衣之下的。王瑤在《先驅者的足跡──讀朱自清先生遺稿〈中國新文學研究綱要〉》中曾明確指出《中國新文學研究綱要》的客觀風格：「《綱要》評述文學現象和不同流派的態度應該說是客觀的和謹嚴的。凡是重要的，即有一定社會基礎並發生過相當影響的，它都予以評價，而且首先是介紹論述對象自身的主張和特點。它比較尊重客觀事實和重視社會影響，避免武斷和偏愛，讓學生有思考判斷的餘地，這也是《綱要》的一個顯著的特點。」〔註14〕

這種「客觀性」自然跟朱自清個人的治學風格有密切關係。據朱自清在清華時期的學生吳組緗回憶，朱自清上課的時候個人見解很少：

> 他講的大多援引別人的意見，或是詳細地敘述一個新作家的思
> 想與風格。他極少說他自己的意見；偶而說及，也是囁囁嚅嚅的，

〔註14〕 王瑤：《先驅者的足跡──讀朱自清先生遺稿〈中國新文學研究綱要〉》，朱喬森編：《朱自清全集》第 8 卷，江蘇教育出版社 1996 年版，第 131 頁。

　　顯得要再三斟酌詞句，惟恐說溜了一個字，但說不上幾句，他就好
　　像覺得已經越出了範圍，極不妥當，趕快打住。於是連連用他那疊
　　起的白手帕抹汗珠。〔註15〕

朱自清在講課時，如果發現了自己的一點細枝末節的錯誤，也並不隱諱，一定會鄭重地改正。一次講到小說作家張天翼，他介紹說：「這是位很受人注意的新作家，聽說是浙江人，住在杭州……」第二次上課時就更正說自己對張天翼的籍貫還不是很清楚，請學生原諒。後來吳組緗在南京結識了張，知道他原籍湖南，父母住在浙江，就寫信告訴了朱自清，朱自清還回信致謝。

　　在吳組緗的敘述中，能看到這位學者治學時的嚴謹態度。朱自清這種謙虛的品德、客觀嚴謹的學風至今被人所稱道。他講課，往往事先通知後幾周的計劃，要求學生每周交一次讀書報告。如果報告上有可取的意見，他在發還的時候就告訴學生作業中的某段話被他摘抄下來了，還要請求學生允許。在每次上課之前，朱自清往往先援引這些作業中的不同觀點，並稱學生爲「先生」：「某某先生認爲……」，接著宣讀學生作業中的重要段落，最後才做總結，講自己對該作品的評價。

　　也許正是由於這種謙虛謹慎的性格，朱自清在講課時不談自己的作品。有一次同學對此提出質問，他就面紅耳赤，非常慌張而且不好意思。半晌，他才鎮靜下來，說這恐怕很不重要，沒時間來講到，而且也很難講。有些同學不肯罷休，堅持要他講。他於是很嚴肅地說那些作品大半寫的是些個人的情緒。早年的作品，又多是無愁之愁；沒有愁，偏要愁，那是活該。就讓它自個兒愁去罷。有一次在課下有人提到他的《笑的歷史》和《別》這兩篇小說，他似乎很生氣地說：「那是什麼！」隨即臉也紅起來。同時，他對同事、好朋友的作品評價也非常客觀，有時批評得還很嚴厲。比如他在《綱要》中指出，楊振聲《玉君》的缺陷在於「無深刻的心理描寫」、「無甚關係的插話」、「玉君的性格不分明」；葉紹鈞的《倪煥之》是「頭重腳輕」、「穿插不當」、「前半部說教的冗長的對話」、「後半部給人以『空泛的不很實在的印象』」等等。同時，對於一些和自己的思想、立場並不相近的作品，如果藝術上有優點，朱自清也並不吝惜讚美之詞。他在講義中一方面指出，新感覺派作家穆時英具有「流氓無產階級的意識」，另一方面也承認穆的「表現力是夠的，描寫明快有力」。

〔註15〕 吳組緗：《佩弦先生》，郭良夫編：《完美的人格——朱自清的治學和爲人》，清華大學出版社 2003 年版，第 144 頁。

從以上可以看出，《中國新文學研究綱要》的「客觀性」不是來自它的「綱要性質」，即並不是因為該講義對文學運動、思潮、作家作品沒有展開論述，才使它顯得「客觀」，而是來自朱自清嚴謹的治學態度和風格。實際上，雖然朱自清的講義對文學現象的評價比較簡單，往往只用一句話或幾個詞點中要害，但從那些簡單的語句或詞彙中，仍能反映出朱自清對於各種文藝思潮、作家作品的立場──朱自清是不乏批評色彩的。為了證明這一點，本書下面把《中國新文學研究綱要》中對於文學運動、思潮、作家作品的評價中具有明顯讚賞或者批評意味的語句挑選出來，並有意忽略那些比較中立的描述性語句以及朱自清引用別人意見對文學現象所進行的評價，以尋找講義的「客觀性」之究竟。

（1）詩歌方面

詩　人	作　品	正面評價	負面評價
傅斯年	《深秋永定門晚景》	「以『樸素眞實』勝的」初期詩歌名作	
俞平伯	《春水船》		
康白情	《江南》	「以設色勝的」初期詩歌名作	
胡適	《應該》	「以寫情著的」初期詩歌名作	
康白情	《窗外》		
沈尹默	《三弦》	「以音節諧美著的」初期詩歌名作	
康白情	《送客黃浦》		
周作人	《小河》	「著名的象徵的長詩」	
郭沫若	《女神》		「單調的表現」、「生硬的字句韻腳」
康白情	《草兒》	「樂觀進取的精神、愛國的情緒與人道主義的意味」	
俞平伯	《冬夜》	「凝煉的音節」	「繁瑣的晦澀的」
冰心	《繁星》、《春水》		「冷若冰霜的教訓者」
李金髮	《微雨》、《爲幸福而歌》、《食客與凶年》	「陰暗的調子與悲哀的美麗」	

詩　人	作　品	正面評價	負面評價
聞一多	《死水》	「層折的奇幻的表現」、「凝煉的音律」	
馮乃超	《紅紗燈》	「聲調整齊，音節鏗鏘」	
戴望舒	《我的記憶》	「細膩」、「朦朧」	
臧克家	《烙印》	「不粉飾現實，不逃避現實」、「用素樸的字句寫出了平凡的老百姓的生活」	
卞之琳	《三秋草》	「常常在平淡中出奇」、「聯想出奇」、「比喻別致」	

（2）小說方面

作　家	作　品	正面評價	負面評價
魯迅		「謹嚴的結構與諷刺的古典的筆調」	「冷酷的感傷主義者」
	《狂人日記》	「冷雋的字句，挺峭的文調」	
冰心	《超人》	「豐富的想像力，眞摯的心情，精細的描寫，伶俐的筆致」	
葉紹鈞	《低能兒》	「細膩的靈活的」	
郁達夫	《迷羊》	「爽直坦白眞率（對工人的態度是友誼的）」、「自然的婉細的表現」	色情狂
王錫鵬	《結局》		
許欽文			「平板，拖沓的文字」
王魯彥		「自然的樸素的筆調」	「過火的描寫與『瘦瘠』的詼諧」
黃廬隱			「結構的散漫」
馮沅君		「清淡的古典的筆調」	「結構鬆懈」

作　　家	作　　品	正面評價	負面評價
淩叔華		「樸素的風格與秀逸的筆調」	「玩弄男性的態度」、「人物的個性不鮮明」
蘇梅		「活潑清麗的文字」	
張資平			「不自然的戀愛」、單調的情節與結構、「肉感與『處女狂』」、《沖積期化石》的「記述散漫」
王統照	《一葉》		「結構的不謹嚴——特別是開始的地方」、「詞句的拖沓」
顧一樵	《芝蘭與茉莉》		「文筆之單調,感想之繁雜」
楊振聲	《玉君》		「無深刻的心理描寫」、「無甚關係的插話」、「玉君的性格不分明」
徐祖正	《蘭生弟日記》		「女主人公性格不分明」、「冗雜與瑣屑」
老舍	《老張的哲學》、《趙子曰》		「不一貫的情調」、「過火的諷刺的描寫」、「浮淺的哲學」、「解釋與議論太多」、「結尾的無力」
老舍	《二馬》	「生動有力的性格描寫」、「恰如其分的諷刺」、「乾淨爽利的語言」	
沈從文	《阿麗絲中國遊記》		「散漫的文體」
陳銓		「結構的謹嚴」、「文筆之流麗」	「情節有過巧處」
巴金			「無關緊要的敘述與議論」
茅盾	《幻滅》、《動搖》、《追求》	「細琢細磨的技巧」	
茅盾	《虹》	「結構的經濟」、「描寫的變化與穿插的恰當」	

作　家	作　品	正面評價	負面評價
葉紹鈞	《倪煥之》		「頭重腳輕」、「穿插不恰當」、「後半部給人『空浮的不很實在的印象』」、「前半部說教的冗長的對話」
徐志摩	《輪盤》	「爽脆、濃鬱、健康」	
穆時英	《南北極》	「作者表現力是夠的，描寫明快有力」	「作品本身意識形態上的缺陷。流氓無產階級的意識」
張天翼	《鬼土日記》		「不知所諷是哪種民主國家哪種資本主義社會，公式化了的社會，浮面的觀察」
	《從空虛到充實》、《小彼得》		「沒有十足地抓緊了新的個性」

（3）戲劇方面

作　家	作　品	正面評價	負面評價
蒲伯英	《闊人的孝道》		「粗劣地諷刺攻擊社會，尤其官僚階級」
侯曜	《復活的玫瑰》、《山河淚》等		「枯燥的事件的集合」、「缺乏技巧與聰明」、「結構繁複累贅支離」
田漢	第一期劇本		「或墮入感傷，或偏於教訓」
洪深	《貧民慘劇》		「幼稚，形容太過而失真」、「自批自注」
郭沫若			「特色在教訓」
丁西林		「幽默的渲染」、「俏皮人、漂亮話」	
徐志摩		「結構經濟，無廢話廢字」；「對白流利、俏皮」；「無問題無教訓」；「幽默」	

從以上的摘引可以看出，朱自清對於文學現象的褒貶評價多集中在作品的藝術技巧方面。再聯繫以上吳組緗等人對於朱自清課堂風格的回憶、王瑤對《中國新文學研究綱要》的論述，就可以對這份講義的「客觀性」作出結論：

朱自清《中國新文學研究綱要》的「客觀性」是指他並不隨意臧否人物，較少挖掘作品的「思想意義」，對文學運動、思潮等的發生、發展過程也是以客觀平靜的介紹為主──即使有所議論，也是點到為止，從而表現出一定的意識形態模糊性。而他對於作品藝術技巧的批評卻是很嚴厲的，一絲不苟，對很多現代文學史上的名家名作都進行了毫不留情的批評。這是一種藝術本位的客觀性立場。

正是因為這種客觀性，同時也因為他的包容性，朱自清在《中國新文學研究綱要》中對新文學的反對者如林紓、胡先驌的觀點也並不完全忽略，而是將其和新文學的提倡者蔡元培、羅家倫的觀點並陳。他還把「第二次反響」──「學衡派」的復古運動列為專節進行敘述，列舉了「學衡派」揭櫫的「四義」〔註16〕以及梅光迪的《評提倡新文化者》、胡先驌的《評嘗試集》，而對於新文學陣營方面的反擊卻並不道及。在第四章「詩」中，他論述胡適的《嘗試集》時，首列的也是胡先驌的意見。〔註17〕從中可以看出他對新文學反對派們的重視。

其實，朱自清在《中國新文學研究綱要》中對新文學作家所受到的舊文學影響，也只是陳述而已，並不反感，反而有「欣賞」的意味。譬如他在論述俞平伯的《冬夜》時，首列俞氏的兩個特點：（一）舊詩詞的影響（朱自清

〔註16〕 這「四義」是：「誦述中西先哲之精言，以翼學」、「解析世宙名著之共性，以郵思」、「籀繹之作，必趨雅音，以崇文」、「平心而言，不事嫚罵，以培俗」。
〔註17〕 胡先驌對於《嘗試集》的意見是：（一）枯燥乏味之「教訓主義」（如《人力車夫》、《你莫忘記》、《示威》）；（二）「膚淺之象徵主義」（如《一顆遭劫的星》、《冬鴉》、《樂觀》、《上山》、《周歲》）；（三）「纖巧之浪漫主義」（如《一笑》、《應該》、《一念》）；（四）「肉體之印象主義」（如《蔚藍的天上》）；（五）「無謂之理論」（如《我的兒子》）；（六）「最佳之作」（《新婚雜詩》、《十二月一日奔喪到家》、《送叔永回四川》）。胡適在《嘗試集》中進行白話入詩的試驗，在現代詩歌史上的開拓性是不言而喻的，但朱自清在這裡並未強調《嘗試集》的開創之功，而他所引用的胡先驌的意見，自然是批評性的。由此隱約可以看出朱自清對《嘗試集》的態度。另外，在第四章「詩」裏，朱自清還把胡先驌的「舊詩擁護論」列為專節，羅列胡的「聲調、格律、音韻與詩之關係」、「文言、白話、用典與詩之關係」、「詩之模仿與創造」、「古典派浪漫派之藝術觀與其優劣」、「中國詩進化之程序及其精神」的觀點，這也頗耐人尋味。

謂之有「凝煉的音節」，還點明了作品「偶句與疊字」、「語彙」方面的特點）；
（二）舊文學裏的意象（朱自清指出了《多夜》的「畫趣」、「閒愁」——「惆悵」、「超自然的趣味——《楚辭》的影響」的特點）。

　　總之，朱自清不僅僅是一個新文學家、新文學教師，也是一個古典文學的欣賞者、國學的研究者。他是站在相對包容與客觀的立場上來闡述新文學發展歷史的。對於舊文學，他不像激進者那樣完全敵視；對於舊文學，他也不無條件贊成，對狹隘的左翼意識形態比較反感同時反對任何遊戲的、不嚴肅的文學態度。他的講義還體現出一種藝術本位立場——他決不因為和楊振聲、葉聖陶的私人關係就去擡高其作品的價值，也不會因為穆時英「意識形態上的缺陷」就忘記對其表現力的稱讚——這是一種相當純粹的「學者之學」。

二、被淡化的「新」「舊」對立：沈從文的新文學講義

　　沈從文的講義，無論是早期的《新文學研究——新詩發展》、《沫沫集》中的篇章〔註 18〕，還是西南聯大時期的《從徐志摩作品學習「抒情」》，都帶有明顯的「風格批評」特色。這是他的獨到之處。正如溫儒敏所說：「風格評論曾經是傳統文學批評的強項，但在現代文學批評中反而見得少了。當多數評論家和文學史家紛紛都在追求比較科學性闡述性的評論方法時，沈從文這種偏重風格評判的文字反而顯得有特點了。」〔註 19〕

　　作為一個作家，沈從文確實比一般研究者更能領略到作品的藝術魅力。他善於從整體上對作家作品的風貌進行概括，這也是他的長處。如他評價聞一多：「以清明的眼，對一切人生景物凝眸，不為愛欲所眩目，不為污穢所噁心，同時，也不為塵俗卑猥的一片生活厭煩而有所逃遁；永遠是那麼看，那麼透明的看，細小處，幽僻處，在詩人的眼中，皆閃耀一種光明。作品上，以一個老成懂事的風度，為人所注意，是聞一多先生的《死水》」〔註 20〕；再如他評價焦菊隱的《夜哭》：「使詩歌放在一個『易於為讀者所接受的平常風格』下存在，用字，措詞，處置那些句子末尾的韻，無一不『平常』，然而因

〔註18〕沈從文《沫沫集》中的一些篇章如《論馮文炳》、《論郭沫若》等等，很有可能是沈從文展轉各地任教時的講課內容，在此一併論述，不再進行詳細考訂。

〔註19〕溫儒敏：《作為文學史寫作資源的「作家論」——「現當代文學學科史」研究隨筆之一》，《北京大學學報（哲學社會科學版）》2005 年第 2 期。

〔註20〕沈從文：《論聞一多的〈死水〉》，《沈從文全集》第 16 卷，北嶽文藝出版社 2002 年版，第 109 頁。

這點理由，反而得到極多的讀者，是焦菊隱的詩歌」〔註21〕；評價朱湘：「使詩的風度，顯著平湖的微波那種小小的皺紋，然而卻因這微皺，更見出寂靜，是朱湘的詩歌」〔註22〕等等，都能用寥寥數筆勾勒出詩人詩作的特點，評價傳神文筆亦佳。

然而沈從文的新文學課程講義缺乏系統性，而且有些評價顯得並不那麼切實公允。譬如沈從文說「胡適最先使詩成為口號的形式而存在，郭沫若從而更誇張的使詩在那意義上發展」。說郭沫若向「左」轉的詩歌有口號化傾向並無問題，但是說胡適使詩歌口號化，則不知從何說起。

沈從文還認為，「郭沫若某一部分的詩歌，保留的是中國舊詩空泛的誇張與豪放」。郭沫若的詩歌（《女神》）之「新」，早就有聞一多做過相當精彩的評論，而沈從文認為郭的詩歌具有中國舊詩的誇張與豪放，卻沒有提出多少證據支持。他在《沫沫集》中的《論郭沫若》中甚至稱用「空虛」或者「空洞」、「缺少內含的力」〔註23〕來評價郭沫若的所有作品，顯然是沒有真正體會到郭詩中所包含的豐富的時代意蘊以及豪邁、雄渾的氣魄。

沈從文的偏頗時有所見，並不僅限於詩歌方面。比如，他認為馮文炳的《莫須有先生傳》所用的是一種不莊重的文體，是一種「趣味的惡化」。他還認為魯迅的《阿Q正傳》、《孔乙己》等作品也有相似的缺點：「詼諧的難以自制」。〔註24〕在《沫沫集》的《魯迅的戰鬥》一文中，他則稱魯迅對於社會進行激烈諷刺與批判的大無畏精神只是出於中國人的「任性」，屬於「名士」一流的任性，病的頹廢的任性，「可尊敬處並不比可嘲弄處為多」〔註25〕。沈從文對於馮文炳、魯迅的這種評價，顯然不能使人信服，因為這同樣是出於他個人的趣味，沒有看到馮、魯作品諷刺意味後面的嚴肅性。〔註26〕

〔註21〕 沈從文：《論焦菊隱的〈夜哭〉》，《沈從文全集》第16卷，北嶽文藝出版社2002年版，第115頁。

〔註22〕 沈從文：《論朱湘的詩》，《沈從文全集》第16卷，北嶽文藝出版社2002年版，第130頁。

〔註23〕 沈從文：《論郭沫若》，《沈從文全集》第16卷，北嶽文藝出版社2002年版，第153頁。

〔註24〕 沈從文：《論馮文炳》，《沈從文全集》第16卷，北嶽文藝出版社2002年版，第147～148頁。

〔註25〕 《沈從文全集》第16卷，北嶽文藝出版社2002年版，第165頁。

〔註26〕 但是應該注意到，沈從文任教西南聯大時期的講義《從周作人魯迅作品學習抒情》以及刊載於1947年11月1日《知識與生活》上的《學魯迅》等文中卻對魯迅大加讚賞。

　　沈從文這種顯得有些隨意的風格批評，應該跟他的作家身份有關。他主要不是一個學者、理論家，因此他更適合體會、概括作家、作品的藝術風格而不是進行學理分析。也許出於同樣的原因，沈從文的講義多是從藝術著眼，不太關注文學史中「新」、「舊」話語這樣的理論問題。

　　沈從文對於新文學革命的積極意義並沒有太多闡述，對於早期的新文學作品也主要持一種批評態度。他在《論汪靜之的〈蕙的風〉》中論及早期新詩時就稱：

> 　　中國雛形的第一期文學，對所謂「過去」這名詞，有所反抗，所有的武器，卻完全是詩。在詩中，解釋到社會問題的各方面，有玄廬，大白，胡適諸人，然而從當時的詩看去，所謂以人道主義作基礎，用仍然保留著紳士氣習的同情觀念，注入到各樣名為新詩的作品中去，在文字上，又復無從努力擺脫過去文字外形內含所給的一切暗示，所以那成就，卻並不值得特殊的敘述。如玄廬的《農家》，大白的《賣布謠》，劉半農的《學徒苦》，及《賣蘿蔔人》，胡適的《人力車夫》，周作人的《路上所見》，寫作的興味，雖彷彿已經做到了把注意由花月風物，轉到實際人生的片段上來，但使詩成為翻騰社會的力，是缺少使人承認的方便的。這類詩還是模仿，不拘束於格律，卻固定在紳士階級的人道主義的憐憫觀念上，在這些詩上，我們找尋得出屍骸復活的證據。〔註27〕

對新文學的這種理解自然不準確。即使是「紳士階級」的人道主義，在當時也具有相當的進步意義，而沈從文說從這些詩上能尋找出「屍骸復活」的證據，則是他把「五四」一代人對於傳統無意識地浸染，當作是一種有意的訴求了，這對於那些全力進行「闢人荒」工作的新文學先驅們未免太不公平。當然，沈從文後來對自己的這種觀點也有所反省。他在《論中國創作小說》〔註28〕一文中認為：「在詩上，在其他方向上，他們的努力，用十年後的標準，說『中國第一期國語文學，是不值得一道，而當時的人生文學，不過一種紳士的人道主義觀，這態度也十分軟弱』，那麼指謫是不行的。我們若不疏忽時代，在另外那個時代裏，可以說他們所有的努力，是較之目前以翻譯創作為穿衣

〔註27〕 沈從文：《論汪靜之的〈蕙的風〉》，《沈從文全集》第16卷，北嶽文藝出版社2002年版，第84～85頁。

〔註28〕 本文刊載於1931年4月15日《文藝月刊》第2卷第4號、6月30日第2卷第5～6號。

吃飯的作家們，還值得尊敬與感謝的。」這似乎是他有意糾正以前的偏頗。

到了 1947 年，他對新文學革命的看法就有了徹底轉變：

> 文學革命的意義，實包含「工具重造」、「工具重用」兩個目標：把文字由艱深空泛轉為明白親切，是工具重造。由誤用濫用，把艱深空泛文字用到頌揚名伶名花、罕閥遺老，為他們封王進爵、拜生做壽，或死去以後諛墓關鬼工作，改成明白親切文體，用到人民生活苦樂的敘述，以及多數人民為求生存，求發展，所作合理掙扎，種種掙扎如何遭遇挫折，半路絆倒又繼續爬起，始終否定當前現實，追求未來種種合理發展過程，加以分析，檢討，解剖，進而對於明日社會作種種預言，鼓勵其實現，是工具重用。兩目標同源異流，各自發展，各有成就：或豐饒了新文學各部門在文體設計文學風格上的紀錄，或擴大加強了文學社會性的價值意識。終復異途同歸，二而一，「文學與人生密不可分」。一切理論的發展，由陳獨秀、胡適之諸先生起始，三十年來或以文學社團主張出發，或由政治集團思想出發，理論變化雖多，卻始終無從推翻這話所包含的健康原則和深遠意義。〔註29〕

對新文學革命的價值作這樣的正面評價，雖然沒多少新異之處，但已經比較中肯。

當然，這也並不意味著沈從文已經完全站在「新」立場上反對舊文學。在他看來，文學應該看重作品，而作品安排重在「與人相近」，運用文字重在「儘其德性」。〔註30〕如果一個作家寫作時能夠把握這兩條標準，那麼就很容易寫出具有普遍性與永久性的作品。就詩歌而言，「以溫柔悅耳的音節，優美繁麗的文字，作為真理的啟示與愛情的低訴」〔註31〕才是詩歌的最高目的，在這個標準之外的，「新」「舊」之爭是無所謂的，他並不反對新詩從舊詩詞裏進行借鑒：在《論聞一多的〈死水〉》中，他認為 1923 年後備受社會與生理兩方面煩惱的青年們「全是不安定，全是糾紛」。青年們所要的詩歌有兩種，一種「以

〔註29〕沈從文：《學魯迅》，《沈從文全集》第 16 卷，北嶽文藝出版社 2002 年版，第 286 頁。

〔註30〕沈從文：《論穆時英》，《沈從文全集》第 16 卷，北嶽文藝出版社 2002 年版，第 233 頁。

〔註31〕沈從文：《論徐志摩的詩》，《沈從文全集》第 16 卷，北嶽文藝出版社 2002 年版，第 99 頁。

力叫號作直覺的否認」，一種「以熱情為女人而讚美」，這顯然並不能得到他的認同。他所欣賞的是朱湘的《草莽集》：「全部調子建立於平靜上面」，「用舊詞中屬於平靜的情緒中所產生的柔軟調子，寫成他自己的詩歌」〔註32〕，可以「見出死去了的辭藻有一種機會復活於國語文學的詩歌中」〔註33〕。

當然，說沈從文只迷戀朱湘式的「屍骸復活」並不恰當。他對聞一多的《死水》還是非常推崇的——雖然《死水》的風格和《草莽集》並不相同。他認為《死水》擺脫了《草莽集》為詞所支配的氣息，重新為中國建立了一種新詩的完整風格：「由於《死水》風格所暗示，現代國內作者向那風格努力的，已經很多了。在將來，某一時節，詩歌的興味，有所轉向，使讀者，以詩為『人生與自然的另一解釋』文字，使詩效率在『給讀者學成安詳的領會人生』，使詩的真價在『由於詩所啟示於人的智慧與性靈』，則《死水》當成為一本更不能使人忘記的詩！」〔註34〕

對於其他一些喜歡從舊形式中尋求借鑒的詩人詩作，沈從文則表示了批評。他認為李金髮、胡也頻的詩歌，吸納古文字中的助詞與虛字、複詞，不過是「空泛的辭藻」、「字面的誇張」而已。

一般來說，沈從文和周作人、馮文炳、俞平伯等人都是被歸為京派文人的。但是他對周作人等力圖將新文學和晚明之公安、竟陵派銜接的的做法也並不認同：

> 在現時，從北平所謂「北方文壇盟主」周作人、俞平伯等等散文揉雜文言文在文章中，努力使之在此等作品中趣味化，且從而非意識的或意識的感到寫作的喜悅，這「趣味的相同」，使馮文炳君以廢名筆名發表了他的新作，在我覺得是可惜的。這趣味將使中國散文發展到較新情形中，卻離了「樸素的美」越遠，而同時所謂地方性，因此一來亦已完全失去，代替這作者過去優美文體顯示一新型的只是畸形的姿態一事了。〔註35〕

〔註32〕沈從文：《論聞一多的〈死水〉》，《沈從文全集》第16卷，北嶽文藝出版社2002年版，第110頁。

〔註33〕沈從文：《論朱湘的詩》，《沈從文全集》第16卷，北嶽文藝出版社2002年版，第139頁。

〔註34〕沈從文：《論聞一多的〈死水〉》，《沈從文全集》第16卷，北嶽文藝出版社2002年版，第110～111頁。

〔註35〕沈從文：《論馮文炳》，《沈從文全集》第16卷，北嶽文藝出版社2002年版，第148頁。

總的看來，沈從文是不太看重文學的「潮流」、「時代性」的，他對於自新文學運動興起以來的種種思潮幾乎都做過批評，對一些應時的作品也常有譏諷：

若一個藝術的高點，只是在一時代所謂「多數」人能夠接受，在這裡，我們找不出有比焦菊隱詩歌還好的詩歌。能有暇裕對新詩鑑賞，理解，同情，是不會在年青男女學生以外還有人的，為這些人而預備的詩歌，有三個不能疏忽的要點：

一　是用易於理解不費思想的形式，

二　是用一些有光有色的字略帶誇張使之作若干比擬，

三　是寫他們所切身的東西。〔註36〕

而對於一些他認為並不趕潮流的作品，卻大加青睞：「叔華女士的作品（指凌叔華的《花之寺》、《女人》），不為狹義的『時代』產生，為自己的藝術卻給中國寫了兩本好書。」〔註37〕

沈從文關於「新」、「舊」話語的論述，還有一些令人頗感興味，又有些難解之處。比如他把對於文言辭藻的吸收看作是創造社諸人的特點之一：「創造社的興起，在另一意義上，也可說作了一種新的試驗，在新的語體文中容納了舊的辭藻，創造社諸人在文體一方面，是從試驗而得到了意外好影響的。」〔註38〕「郭沫若是熟習而且能夠運用中國文言的華麗，把詩寫好的，他有消化舊有詞藻的力量，雖然我們仍然在他詩上找得出舊的點線。」〔註39〕

對於這些觀點，沈從文並沒有展開論述，這不能不說是一種遺憾了。

三、雜糅的「新」觀念：王哲甫的《中國新文學運動史》

《中國新文學運動史》是王哲甫上世紀30年代在山西教育學院講授新文學時所用的講義。在書中，王哲甫首先用一章的篇幅來為新文學定義。他的討論正是從「新」、「舊」關係這個角度展開的：

新文學的取義，不過是對於昔日傳統的舊文學而言，是中國文

〔註36〕沈從文：《論焦菊隱的〈夜哭〉》，《沈從文全集》第16卷，北嶽文藝出版社2002年版，第116頁。

〔註37〕沈從文：《論中國創作小說》，《沈從文全集》第16卷，北嶽文藝出版社2002年版，第213頁。

〔註38〕同上註，第210頁。

〔註39〕沈從文：《論郭沫若》，《沈從文全集》第16卷，北嶽文藝出版社2002年版，第154頁。

學上的一種革命運動。然而新文學與舊文學之間，也不容易劃出一
道鴻溝來，很精確地區分它們。在新文學運動的初期，有一般人以
爲白話文便是新文學，文言文便是舊文學；他們以爲凡是用白話文
做的文章，不論是詩歌，戲曲，小說，散文等，都是新文學，活文
學；反之凡是用文言文做的文章，便是舊文學，死文學了。卻不知
道白話文的作品中，固然有許多是可以稱做新文學的，然而不一定
全是新文學，活文學。我們能把《九尾龜》一類的白話小說，稱做
新文學麼？我們能把上海所謂蝴蝶派的豔詞麗語的小說稱做新文學
麼？當然不能，因爲這些小說雖然是用白話寫的，卻毫沒有文學的
價值，只可供報紙空頁上補白罷了。因爲白話文固然是新文學達意
表情的工具，但必須有優美的思想，情感，想像爲它的内容，方可
爲美妙的作品。反過來說，文言文的作品，也未必全是舊文學，死
文學。我們能說林（林紓字琴南）譯的《茶花女遺事》是舊文學，
死文學麼？我們讀了沈復的《浮生六記》，賀雙卿的《雪壓軒詞集》
能不爲它們悽楚的情緒所感動麼？你既然不能不爲它們所感動，那
麼它們便不是舊文學，死文學。所以新文學與舊文學的區別，決不
是只白話文言的不同，乃在它們所含的内容本質的不同。〔註40〕

從表面上看，王哲甫反對以語言形式作爲劃分「新」、「舊」的標準，認爲《詩
經》、《楚辭》、《史記》、《李太白集》等等也不能說是死文學、舊文學，而當
時出版的各種新、舊才子佳人封王掛印的小說也不配被稱爲新文學。這樣的
「新」「舊」觀念，自然不同於胡適單純以文體形式劃分新舊的方法，而是與
周作人在《人的文學》、《思想革命》等文章中提出的以内容定新舊的觀念頗
有相似之處。

　　然而，王哲甫關於「新」、「舊」的觀念來源可能極爲複染。在講義的第
一章裏，他還羅列了新文學運動先驅對於新文學的各種解釋，包括：胡適的
「歷史觀念論」及「國語文學」說；陳獨秀「國民的」、「寫實的」及「社會
文學」說；沈雁冰的「社會工具」、「平民文學」說；周作人的「人的文學」
及「平民文學」說；胡適的「死文學」與「活文學」說；成仿吾的「新文學

〔註40〕 王哲甫：《中國新文學運動史·第一章什麼是新文學》，北平傑成印書局 1933
　　　　年版，第 1～2 頁。

之使命」說〔註41〕；郭沫若的「革命文學」說等等。最後，王哲甫亮出了自己的新文學觀念：

> 第一我以爲文學本沒有新舊之別，所謂新文學的「新」字，乃是重新估定價值的新，不是通常所謂新舊的「新」。新文學在時間性上說，它是時代的先驅，超越於普通社會的思想的而有永久性的。……第二新文學在空間上說，它是爲大多數人所能享受的很普遍的作品。因爲新文學不只是供貴族特殊階級者的享受，我們如能學白樂天作詩使老嫗都能讀的精神，其效力必定很大，影響於社會者必定很深。第三新文學在縱的一方面，要搜求研究中國固有的文學書籍，重新整理，分析，考證，標點而估定它的價值。同時要研究，創作，批評新文學的作品，使它開花結實茂盛起來。在橫的一方面要介紹翻譯歐美的傑作，與本國的作品比較，參考，以資借鏡。第四在外形上，新文學要用明顯優美的文字，藝術的組織，自然的聲韻表現出來。在內容裏要有眞摯的情感，豐富的想像，超乎時代的思想，反抗腐舊社會的精神。第五新文學的取材，不僅限於如昔日的才子佳人公侯貴人，或現今的老爺太太少爺小姐的生活；工廠的工人，街上的洋車夫，老媽子，優伶，舟子，莊稼漢，以及於監中的囚犯，貧民窟裏的叫花子……的生活，都有很好的材料供作家的採擇。第六點在體裁上說，它大別之可分詩歌（Poetry）小説（Novel）戲曲（Drama）散文（Prose）等數種。若再進而分別之，則詩歌有抒情詩（Lyric poetry）史詩（Epics）劇詩（Dramatic Poetry），小説中也有長篇短篇之別，更有日記式，書信式，歷史式，他敍式，自敍式……等的分別。戲劇則有悲劇，喜劇，歌劇，啞劇，獨幕劇……之別。至於散文包括尤廣，大別之可分敍述文（Narrative）描寫文（Description）論説文（Exposition）辯論文（Argument）數種。〔註42〕

〔註41〕 王哲甫所陳述成仿吾的新文學使命說包括 1、對於時代的使命；2、對於國語的使命；3、對於文學本身的使命。在王哲甫的敍述中，雖然成仿吾關於時代的使命說中已經有「革命」的苗頭，宣稱：「對於他（指時代）的不公的組織與因襲的罪惡，我們要加以嚴厲的聲討。」但是成仿吾還稱要除去一切功利的打算，專求文學的全（PERFECTION）與美（BEAUTY）。由此可見，王哲甫在這裡引用的還是成仿吾在「轉向」之前的新文學觀念。

〔註42〕 王哲甫：《中國新文學運動史》，北平傑成印書局 1933 年版，第 13～14 頁。

不難看出，王哲甫的「新」「舊」觀，不過是種種流行觀點的調和、折中而已。當然，他還是有一些自己的見解的。譬如在探討新文學運動發生的原因時，雖然他也像胡適那樣，認為只是到了民國五、六年胡適、陳獨秀等提倡文學革命，才有意地提出白話文學主張（這種看法顯然來自胡適的《五十年來中國之文學》），但是他並不像胡適那樣貶低晚清革新派的作用，而是給予充分肯定：「那時候王國維頗具文學革命的眼光，以前不為人所看重的小說戲曲，而王氏卻對之加以精密的系統的研究，並能徹底地瞭解小說與戲曲的價值。他的《紅樓夢評論》，《宋元戲曲史》，都有特殊的見解而為他人所不及的。所以有人把他和梁啟超並稱譽為新時代的先驅者，並不為過分。」〔註43〕

對晚清時期文學的積極作用，王哲甫也沒有忽略——在討論新文學運動發生的遠因時，雖然他承認清末到民初的文學也如政治變遷一樣飄搖不定、沒有明確主張，但是也指出，這些革新運動實際上已經為後來的新文學潛伏下一種「暗勢力」。

在對於文學運動的論述中，王哲甫基本上和 30 年代的左翼陣營保持同調。王哲甫在著作中經常用到的一個範疇就是「階級性」。在論及「五卅」到 30 年代初期的小說時，他說：「這時期的小說，在技術方面，沒有顯著的進步；在思想方面，卻表現出迅速的進步。如『革命文學』『普羅文學』『大眾文藝』的思想已浸灌入這一時期的作品中，成為創作的主要成分。」〔註44〕

王哲甫也經常用「階級性」來對具體的作品進行分析。他在評價凌叔華的作品時就說到：「我們若考察她（指凌叔華）的作品，便可以看出她所描寫的對象，多是資產階級的太太，小姐，官僚，女學生。此外她也描寫一些老爺，少爺，以及不長進的墮落的青年的生活狀態。她是站在進步的資產階級的立場上，在暴露資產階級的女性們的生活的狀態，以及醜惡的內幕，作者顯然的是對她們表示不滿。」〔註45〕王哲甫所謂「進步的資產階級立場」，顯然是受當時文壇流行的階級理論影響而對凌淑華所下的判斷。

在對「五四」到 30 年代初的文壇總結時，他也點明了這時期左翼文學潮流的積極意義：「『五四』時代的新文學運動不過是一種對於文學本身的改革，當時的作家，多半是人道主義的小資產階級。『五卅』以後由『文學革

〔註43〕王哲甫：《中國新文學運動史》，北平傑成印書局 1933 年版，第 32～33 頁。
〔註44〕同上註，第 219 頁。
〔註45〕同上註，第 233 頁。

命』一變而爲『革命文學』，由小資產階級的文學一變而爲無產階級的文學，在意識上表現了飛突的進步。至於將來的文學向哪方面發展呢？我們雖不甘遽下斷語，但按著目下中國社會狀況，以及世界潮流的趨向而論，似應向無產大眾的文學方面發展下去，我們可拭目以觀其後吧！」〔註46〕他還對新興文學（無產階級文學）褒獎有加：「中國的新興文學，雖然還在幼稚時期，但有幾位青年作家，不惜犧牲一切，實地從事革命的事業，從他們艱難困苦的經歷中，記錄下他們與惡環境惡勢力奮鬥的歷史，在這些作品，充滿了熱情，血淚，憤怒，反抗等等的革命成分，所以感人最深，影響青年的思想也最大。」〔註47〕

此外，在評價 1917～1925 年間的新詩創作時，王哲甫還抱怨這一時期「描寫社會民生痛苦的詩太少了。……雖然也有幾篇顧念無產階級的詩，如劉半農的《學徒苦》，《賣蘿蔔人》，胡適的《人力車夫》，玄廬的《農家》，大白的《賣布謠》，周作人的《路上所見》，彷彿把注意由風花雪月移到社會問題上來，但是在這個資本主義制度下的社會，自己站在紳士階級的地位，而發一點人道主義的憐憫，是不濟事的。這個時代所需要的詩，是血和淚的文字，是烈火與鋼鐵的文字，我們的詩人，請認清這個時代的需要吧！」〔註48〕

自上世紀當代文學「新時期」以來，現代文學研究界對左翼文學思潮產生過一種否定性態度，一些學者對左翼文學思潮的「主流」地位表示懷疑。但是如果看到王哲甫的《中國新文學運動史》中就已經奉左翼爲「主流」並運用階級分析方法剖析，就應該明白，所謂「主流」之說其實並非是左翼文學家們自己的杜撰。在當時的歷史情境中，左翼文學確實有其它文學潮流所沒有的地位和影響。

實際上，除了王哲甫的《中國新文學運動史》之外，30 年代的其它幾種新文學史也大多受到了當時各式各樣的左翼思潮的影響——譬如伍啓元的《中國新文化運動概觀》即曾引用馬克思的語錄，指出不是人類的意識決定人類的存在，而是人類的存在決定人類的意識。該書在評價 20 年代中後期的「革命文學」論爭和「左聯」對「自由人」、「第三種人」的論爭時還認爲：「文藝的論戰雖然只是個人本位主義文學家和社會本位主義文學家的互相攻擊，但它實

〔註46〕王哲甫：《中國新文學運動史》，北平傑成印書局 1933 年版，第 94 頁。
〔註47〕同上註，第 237 頁。
〔註48〕同上註，第 135～136 頁。

代表了辯證法的唯物論的擡頭，和社會本位主義的勝利。」〔註49〕王豐園的《中國新文學運動述評》的階級論色彩更加明顯，他站在「無產階級」立場上，把《新青年》看作是新興資產階級反封建的急先鋒，把陳獨秀、胡適看作是新興資產階級的代言人。〔註50〕他甚至還和「革命文學」論爭中的後期創造社、太陽社成員一樣，把魯迅、葉紹鈞也定性爲小資產階級：「魯迅和葉紹鈞都是小資產階級的文藝戰士，是小資產階級的意識的反映者。」〔註51〕吳文祺的《新文學概要》則深受蘇聯弗里契文藝理論的影響，注重從政治、經濟的變遷中去尋找文學嬗變的原因：因爲文學變遷「往往和政治經濟的變遷有連帶的關係的。因此我們要研究五四以來的新文學，一方面要知道五四以前的文學的演變，一方面還要從政治經濟的變遷中，去探究近代文學的所以變遷之故。」〔註52〕吳氏甚至從機械的左翼文學理論推導出白話文是新興資產階級反封建的工具這樣的結論並時時強調作家們的階級屬性：「郭氏（指郭沫若——筆者注）的詩雖然有時也詛咒『布爾喬亞』，但依然是『布爾喬亞』的文學。因爲在他的詩中，處處帶著個人主義與浪漫主義的色彩故也。」〔註53〕

　　《中國新文學運動史》雖然有一定的傾向性，但是這部著作總的來說還是給人以一種平穩客觀的印象。王哲甫對胡適所倡導的「整理國故」十分重視，肯定了「整理國故」的積極意義，認爲這是一件刻不容緩的工作。此外，他還對20年代中後期發生的革命文學中的標語口號化傾向並不贊成。

　　這種平穩、客觀的敘述風格和王哲甫前面對左翼思潮的青睞有些不相合——其實王哲甫並沒有多少自己的立場，他不過是把新文學史上的各種觀點、思潮進行綜合並以「時代」爲標尺作爲評判標準而已，因此有一些趨時髦的嫌疑。王哲甫著作的第九章是《新文學作家略傳》，首列魯迅，其次郭沫若，再往後是郁達夫、周作人、沈從文、冰心、張資平、沈雁冰、徐志摩、陳望道、孫席珍、謝六逸、伍光建、田漢等等，最後以丁玲結束。這樣排列是比較雜亂的，並沒有那種因立場而產生的主次順序。將其與李何林《近二十年中國文藝思潮論》那種把魯迅、瞿秋白的銅板像放在書前的做法相比，自然可以見出兩者傾向性的強弱。

〔註49〕伍啓元：《中國新文化運動概觀》，現代書局1934年版，第81頁。
〔註50〕王豐園：《中國新文學運動述評》，新新學社1935年版，第56頁。
〔註51〕同上註，第107頁。
〔註52〕吳文祺：《新文學概要‧導言》，上海亞細亞書局1936年版，第1頁。
〔註53〕吳文祺：《新文學概要》，上海亞細亞書局1936年版，第141頁。

四、「保守」與小團體傾向：蘇雪林的《中國二三十年代作家》

蘇雪林的《中國二三十年代作家》其實並不完全是她上世紀 30 年代在武漢大學講授新文學時所用的講義。因爲當時她對教授新文學課程並無興趣，只是校方向她再三勸進，她才勉強接受，她當時的講義編得十分草率、簡單，和現在所看到的厚達 600 多頁的著作自然相去甚遠。據蘇雪林自己回憶，1952 年她到臺灣後，在各報刊編輯們的邀請下，才從在武大所用的講義裏汲取一些材料並加上一點記憶，寫了幾篇文章。從 1958 年到 1959 年一年多的時間裏，蘇雪林在呂天行主編的《自由青年》上連續發表此類文章，大獲讀者好評，於是結集出版，名爲《文壇話舊》。後來她將自己在大陸時代報刊發表的一些文章加上新撰寫的二十餘章以及原來的講義一起進行增改潤飾，1979 年底交由臺灣廣東出版社出版，名爲《二三十年代作家與作品》。1983 年 10 月臺灣純文學社重排，始改現名。

由於幼時飽受舊式教育、後來又成爲天主教徒，蘇雪林在新文學家中屬於比較保守的。她當初之所以能在武漢大學教授新文學，其中一個原因就是因爲她的保守：「校方覺得我的思想較爲保守，不致以那時充盈於文藝裏的左傾意識形態灌輸給學生，也再三勸我接受。」〔註 54〕

然而也正是因爲保守，她在武大任教時就對新文學心存輕視，後來對新文學的前途也非常悲觀。她在《中國二三十年代作家》的「總論」中論及新詩時就說：「新文學運動自發生至對日抗戰發生時已有二十年的歷史，而偉大文學尚未出現。新詩則除少數以詩爲命的人死抱不放外，許多人都有此路不通的感想，社會的歡迎心理，日形冷落，新詩送至書店每不肯代爲付印。」〔註 55〕在她看來，不僅新詩現狀如此，其它體裁的文藝作品也不樂觀。她認爲新文學的長篇小說不僅沒有能比得上《水滸傳》、《紅樓夢》，托爾斯泰的《戰爭與和平》、《安娜卡列尼娜》（蘇雪林書中譯爲《安娜小史》），福樓拜的《包法利夫人》（蘇雪林譯爲佛羅貝爾的《包華利夫人》）者，甚至連一部十萬言可讀的都沒有。短篇小說不但不曾見莫伯桑、契訶夫（蘇譯柴霍甫）水平的作品，連比得上《今古奇觀》、《拍案驚奇》結構的都沒有。至於戲劇

〔註 54〕蘇雪林：《中國二三十年代作家·自序》，臺灣純文學出版社有限公司 1983 年版，第 3 頁。
〔註 55〕蘇雪林：《中國二三十年代作家》，臺灣純文學出版社有限公司 1983 年版，第 32 頁。

之貧乏，更不必說了。於是，蘇雪林得出結論：「似乎新文學前途，並沒有多大希望了。」〔註56〕

　　然而，說蘇雪林是一個純粹的「舊」派也不準確。她終究還是一個新文學家，受到過「五四」新文化的影響，所以該書中又往往顯示出她對新文學的信心。在第一編「新詩」的結束語中她還說到：「不要以為五四以後數年間的詩都在草創時期，無足以觀。其實五四以後有些詩水準並不低，更有一端為現代詩人所不能企及的，便是長詩的試作。」〔註57〕隨後，蘇雪林舉出了聞一多的《李白之死》，徐志摩的《愛的靈感》和朱湘的《王嬌》與《貓誥》以及稍後聞一多的《長城下的哀歌》、白採的《贏疾者的愛》、陳夢家和方瑋德的《悔與回》、孫毓棠的《寶馬》等等作為例證。在第三編「長、短篇小說」中她又說：「中國新小說與歐美日本先進國相比，固然望塵莫及，而與其他文藝如新詩戲劇相比，則成績已很優異。特別寫實主義和新寫實主義人才最多，作品也最好，其中有數種創作，甚或可與先進國家名家作品，並駕齊驅，將來前途實未可限量，我們何必為一時混亂情形而失望呢。」〔註58〕

　　蘇雪林在《中國二三十年代作家》中還稱讚了許多新文學家，對同一陣營的徐志摩等人自然不須多說，她對冰心也十分崇拜——她在女高師學習時曾想模仿冰心寫小詩而不能，到了《中國二三十年代作家作品》中更是盛稱冰心為中國新詩界最早有天分的詩人。她認為冰心的小詩「圓如明珠，瑩如仙露」，堪比梅特林克《青鳥》——「玫瑰之乍醒，水之微笑，琥珀之露，破曉之青蒼」，「靠女性特具的敏銳感覺，催眠似的指導自己的徑路，一尋便尋到一塊綠洲。這塊綠洲有蓊然如雲的樹木，有清瑩澄澈的流泉，有美麗的歌鳥，有馴良可愛的小獸，……」〔註59〕

　　對於不太被人看重的詩人白採，她也特別推崇，稱之為「天才詩人」：「那時候許多新詩人還在舊詩詞窠臼掙扎，或乞求夕陽的殘膏剩馥，以資塗飾，白採舊文學根底之厚，具見於他《絕俗樓我輩語》一書，但他這首長詩（指《贏疾者的愛》）竟能將舊詩詞的辭藻、語彙及舊格律、舊意境，掃除得乾乾淨淨，以一種嶄新的姿態與讀者相見，不是天才能辦得到嗎？

〔註56〕蘇雪林：《中國二三十年代作家》，臺灣純文學出版社有限公司1983年版，第32頁。
〔註57〕同上註，第178頁。
〔註58〕同上註，第287頁。
〔註59〕同上註，第77頁。

他若不早死，我想他不僅能與徐志摩、朱湘並駕齊驅，甚或超而上之，也說不定。因爲徐朱早年時代的作品，或乞助西洋或不脫舊詩詞的羈束，那能有白採這樣壁立萬仞，一空依傍，天馬行空，獨來獨往的大手筆與非凡的氣魄呢？」〔註60〕

她在這裡雖然稱讚白採對舊詩詞格律、意境的掃除，但實際上對於那些能吸收舊文學長處者也並不反感：冰心和徐志摩在她看來都是主張「中文西文化，今文古文化」的；像聞一多那樣「語不驚人死不休」、「頗學陰何苦用心」，也有個「東方的靈魂，自然憎惡歐美的物質文明」〔註61〕，不像別人那樣盲目的崇拜；朱湘則善於融化舊詩詞的文詞、格調、意思，很像北宋詞人周邦彥。

從以上蘇雪林對於新文學家們的評價，很可以看出她在新、舊文學立場之間的矛盾張惶之處。雖然她在教學、研究中不斷受到「舊」派排擠，但是內心深處還是比較保守的。她對新文學的承認和諸多讚譽，對於原來很馬虎的新文學講義重新增訂，大約也與後來眾多編輯者們不斷邀請與追捧她撰寫有關新文學的稿件有關。

就其新文學立場來說，蘇雪林屬於具有自由主義傾向的現代評論派文人團體，自然和左翼作家的思想傾向並不一致。比如她稱讚國民黨文人王平陵「一生與左翼文壇奮鬥，厥功甚偉」〔註62〕；攻擊普羅文學「鼓吹無產階級的團結與暴動，反對資產階級和封建思想，他們自己想藉文學爲宣傳主義的工具，把文學的範圍縮小得無以復加，使文學成爲頌揚無產階級的『試帖詩』、『殿閣體』，那也罷了；但連別人寫作的自由也要剝奪。」〔註63〕

蘇雪林甚至認爲周作人在抗戰時期之所以留在北平不走，終至「落水」，是「受萬惡的左派逼迫」——因爲全中國都已經成了左翼勢力支配的天下，周走到哪裏都無容身之地。這更是將所有污水都潑到左翼作家身上，十足可以看出蘇雪林的偏見。

不過，蘇雪林的這種反「左」立場在遇到具體的作家作品時還是有一點不同的。她往往更看重所謂的「人格」、「人品」。對於不符合她的「人格」標

〔註60〕蘇雪林：《中國二三十年代作家》，臺灣純文學出版社有限公司 1983 年版，第 151 頁。
〔註61〕同上註，第 118 頁。
〔註62〕同上註，第 457 頁。
〔註63〕同上註，第 36 頁。

準的左翼作家多有惡評。比如她評價魯迅:「文學無非是作家個性的表現,不管是誰讀了魯迅的雜感,都覺得這位作家的性格是那麼的陰賊、巉刻、多疑、善妒、氣量褊狹、復仇心理強烈堅韌,處處令人可怕」〔註64〕;「魯迅的雜感文,一派尖酸刻薄的紹興師爺的刀筆,無一不足表現她那卑劣的人格和極深的病態心理」〔註65〕;「魯迅連睡在夢裏的人,還要拖起來鞭笞炮烙,逼他寫罪惡的供狀(如《兄弟》裏的主角張沛君),比韓非不是更加『慘礉』,更加『刻薄』麼?」〔註66〕

她對郭沫若的新詩也尋章摘句,挑剔錯誤並謂「在出版事業不大發達的中國,他人用了全副精神來寫作,往往不會受人歡迎,郭氏粗率地寫的《我的幼年》、《創造十年》,一個中學生也寫得來,竟動輒銷行數萬冊,他人在翻譯上偶有不經意的錯誤,或創作上技巧不甚成熟,便會引起許多冷嘲熱罵,把名望斷送了;郭氏即使把西洋名著如高爾斯華綏(J.Galsworthy)的《銀匣》(The Silver Box)和《法網》(Justice),史托姆(Theodor Storm)的《茵夢湖》(Immensee),譯錯得連篇累牘,或在自作詩歌上,留下許多瑕疵,一樣有人要讀。」〔註67〕對郁達夫這樣的作家,她也將其和郭沫若並列,謂之「人品不高,藝術又惡劣」。

而對於那些和她的「人格」標準不相牴觸者,即使是左翼作家,她往往也能表示出理解,並不一味批判。比如她說丁玲1930年加入左聯後,因胡也頻被殺而思想愈趨激烈,是因為「湖南民族原富於強烈的反抗性和革命精神,對於一種新思想,有首先接受的決心,對於一種新生活,有首先試驗的勇氣,便是失敗也不懊悔。況且在這國家民族日暮途窮,而世界革命潮流又猛烈激蕩衝擊,比較有思想有血性的青年,走到左傾的路上去,原亦難怪,但被野心家利用則甚為可惜。」〔註68〕再如蔣光慈。蘇雪林把他看作郭沫若反抗精神的繼承者,詩筆之直率也似郭沫若的作品,不過蔣還是有他自己的豪邁不羈之氣。至於蔣光慈的詩歌,雖然蘇雪林認為都是階級鬥爭的戰歌,但是也對蔣光慈本人的左傾表現出一種「同情」:「他(指蔣光慈)平生所最欽佩的

〔註64〕蘇雪林:《中國二三十年代作家》,臺灣純文學出版社有限公司1983年版,第207頁。
〔註65〕同上註,第281頁。
〔註66〕同上註,第298頁。
〔註67〕同上註,第86頁。
〔註68〕同上註,第417頁。

是那仗義扶助希臘獨立的拜倫，無怪他熱心階級革命，從事於解放勞苦民眾的事業了。」〔註69〕

蘇雪林有時甚至對於左翼作家作品也能表示欣賞，而且分析得相當中肯。譬如她把茅盾作品特色歸結爲「能夠充分表現時代性」、「實現歷史的必然之企圖」、「有計劃的作爲社會現象的解剖」、「科學調查法之應用」，基本上準確概括了茅盾創作的特點。大陸的一些現代文學史中，將以茅盾爲首的小說流派稱爲「社會剖析派」，源頭應該在蘇雪林這裡。蘇雪林還稱讚茅盾爲新文學短短十五六年間少數幾位具有創作天才的作家之一，謂茅盾「可算是現代中國『文學界的巨人』，就不說是『巨人』，卻可說是左翼文壇的巨頭了。」〔註70〕

當然，蘇雪林對左翼文學的寬容與理解也許是迫不得已的。前文已經說過，儘管當下的學界對上世紀的左翼文學多有批評者，認爲左翼的「主流」地位值得懷疑，但在當時，不僅是王哲甫這類持中立立場者認同左翼文學，即使是蘇雪林這樣的「右派」也承認：提到時代潮流，共產主義可說是最大的一個。在她看來，20世紀中資本主義和帝國主義聯合造成的罪惡，確實到了令人難於忍受的程度，中國這樣一個老大國家，百年來忍受的屈辱與苦難，更爲人類有史以來所罕見，救亡圖存的觀念，深深植根於每個有良心有血性的國民心裏，只要有效的方法都要試驗一下。而按照人類的天性，解決問題最好有個徹底方法，對那些溫和的、迂緩的、枝枝節節的這種主義、那種主義，總不表示歡迎。共產主義在當時被當作一種救中國、救世界的徹底的方法，人們才爭先恐後地跟著這個主義跑。更加不幸的是，「頭腦優秀，文筆佳妙的第一流文人大都參加了這個赤色陣營」。〔註71〕那麼，如果排除了這些「頭腦優秀、文筆佳妙」的赤色陣營的作品，蘇雪林的著作還能講些什麼呢？「有人以爲在臺灣，左派作家以不介紹爲宜，但那時代文人左傾者多，若避諱略去，則可述者豈不寥寥可數。」——這當是她的由衷之言。

另外應該看到，蘇雪林所採用的「人格」標準背後，隱藏的是小團體傾向。

她在《中國二三十年代作家的》第28章「郁達夫及其作品」中對創造社成員們的人格、作品進行了激烈攻擊：

〔註69〕蘇雪林：《中國二三十年代作家》，臺灣純文學出版社有限公司1983年版，第97頁。
〔註70〕同上註，第401～408頁。
〔註71〕同上註，第8頁。

在文藝標準尚未確定的時代，那些善於自吹自捧的、工於謾罵的、作品含有強烈刺激性的、質雖粗濫而量尚豐富的作家，每容易為讀者所注意。所以過去十年中「創造社」成為新文藝運動的主要潮流之一：有誇大狂和領袖欲發達的郭沫若，為一般知識淺薄的中學生所崇拜；善寫多角戀愛的張資平，為供奉電影明星玉照，捧女校皇后的摩登青年所醉心；而赤裸裸描寫色情與性的煩悶的郁達夫，則為荒唐頹廢的現代中國人所歡迎。〔註72〕

但是，對於「頹加蕩（Decadent，意為墮落，頹廢）」派的邵洵美，她就沒有那麼刻薄了——在第一編「新詩」中她還為邵洵美專設了一章。

雖然蘇雪林知道邵洵美詩歌有「強烈刺激的要求和決心墮落的精神」、「以情欲的眼關照宇宙的一切」並對邵洵美的頹廢稍有微詞，但並沒有對其詩作中的肉欲成分痛加批判，反倒是反覆引用邵氏那些充斥著「愛的肚臍」、「肉氣」、「淫意」、「淫婦上下體的沸汗」的詩句——《沉淪》中的某些句子也並不比這些更色情。不僅如此，蘇雪林還稱讚邵洵美的天資極高，並借用陳夢家的話對其進行誇獎：「邵洵美的詩，是柔美的迷人的春三月的天氣，豔麗如一個應該讚美的豔麗的女人，只是那繾綣是十分可愛的。《洵美的夢》，是她對於那香豔的夢在滑稽的莊嚴下發出一個疑惑的笑。如其一塊翡翠真能說出話讚美另一塊翡翠，那就正比是洵美對於女人的讚美。」〔註73〕

難道在蘇雪林看來，提倡縱欲的邵洵美的人品比描寫性苦悶的郁達夫要高？恐怕未必。蘇雪林之所以對邵洵美詩歌並不反感，主要是因為邵氏和新月派諸人關係密切，經常在新月派刊物上發表作品，當然就是蘇雪林的「自己人」了。在對其進行評價的時候，人情關係明顯比意識形態起了更重要的作用。

關於蘇雪林的「小團體」傾向，還可再舉一例。她在《總論》中認為，新文學用的雖是白話，但它既不是口頭的白話，也不是舊小說的白話，實際比古文還難得多。有許多文人用舊小說調子寫新文學；也有許多文人從前對古文曾用過一番工夫，寫作時每每夾些古文調子。半文半白的調子以「五四」後的六、七年最盛。

〔註72〕蘇雪林：《中國二三十年代作家》，臺灣純文學出版社有限公司1983年版，第316頁。
〔註73〕同上註，第160頁。

　　蘇雪林的這種說法也許還可以說是見仁見智，但是她隨後又說這種調子是中了語絲派的毒，這就有失公允了。語絲派向來是主張對「舊」東西的加以無情排擊的，魯迅當初更是反對文言文態度最激烈者之一，而周作人、廢名後來雖然有向傳統取法的傾向，也並沒有提出過「文言復興」之類的主張，若論「守舊」，蘇雪林自己恐怕比語絲派更明顯一些。

　　蘇雪林之所以會有這種觀點，再看看她對於《現代評論》的評價也許就會明白了：「在一切刊物中，《現代評論》實為最充實最光輝的一種，一時論者有『大報』之稱。但因此招人妒忌，攻擊直到該刊停刊後尚不絕。」〔註74〕

　　蘇雪林屬於現代評論派，她之所以批判《語絲》而盛讚《現代評論》，不過是黨同伐異，「戲臺裏喝彩」，為自己的團體唱讚歌罷了。《語絲》和《現代評論》的對立，早已是現代文學史上的公案，孰是孰非不可遽下斷語，但是蘇雪林對於異己者的這種指責明顯是一種偏見，只能讓人從中看到她對周氏兄弟深深的偏見。

　　其實，蘇雪林在北京女高師讀書時，曾經很佩服魯迅、周作人。不過後來兩派分化，各自立場已定，蘇雪林也就逐漸轉向了。當初她受教於周作人時，服膺周氏在《歷史》等文中提出的「歷史輪迴論」——中國國民劣根性之「鬼」，經常在後代身上呈現。蘇雪林到了在武漢大學任教時，卻將這種理論稱為「僵屍理論」，開始大力批駁。她認為周作人對中國整個民族，甚至對於自己都太過悲觀：「我敢請問這位知堂老人，我們祖宗形貌都獐頭鼠目的嗎？竟沒有一個方面大耳，氣宇崢嶸的嗎？那末，像我前面所舉孔子、墨子、老子、唐太宗、玄奘法師的形貌又應該歸屬於哪一類呢？周氏說中國歷史上所演的常是幾齣老戲，所出臺的不過幾個舊角，若上述的這些古人肯粉墨登場，重演幾齣如火如荼，可歌可泣的英雄劇，則我們真歡迎之不暇了。」〔註75〕

　　蘇雪林對周作人的這種批評有些言不及義。其實蘇雪林所謂周作人的「僵屍理論」，乃是有感於國民性之痼疾而發——國民若對自己的傳統根性不自知，則未免要「死鬼」重來，他當然不是要否認中國歷史曾經享有的光榮。再者，中國固然有光榮的歷史，但是如果以蘇雪林所謂孔子、墨子、老子、

〔註74〕蘇雪林：《中國二三十年代作家》，臺灣純文學出版社有限公司1983年版，第30頁。

〔註75〕同上註，第203頁。

唐太宗、玄奘法師之流放到近現代中國的歷史環境中，恐怕也未必就能演出一場轟轟烈烈的英雄劇——單靠這些人物，恐怕也很難說就能抵擋得住西方列強的堅船利炮。

另外，同樣因為這種小團體偏見，蘇雪林對廢名、俞平伯等人也很不屑。她認為，廢名的藝術一言以蔽之，「晦澀」而已。廢名之得名，大半出於乃師周作人援引：「其（指廢名）文字最得周作人的賞識，不但替他『包寫序文』，甚至譽其作品為新文學轉變後一派的代表，相當於明朝代『公安派』而興的『竟陵派』。作者在現代文壇獲得相當的地位，可說一大半是周氏吹噓之力。」〔註76〕在論及俞平伯的散文時她則說：「俞平伯文章得力於他的舊文學修養，辭藻、造句及全文的結構，都有明人小品如《板橋雜記》之類的味道。中間論夜氣朦朧中胎孕一個如花的笑，又由笑談到『空』和『有』，又由空、有比擬到高翔的紙鳶，太玄秘了，扯得也太遠了，讀起來太費人腦力，而且也感覺到作者這種文字遊戲，近乎無聊。俞氏是學哲學的，他把以往所學的一套哲學原理，運用到一溝臭水的秦淮河，未免太藝瀆哲學了。」〔註77〕

由以上看來，蘇雪林的小團體情緒確實對《中國二三十年代作家》的公正性產生了不小的影響。她雖自云以「藝術人品」為重，但她所採取的「人品」標準本來就摻雜了許多「雜質」，用在文學批評上更是大可商榷，那麼她所謂的「藝術」標準也就很可疑了。

五、以「舊」為「新」：廢名的《談新詩》

廢名在北京大學課堂上講新詩，對新文學的態度是非常明朗的。為敘述方便，我們不妨把他在《談新詩》中所述再轉錄一遍：

　　……大約是民國六七年的時候，我在武昌第一師範學校裏念書，有一天我們新來了一位國文教師，我們只知道他是從北京大學畢業回來的，又知道他是黃季剛的弟子，別的什麼都不知道，至於什麼叫做新文學什麼叫做舊文學，那時北京大學已經有了新文學這麼一回事，更是不知道了，這位新來的教師第一次上了課堂，我們眼巴巴的望著他，他卻以一個咄咄怪事的神氣，拿了粉筆首先向黑

〔註76〕蘇雪林：《中國二三十年代作家》，臺灣純文學出版社有限公司1983年版，第203頁。

〔註77〕同上註，第225頁。

> 板上寫「兩個黃蝴蝶，雙雙飛上天……」給我們看，意若曰，「你們看，這是什麼話！現在居然有大學教員做這樣的詩！提倡新文學！」他接著又向黑板上寫著「胡適」兩個字，告訴我們《蝴蝶》便是這個人做的。我記得我當時只感受到這位教師一個「不屑於」的神氣，別的沒有什麼感覺，不覺得這件事情好玩，亦不覺得可笑，倒是覺得「胡適」這個名字起得很新鮮罷了。這位教師慢慢的又在黑板上寫一點「舊文學」給我們看，先寫晏幾道的「夢後樓臺高鎖……」，再寫元人小令「枯藤老樹昏鴉，小橋流水人家，古道西風瘦馬，夕陽西下，斷腸人在天涯」，稱讚這都是怎麼好。當時我對這個「枯藤老樹昏鴉」很覺得喜歡，而且把它念熟了，無事時便哼唱起來。我引這一段故事，並不是故意耽誤時間，倒是想借這一件小事情發一點議論。我現在的意見同那一位教師剛剛相反，我覺得那首《蝴蝶》並不壞，而「枯藤老樹昏鴉」未必怎麼好。更顯明的說一句，《蝴蝶》算得一首新詩，而「枯藤老樹」是舊詩的濫調而已。〔註78〕

廢名的《談新詩》似乎一開始就亮明了自己對新文學及其倡導者胡適的支持態度。但廢名和胡適在對新詩的理解上，存在很大的區別——胡適激賞前文中那首元人小令，曾稱讚它說：「這是何等具體的寫法！」〔註79〕而在廢名看來，卻是沒有作者個性、只有調子的陳詞濫調而已。

廢名《談新詩》中的觀念和胡適相異之處還有很多。胡適論及文學革命時，大多強調語言形式方面。他理解的新文學，主要就是白話文學。在新詩方面，胡適也寫過一篇《談新詩》，提倡「詩體的大解放」，關注的主要還是語言、詩體、音節等形式問題。而廢名卻認為：「我以為新詩和舊詩的分別尚不在乎白話與不白話，雖然新詩所用的文字應該標明是白話的。舊詩有近乎白話的，然而不能因此就把這些舊詩引為新詩的同調。」〔註80〕在他看來，新詩的「新」主要應該體現在內容上：「舊詩的內容是散文的，其詩的價值正因為它是散文的。新詩的內容則要是詩的，若同舊詩一樣是散文的內容，徒徒用白話來寫，名之曰新詩，反不成其為詩。」〔註81〕

〔註78〕馮文炳：《談新詩》，人民文學出版社1984年版，第2～3頁。
〔註79〕胡適：《談新詩》，陳金淦編：《胡適研究資料》，北京十月文藝出版社1989年版，第385頁。
〔註80〕馮文炳：《談新詩》，人民文學出版社1984年版，第3～4頁。
〔註81〕同上註，第5頁。

如此看來，廢名的《談新詩》，雖然和胡適的著名文章同名，但是立意卻是大相異趣。廢名之「新」，決不同於胡適之「新」。

那麼接下來的問題是，廢名強調的「詩」的內容是什麼？細細看來，這種「內容」並非「五四」一代的啟蒙思想，也非周作人強調的那種人間本位的個人主義，而是一種詩的「情感」。關於這種詩的「內容」、「情感」，廢名拿《蝴蝶》來做例證，他認為這首詩裏的情感，就不是舊詩裏面有的。詩的作者因為蝴蝶飛舞而把詩的情緒觸動起來，在這一刻前，他沒有料到要寫這首詩，而一旦他覺得有一首詩要寫，這首詩便不寫亦已成功──「因為這個詩的情緒已自己完成，這樣便是我所謂詩的內容，新詩所裝得下的正是這個內容」〔註 82〕。與此相反，舊詩的內容的往往是「情生文」、「文生情」的：詩人寫詩之前雖然也有一點觸動，但是那一點觸動是不足以成就一首詩，要想寫成「詩」，是要進行一番情文「互生」的，所以，舊詩的內容從根本上就是散文的，而不是「詩」的。

依照這個邏輯擴展開來，也就不難理解為什麼廢名強調新詩一定要用自由體了。在這裡廢名終於和胡適達成一致：「有什麼題目，做什麼詩；詩該怎樣做，就怎樣做。」〔註 83〕因為新詩最重要的是內容，所以只要依照內容，不必講求什麼固定的格式，更不必有什麼束縛，也就只有自由體才最符合廢名對新詩的要求。據此，廢名對以聞一多等人為代表、違背了「自由體」原則的「新格律派」進行了批評。他認為聞一多等人的新格律詩是向西洋詩裏摸索的結果，是中國新詩壇上的「高跟鞋」：「我記得聞一多在他的一首詩裏將『悲哀』二字顛倒過來用，作為『哀悲』，大約是為了叶韻的原故，我當時曾同了另一位詩人笑，這件事真可以『哀悲』」〔註 84〕。

廢名要求的「自由」，其實也不僅僅限於體裁，還涉及到詩人的創作過程。

〔註 82〕　馮文炳：《談新詩》，人民文學出版社 1984 年版，第 5 頁。

〔註 83〕　胡適：《談新詩》，陳金淦編：《胡適研究資料》，北京十月文藝出版社 1989 年版，第 376 頁。

〔註 84〕　馮文炳：《談新詩》，人民文學出版社 1984 年版，第 24 頁。當然，廢名後來對新月派的觀點也發生了變化。1946 年他再次到北大後，曾續編《談新詩》。在《十年詩草》一文中雖然他還是認為以前沒有講徐志摩並不是什麼損失，但是已經開始盛讚卞之琳的詩歌，認為卞之琳發展了徐志摩的文體，這個文體真新鮮，真有力量，徐志摩的開創的文體不可埋沒。同時，他也對自己以前關於新詩的形式的觀點做出了修正，承認新詩也可以有形式（馮文炳：《談新詩》，人民文學出版社 1984 年版，第 166 頁）。

譬如他推崇溫庭筠的詞，正是因為溫詞有超乎一般舊詩的表現——「自由表現」：「好比一座雕刻，在雕刻家沒有下手的時候，這個藝術的生命便已完全了，這個生命的製造卻又是一個神秘的開始，即所謂自由，這裡不是一個醞釀，這裡乃是一個開始，一開始便已是必然了，於是在我們鑒賞這一件藝術品的時候我們只有點頭，彷彿這件藝術品是生成如此的。」〔註 85〕正因為這種「自由」，所以詩不需要「情生文文生情」，是「完全的」：「大凡自由的表現，正是表現著一個完全的東西。」〔註 86〕這樣的詩，自然是擺脫了模擬的成分，是個性化的，不能稱之為陳詞濫調了。在廢名看來，這似乎就是新詩得以成立的根據，詩人不必在乎是否運用典故，不必死抓著韻律的問題不放，而是要有「自由的」詩的感覺：「真有詩的感覺如溫李一派，溫詞並沒有典故，李詩典故就是感覺的聯串，他們都是自由表現其詩的感覺與理想，在六朝文章裏已有這一派的根苗，這一派的根苗又將在白話新詩裏自由生長，……」〔註 87〕

在這種觀念之下，廢名很自然地對新詩和舊詩進行了連接。從某一方面來說，他這種強調「自由」、「完全」、「個性」，反對模擬的理論完全可以被歸結為「五四」啟蒙主義的一部分，他對於新詩「內容」的強調，對於「五四」時期胡適那種單強調用白話做詩的主張也不無糾偏補弊之用，但是在他看來，溫、李一派的詩歌「內容」似乎和現代詩一樣，都是自由表現，並沒有什麼根本差別，這就未免也陷入偏頗了。舊詩中固然也有「自由表現」，但是所表現的內容和現代詩中所表現的更加複雜化的生活世界以及由此而產生的人類情感不會完全相同，也是顯而易見的。

有關新文學的內容方面，「五四」一代新文學的提倡者早就鮮明地提出了自己的主張。陳獨秀在《文學革命論》中攻擊舊文學「目光不越帝王權貴，神仙鬼怪，及其個人之窮通利達。所謂宇宙，所謂人生，所謂社會，舉非其構思所及」，從而提出要建設「國民文學」、「寫實文學」、「社會文學」，這些都是對新文學內容的要求。周作人也發表過一系列文章，強調新文學思想內容的建設——在《人的文學》中，他明確提出要提倡「人的文學」，反對「非人的文學」；在《平民文學》一文中周作人也曾指出，平民文學應該注重與貴族文學相反的地方，是內容充實，就是普遍與真摯兩件事。第一，平民文學

〔註 85〕馮文炳：《談新詩》，人民文學出版社 1984 年版，第 30 頁。
〔註 86〕同上註。
〔註 87〕同上註，第 39 頁。

應以普通的文體，寫普遍的思想與事實，不必記英雄豪傑的事業、才子佳人的幸福，只應記載世間普通男女的悲歡成敗；第二，平民文學應以眞摯的文體，記眞摯的思想與事實，既不坐在上面，自命爲才子佳人，又不立在下風，頌揚英雄豪傑。

至於詩歌的「內容」，1933 年 11 月，施蟄存在《現代》第 4 卷第 1 期上發表的短文《又關於本刊中的詩》中曾對「現代的詩」下過一個簡短而準確的定義：「它們是現代人在現代生活中所感受的現代的情緒，用現代的辭藻排列成的現代的詩形。」在施蟄存看來，所謂的現代生活，有各式各樣獨特的形態：彙集著大船舶的港灣，轟響著噪音的工場，深入地下的礦坑，奏著 Jazz樂的舞場，摩天樓的百貨店，飛機的空中戰，廣大的競馬場……甚至連自然景物也與前代的不同了。他質問：「這種生活所給予我們的詩人的感情，難道會與上代詩人們從他們的生活中所得到的感情相同的嗎？」

廢名似乎對新文學史上這些對新文學、新詩內容的論述（包括周作人的觀點）視而不見。雖然從某方面來說，施蟄存和廢名的觀點有相近之處，比如他們都比較重視新詩的內容，都反對新詩太過講求韻律，不太喜歡取法西方形式的十四行體、方塊詩等等。但是兩人之間的差別也是非常明顯的——施蟄存所強調的「現代生活」顯然並非廢名所主張的新詩的內容。

此外，廢名還對某些新詩中令人難以索解的「新鮮」的「古意」頗爲欣賞。譬如他說魯迅的《他》是其新詩作品中最美麗的一首，認爲這一首「最是詩」，這首詩好像是新詩裏的魏晉古風（當然廢名認爲，這樣的意思如果用舊詩來寫，一定不能寫得這樣深刻）。另外，廢名在《〈小河〉及其他》一章中，抄錄了周作人的《小河》、《所見》等十首詩後，說自己「愛好這些詩裏一種新鮮氣息，比『日出而作，日入而息，鑿井而飲，耕田而食』還要新鮮，因此也就很古了」〔註88〕。他在選卞之琳的詩時也說：「下面我選的卞之琳的詩，每首之後總想附點意見，最好是就我所能懂得的解釋給大家聽，不過解釋便太占篇幅，附意見則意見每寫不出，因爲卞之琳的新詩好比是古風，他的格調最新，他的風趣卻最古了，大凡『古』便解釋不出。」〔註89〕此外，他也非常稱道林庚、朱英誕的詩，以爲林詩很像李商隱有一份「晚唐的美麗」，而朱英誕的新詩在他看來相當於南宋的詞。

〔註88〕馮文炳：《談新詩》，人民文學出版社 1984 年版，第 92 頁。
〔註89〕同上註，第 167 頁。

　　總之，廢名關於「白話新詩要有白話新詩的內容，新詩所表現的東西與舊詩詞不一樣，然後新詩自然是白話新詩了」〔註90〕的主張雖然十分妥帖，但是看他對於「詩的內容」的論述，實際上還是將新詩的內容架空了，無意間忽視了新詩應該體現的在「五四」啓蒙主義、個性解放浪潮下所產生的新情緒，然後他又將舊文學和新文學拉在一起，爲新詩的發生尋找歷史根據，這實際上並未將新詩、舊詩進行根本的區分。

　　廢名的《談新詩》中還有不少可以商榷之處。比如他承認新詩應該是「自由體」，但是他又認爲：「平心說來，新文學運動的價值，乃在於提倡白話文，這個意義實在很大，若就白話新詩說，反而是不知不覺的替舊詩虛張聲勢，沒有什麼新文學的意義了。」〔註91〕這對胡適等人主張的用白話做新詩未免不太公平。胡適的《嘗試集》雖然有一些詩歌是從古樂府、詞調等等中變化出來的，但是這並不是胡適的目的所在，而只是過渡時代難免的一種現象。實際上，若沒有胡適等人對詩體大解放的號召，何來自由體之盛行？再如，周作人在新文學運動初期，鼓吹之力甚大，不容否認，但僅憑他所做的《小河》一詩，就稱其有「奠定詩壇」的功勞，認爲如果沒有周作人爲新詩做先鋒，新詩革命就要同《人境廬詩草》的作者黃遵憲喊出的「我手寫我口，古豈能拘牽？即今流俗語，我若登簡編，五千年後人，驚爲古斕斑」一樣，革不了舊詩的命，則未免太忽視胡適的作用而對周作人推崇太過。

　　另外，《談新詩》中有一些觀點的邏輯不夠完滿。比如廢名認爲舊詩的文字是詩的，而內容是散文的。但是他承認舊詩也是詩，「只是說舊詩之成其爲詩與新詩之成其爲詩，其性質不同」〔註92〕，這顯然又是強調新詩、舊詩之「質」的不同。但是作爲一個新文學家，廢名對於舊詩中溫、李一派的推崇，又表明他所說的詩歌的本質，應該是「普遍」的、古今一貫的。

　　對講義中存在的這些矛盾，廢名缺乏更深入的分析與說明。或許廢名的觀點只能如他評價李商隱的「滄海月明珠有淚」用典之妙（「典故和辭藻都有了生命，我們今日讀之猶爲之愛惜」）一樣，是「強說理由」〔註93〕；又或許像他對劉半農《揚鞭集》裏《大風》一詩的分析一樣，是「玄之又玄，無法證明」〔註94〕的。

〔註90〕馮文炳：《談新詩》，人民文學出版社1984年版，第84頁。
〔註91〕同上註，第43頁。
〔註92〕同上註，第107頁。
〔註93〕同上註，第37頁。
〔註94〕同上註，第54頁。

　　從整體上來說，廢名是力圖向傳統中尋找資源的，是以「舊」爲「新」：「我們現在的新詩是白話詩，但當初新文學運動者所排斥的古典派乃正是今日新詩的精神了。」〔註95〕他認爲，新文學最初確實是受到外國文學影響的，但是後來轉向了「文藝復興」。他在《〈小河〉及其他》一文中曾明白表示：新文學從一開始受外來文學影響的質地轉到向傳統取法，「即是由個性的發展而自覺到傳統的自由，於是發現中國文學史上的事情都要重新估定價值了，而這次的新文學乃又得到了歷史上中國文藝的聲援，而且把古今新的文學一條路溝通了，遠至周秦，近迄現代，本來可以有一條自由的路。」〔註96〕

　　實際上，廢名雖然是在談「新」詩，但也經常爲「舊」詩張目——從他對於溫李一派、花間派、漢魏古風、庾信、南宋詞人等的正面引用、評價中就可以看出：「我以爲中國的詩的文學，到宋詞爲止，內容總有變化，其體裁也剛剛適應其內容，那一些詩人所做的詩都應該算是『新詩』，而這些新詩我想總稱之曰『舊詩』，因爲他們是運用同一性質的文字。」〔註97〕而對於新詩中向外國取法的傾向，他則多表示不滿。比如他評價馮至的十四行體：「老實說我對於《十四行集》這個詩集的名字頗有反感，作者自己雖不一定以此揭示於天下，他說他是圖自己個人的方便，而天下不懂新詩的人反而買櫝還珠，以爲這個形式是怎麼好怎麼好，對於新詩的前途與其說是有開導，無寧說是有障礙。」〔註98〕

　　廢名的觀點應該是受到周作人影響的結果。不過周作人在《中國新文學的源流》中是把新文學的源頭和晚明文學掛鉤，歷史循環論的色彩很濃；而廢名則更進一步把新詩和晚唐的溫、李相連接，頗顯神秘的玄學色彩——這又是周作人所沒有的。

六、新民主主義文學史論的初現：周揚的《新文學運動史講義提綱》

　　周揚的《新文學運動史講義提綱》原載於《文學評論》1986 年第 1、2 期，

〔註95〕馮文炳：《談新詩》，人民文學出版社 1984 年版，第 201 頁。
〔註96〕同上註，第 83 頁。
〔註97〕馮文炳：《新詩問答》，《談新詩》，人民文學出版社 1984 年版，第 230 頁。該文原載於 1935 年上海良友圖書公司印行的《人間小品》（甲集），不是他在北大講新詩的講義內容，但是思想傾向卻和《談新詩》相當一致。
〔註98〕馮文炳：《談新詩》，人民文學出版社 1984 年版，第 200 頁。

包括「引言」、第一章「新文學運動之歷史的準備（1894～1919）」、第二章「新文學運動的形成（1919～1921）」，其第三章因為作者沒有完稿而未予刊載。據發表該文的編者按，這是周揚上世紀三四十年代在延安「魯藝」講授新文學課程時所用，此前從未在報刊上發表過。「文化大革命」中，這份講義被作為「黑材料」存入周揚專案中，1982 年才重見天光。編者為了保持當時的原貌，對這份文稿的內容、文字都未作改動，因此，從這份提綱中，可以看到當時周揚在延安講授新文學的較為準確的內容。

周揚是著名的馬克思主義文藝理論家，因此他的講義具有鮮明的左翼特色。雖然它是一份文學史講義，但絕大部分都是以政治、經濟等文學的外部因素作為出發點來展開對文學運動的論述，著重於文學運動的「思想性」，至於藝術方面則幾乎全不涉及——當然，這也與它的「運動史」框架有關。他撰寫講義的大致思路是，先分析某一歷史階段的一般經濟政治情況，然後對該階段的文化運動主題定性，對文學潮流、趨勢以及重要文學運動從宏觀的角度進行概括，而不進行具體的分析。如果把這份講義與朱自清《中國新文學研究綱要》進行比照，風格不啻有天壤之別——朱自清論文學，主要是從藝術本位立場出發的，意識形態具有模糊性。如果把它和李何林的《近二十年中國文藝思潮論 1917～1937》放在一起，則明顯可以看出二者的共性：重「政治」、輕「藝術」。

周揚劃分新文學運動的歷史時期也是完全從左翼政治標準出發的。他以「五四」為新文學運動的起點，將「五四」到抗日戰爭時期的文學劃分為四個階段：

第一個階段從 1919 到 1921 年，也就是從五四運動到共產黨成立；

第二個階段從 1921 到 1927 年，也就是從共產黨成立經過五卅運動到北伐戰爭；

第三個階段從 1927 到 1936 年，也就是新的革命時期，是新文學運動內部分化過程完成、革命文學成為主流的時期；

第四個階段從 1936 年到抗戰期間，是新文學運動力量重新結合、文學上新民主主義提出的時期。

從上文可以看出，周揚在「魯藝」授課時，毛澤東的《新民主主義論》已經發表。該文受此論影響是必然的。「引言」一開始交代新文學運動的正式形成，即完全按照毛澤東《新民主主義論》的論斷，將甲午戰爭之後、「五四」

之前的新文化運動定性為「舊民主主義的新文化」，而「五四」以後則是新民主主義的新文化時期，新文學運動也就是這種新文化的一翼。同時，該文又根據《新民主主義論》把新文學的領導權歸為無產階級所有：「中國資產階級，由於它生不逢辰和本來的弱點，沒有餘裕和能力來領導新文學運動，而這個領導權就不能不轉讓到無產階級手裏。」〔註99〕

這種新民主主義的理論框架導致周揚在論述新文學運動的發生時不免過分強調「無產階級」的作用：「新文學運動的形成與發展是不能想像的，假如在其外部條件上沒有十月革命的影響，沒有馬克思主義的革命學說，哲學思想和藝術理論的介紹，沒有蘇聯的以及資本主義國家無產階級的文藝作品的大量移植，在其內部條件上沒有從五四以來中國共產黨對新文化運動在思想上和組織上的領導，以及共產主義思想在廣大人民中的傳播，和許多共產主義者的作家藝術家的努力。」〔註100〕

在「五四」時期，馬克思主義革命學說實際上不過是湧入中國的西方各種思潮中的一種，聲勢並不浩大。即便是中共的創始人陳獨秀，1915年創辦《青年雜誌》時也只是景仰「法蘭西文明」〔註101〕。在此後的左翼作家中，善得風氣之先的郭沫若，也直到1924年才通過翻譯日本河上肇的《社會組織與社會革命》，逐步產生對馬克思主義的認同感。左翼文學主將魯迅則到在與創造社論爭時，才被「擠」著看了幾本唯物史觀、科學的藝術論著作。從組織上看，中國共產黨直到1921年才正式成立，而這時已經距新文學的倡導過去四年之久了。

在文藝方面，儘管在上世紀20年代初期，沈澤民、蕭楚女、鄧中夏等人曾經提出過關於無產階級藝術和革命文學的意見，但是他們還不能被看作新文學的領導者。到20年代中期開始提倡並從事創作的革命文學家們如郭沫若、蔣光慈、成仿吾等人在當時都還不是共產黨員，他們提倡革命文學很難說是受到早期中國共產黨人的影響，而且他們所說的「革命」大多還停留在

〔註99〕周揚：《新文學運動史講義提綱》，《文學評論》1986年第1期，第21頁。

〔註100〕同上註。

〔註101〕周揚自己在講義中也曾經提到，當時作為「民主政治的主張者陳獨秀」不相信民眾的力量，且反而污蔑民眾，認為多數民意相信帝制，不相信共和。周揚甚至認為這位「五四」新文化運動的「總司令」的思想「充滿了妥協的改良的要素」，指出陳獨秀在涉及社會主義時，只將其認定為「謀資本勞力之調和保護工人，限制兼併」，犯了社會改良主義的錯誤。參看周揚：《新文學運動史講義提綱》，《文學評論》1986年第2期，第102～103頁。

一般性的革命意義上，也就是所謂「國民革命」，並不具備無產階級色彩。蔣光慈就曾說：「誰個能夠將社會的缺點，罪惡，黑暗……痛痛快快地寫將出來，誰個能夠高喊著人們來向這缺點，罪惡，黑暗……奮鬥，則他就是革命的文學家，他的作品就是革命文學。」〔註 102〕當時成仿吾所給出的「革命文學」定義中，甚至還有後來左翼陣營極力反對的「人性論」傾向：

（真摯的人性）＋（審美的形式）＝（永遠的文學）

……

（真摯的人性）＋（審美的形式）＋（熱情）＝（永遠的革命文學）

〔註 103〕

再比如，郭沫若 1926 年發表的《革命文學》一文中，曾提出過「表同情於無產階級的社會主義的寫實主義的文學」。從「表同情於」這四個字所顯示出來的還是一個試圖向新興階級表示關切的知識分子立場，他顯然並沒有把自己劃歸無產階級之列。

不管有什麼樣的偏頗，周揚的《新文學運動史講義提綱》是最早用新民主主義論來剖析新文學運動的課程講義，這是其創新之處。上世紀 30 年代李何林編寫的《近二十年中國文藝思潮論 1917～1937》就沒能及時運用這種新理論。〔註 104〕

按照一般理解，既然周揚應用新民主主義論，站在左翼立場上來看待「新」、「舊」問題，那麼激進的思想自然應該導致他講義中「新」、「舊」的尖銳對立。但是仔細考察周揚的這份講義，卻並非如此。

〔註 102〕光赤（蔣光慈）：《現代中國社會與革命文學》，1925 年 1 月 1 日《民國日報·覺悟》。

〔註 103〕成仿吾：《革命文學與他的永遠性》，1926 年 6 月 16 日《創造月刊》第 1 卷第 4 期。

〔註 104〕李何林還因此在 1950 年 5 月 4 日的《光明日報》上發表《〈近二十年中國文藝思潮論〉自評》一文，進行自我批判。直到 80 年代他在重版《近二十年中國文藝思潮論 1917～1937》時仍然為自己沒能用新民主主義論來闡釋文學史的「錯誤」深深自責：「一九三九年我編完這本書時，毛主席的《新民主主義論》還沒有發表；三十年代國統區的文化界還普遍認為「五四」新文化運動是資產階級性質的啟蒙運動，是資產階級思想領導和以資產階級思想為主的運動，看不出無產階級思想的領導。因此，我在本書中認為「五四」新文化（包括新文學）是資產階級文化，它的經濟基礎是第一次世界大戰期間發展起來的中國的軟弱的資本主義。」參看李何林：《近二十年中國文藝思潮論 1917～1937·重版說明》，陝西人民出版社 1981 年版，第 3 頁。

　　他對「舊」的評價還是辯正的、有分析的，並沒有一概抹殺。講義在第一章專門交代 1894～1919 年間舊民主主義革命時期的文學運動。在一般「新」派看來，這時期的思想以及文學自然是「舊」的，和新文化運動有著不可逾越的斷裂。但是作為一個左翼理論家的周揚卻並沒有對此特意強調，而是更願意發掘這時期思想、文學中的「新」意並大量引用當時的「新」派如康有為、梁啓超、譚嗣同、嚴復等人的言論。雖然周揚也對他們革新的不徹底性有所批評，但更多地是肯定：「他們（指康、梁、譚、嚴等人）改造了孔子，輸入了盧梭、孟德斯鳩，創出了新文體，動搖了綱常名教的統治，破壞了古文的權威。他們在和舊學代表者們的鬥爭中取得了勝利，雖然他們自己，後來不復戰鬥，有的甚至變成非常保守而且反動，但他們作為五四新文化運動的先驅者的業績是不可磨滅的。」〔註 105〕再如，周揚說梁啓超、譚嗣同等人提倡的「新文體」，「是應當時中國社會實際的需要，作為一種資產階級革新意識的表現手段而起來的」，「這些文章充滿了蓬勃的朝氣，戰鬥的火焰，這就是為什麼梁任公『筆鋒常帶感情』，為什麼他的文章能具有那樣的『魔力』。」〔註 106〕周揚不僅把晚清譴責小說稱為「五四白話小說的先驅」，而且認為這些小說「一般地說是民主主義現實主義的作品」並把作者們歸為民主主義者、「資產階級革新思想的代表者」。〔註 107〕考慮到當時左翼陣營對「現實主義」的無比尊崇，周揚對這些「舊」派小說的論斷已經是相當高的評價了。談到這些小說的缺陷，周揚則主要襲用了胡適的評語——止於「事實的記錄」而沒有達到「藝術的概括」的高度以及魯迅《中國小說史略》中的評語「辭氣浮露，筆無藏鋒，甚且過甚其辭，以合時人嗜好」。

　　實際上，晚清時代的所謂革新者，大體都還保留著對傳統某種程度的眷戀，正如周揚引用的梁啓超在《清代學術概論》中的說法：「保守性與進取性常交戰於胸中」，但是周揚似乎更願意把矛頭對準「完全」的保守派——桐城派古文、宋詩運動等等，而不願意多談這些革新派的保守性。

　　在講義中，周揚有時甚至可以突破自身的意識形態限制，對一些政治上的保守者也不吝嗇讚美之詞。譬如他對王國維這樣的遺老就頗為賞識：「論新文學運動，王國維的名字卻總是被忽略，實則王氏在文學修養的深湛與見地

〔註 105〕周揚：《新文學運動史講義提綱》，《文學評論》1986 年第 1 期，第 31 頁。
〔註 106〕同上註，第 27 頁。
〔註 107〕同上註，第 29 頁。

的精闢上不但五四新文學運動以前無與比肩的，就是以後也很少有人能及他。……而對於文學之本質，他的理解是尤為特出的。他認識了文學對現實之正確的關係。……在對文學語言的態度上，他雖還沒有提出主張白話，但他對於元劇的採用俗語，創造新詞，是極為讚賞的。這個人物有權被稱為新文學運動的先驅，中國所有文藝評論家中之最偉大的一個，因為不管他在政治上是保皇黨，在哲學上是觀念論者，他的文學見解，基本上是現實主義的，充滿了不少深刻的辯正的要素。」〔註108〕

再比如，對於現在的文學史著作中大多並不論及的黃遠庸，周揚明知因為袁世凱稱帝，黃為袁張目而被暗殺，也不肯忘記其對新文學的功勞。周揚在引用了黃遠庸給章士釗寫的一封提倡「新文學」的信之後，認為黃遠庸要文學「須與一般之人生出交涉」、「得須以淺近文藝普遍四周」、文藝家「第一義在大膽第二義在誠實不欺」的說法就是文藝與大眾、文藝與現實相結合的主張，是「中國文學革命的預言。」〔註109〕

周揚對「五四」之後新文學的看法往往也能超出新民主主義論的理論預設。他在講義中雖然嚴厲批判陳獨秀，認為陳是一個十足的機械唯物論者，但是他仍將陳獨秀主編的《新青年》的創刊作為新文化運動的起點，承認陳提出的「科學」與「民主」是新文化運動的兩面旗幟。

具體到「五四」新文學革命，雖然周揚已經明確提出「五四」新文學運動是無產階級領導的，但實際上仍然不得不藉重並肯定胡適等一班「資產階級」的言論。他談到新文學革命、白話對文言的鬥爭時，首先舉出的是胡適1917年在《新青年》上發表的《文學改良芻議》，列舉了胡適的八條主張，然後是陳獨秀的《文學革命論》及其三大主義，對其他人如蔡元培、錢玄同、劉半農等也都有所述及。

也許周揚是根本沒有辦法忽視新文學革命中胡適等人的功勞——因為「五四」新文學運動主要就是由這些人發起、參與，如果將其排除，那麼「五四」新文學運動就會成為一個「空洞」。周揚承認文學革命首先就是文的形式的解放——語言文字或文體的解放，在講義中大量引用了胡適、陳獨秀、周作人、錢玄同等人的言論。《文學改良芻議》、《文學革命論》、《建設的文學革命論》、《本志罪案之答辯書》、《談新詩》（胡適著）、《人的文學》、《平民

〔註108〕周揚：《新文學運動史講義提綱》，《文學評論》1986年第1期，第28頁。
〔註109〕同上註。

文學》、《思想革命》等等都成爲他論述新文學發生時最主要的理論資源。在對新文學的內容進行評述時，周揚尤其借重了周作人關於「人的文學」的觀點，認爲新文學的「新精神新內容」就是「人的自覺」的思想，同時是「民主革命精神在文學中的爆發」。雖然這種人的解放「仍然是極有限的；但比封建社會的個人，卻已大進一步。」〔註110〕

這種對於「五四」「人的自覺」的高度評價，難免有「人性論」色彩——上世紀20年代末、30年代初左翼陣營曾與之進行激烈鬥爭。然而在整篇講義中，周揚完全擺脫了那種無產階級獨尊的態度，這甚至比20年代中後期以創造社、太陽社爲代表的向「左」轉向的「無產階級」知識分子們顯得更爲溫和。當時的轉向者們曾受到日本福本主義的影響，十分強調革命者的「純粹無產階級意識」，對資產階級，不管是大資產階級還是小資產階級，不管是買辦資產階級還是民族資產階級，一律採取了全面批判的姿態，連魯迅、茅盾、郁達夫、葉聖陶等等都被打入了另冊——因爲他們擔心在中國的普羅列塔利亞的階級意識正在結晶亢揚的時代，如果不進行「純化」，文壇上可能會出現一個小資產階級意識洪水泛濫的局面。出於這樣的考慮，加上當時的革命者惟我獨尊的激情，成仿吾明確提出要和異己者徹底斷絕關係：「誰也不許站在中間。你到這邊來，或者到那邊去！」〔註111〕，對那些異己者，要「替他們打包，打發他們去！」〔註112〕

當然，周揚對於「五四」新文學運動倡導者們的肯定並不代表他是完全站在「五四」啓蒙主義立場上的。這種肯定有不得已的原因——新文學運動中的「無產階級」因素顯然並不能支撐起整個文學史框架。從政治立場來說，周揚在「五四」新文化運動領導者中所能找到的最「純粹」、最無瑕疵的人只有一個李大釗，已經脫離中共的陳獨秀是不合格的。周揚雖然不遺餘力地稱讚李大釗是「最特出的」，是共產主義知識分子最初的偉大的代表，是介紹馬克思學說最早的一人，但是僅憑這一個人，無論如何也無法完成對新文學史的敘述，更何況具體到新文學方面，李大釗言論甚少。至於魯迅，終其一生都沒有加入中國共產黨。雖則毛澤東推崇魯迅爲文壇領袖，他1918年發表的《狂人日記》也被視爲新文學奠基之作，但是在思想上，連魯迅都承認自己

〔註110〕周揚：《新文學運動史講義提綱》，《文學評論》1986年第2期，第104頁。
〔註111〕成仿吾：《從文學革命到革命文學》，1928年2月《創造月刊》第1卷第9期。
〔註112〕成仿吾：《打發他們去！》，1928年2月15日《文化批判》第2號。

並非先知先覺者，更非登高一呼，響者雲集的英雄，而是聽「將令」的一名「小卒」而已。這對於強調文學運動思想性、理論性的《新文學運動史講義提綱》來說，自然也是不夠的。因此，周揚在講義中論述新文化運動的思想內容時，只提到了魯迅的《我們現在怎樣做父親》一文，稱魯迅在文中的主張是一種「合乎科學的，充滿真正民主精神的新倫理道德標準，也可以說是一種與共產主義原則相吻合的標準。」〔註113〕這已經在相當大的程度上拔高了魯迅的思想，以與新民主主義理論所要求的「無產階級領導權」相配合。

由此也可以看出，周揚是力圖以新文化、新文學運動來配合新民主主義論框架的，這種企圖在講義中時時閃現。例如他在論述新文學運動「人的自覺」的新精神、新內容時，先闡述了周作人「人的文學」主張，然後說新文學創作裏面開始出現了「人」，這種「人」，「不同於西歐資產階級擡頭期的文學，在作品中登場的不是中等階級的人物，家庭的好丈夫，而是農民和知識分子，這些民主革命之主要的真正的力量，由此也可以說明中國新文學從一開始以來的新民主主義性質」〔註114〕。

無論出於何種動機，周揚在講義中對胡適等人的評價，在今天看來仍然不低，如果再和他的左翼立場相聯繫，甚至可以說有點令人驚訝。不過周揚卻對新文學賴以確立的理論基礎——胡適的「文學進化論」並不贊同。他認為胡適「一時代有一時代之文學」、「每一類文學總是從極低微的起源，慢慢的，漸漸的，進化到完全發達的地位」的說法違背了文學歷史的事實——它無法說明文學隨時代變遷，時代又因何變遷，又何以在同一時代同時存在兩種或兩種以上不同的或相反的文學；各種類型的文學可以由低微的起源進化到完全發達，也可以從完全發達退化到低微的進步，又如何解釋。周揚以為，「作為一種思想方法，這個進化論是全然不對勁的，他缺乏歷史主義，缺乏歷史唯物論的觀點。假如說進化論在當時有積極的意義的話，那僅在於它辯護了白話是歷史的合法權利一點。」〔註115〕

周揚對於進化論的批評，還有一定道理。把生物學意義上的進化論嫁接到文學方面，自然有其弊病——從價值觀上來說，作為人類文化的重要組成部分，對文學不能完全沿用「物競天擇、適者生存」的規則，任何時代的文

<hr />

〔註113〕周揚：《新文學運動史講義提綱》，《文學評論》1986年第2期，第102頁。
〔註114〕同上註，第104頁。
〔註115〕同上註，第106頁。

學都是人類文化寶庫中的財富，而不應該以「新」、「舊」時代定其價值。創造新文學，可以借鑑舊文學、文言文學，單單出於憤激之心，說那是「死文學」，自然是有失公允。但是從周揚所強調的文學史事實來說，進化論也有它的合理性成分——文學代有變遷，這在中國文學史上是不爭的事實。單從文學形式上來說，王國維在《人間詞話》中就已經指出，四言敝而有楚辭，楚辭敝而有五言，五言敝而有七言，古詩敝而有律絕，律絕敝而有詞，就說明了這一點。在王國維看來，一種文體通行既久，於是難免成為習套、桎梏，即使大作家也很難於其中自出己意，於是開始進行新的嘗試而求得解脫，一切文體之所以有盛有衰，都是這個原因。至於胡適把舊時代文學的存留（如中國傳統戲劇中的樂曲、臉譜，嗓子，臺步，武把子等等）統統當作社會學上的「遺形物」（Vestiges or Rudiments），等之於男子的乳房，認為形式雖存，作用已失，〔註116〕是將文學當作生物，難免偏頗，但是他所說的「此時代與彼時代之間，雖皆有承前啓後之關係，而決不容完全抄襲；其完全抄襲者，決不成為眞文學」〔註117〕，卻也是不移的道理。

顯然，周揚沒有看到這一點，他對文學進化論的合理性沒有作出充分肯定。作為一個左翼理論家，周揚不應該不知道馬克思主義本身對於進化論的借鑑與吸收。這似乎也可以說明，當時的周揚還不能算是一個「純粹」的馬克思主義文藝理論家。同時，他對於文學進化論的批評也把他和此前一些左翼文學家區別開來。郭沫若在《革命與文學》一文中就曾經從一種極為激進而且簡單化的文學進化論觀念出發來提倡無產階級文學。他在文中將歐洲文學史上文學創作方法的發展與社會生活的變遷稍加比附後，得出結論：「凡是新的總就是好的，凡是革命的總就是合乎人類的要求」，「在歐洲今日的新興文藝，在精神上是徹底表同情於無產階級的社會主義的文藝，在形式上是徹底反對浪漫主義的寫實主義的文藝。這種文藝，在我們現代要算是最新最進步的革命文學了。」〔註118〕

由此可以看出，左翼陣營對文學進化論的理解是有分歧的，「激進」有時候也不一定就和進化論掛鉤。實際上，周揚更主張去吸收傳統中的營養，來

〔註116〕胡適：《文學進化觀念與戲劇改良》，《中國新文學大系·建設理論集》，上海良友圖書印刷公司 1935 年版，第 380 頁。

〔註117〕胡適：《歷史的文學觀念論》，《中國新文學大系·建設理論集》，上海良友圖書印刷公司 1935 年版，第 57 頁。

〔註118〕郭沫若：《革命與文學》，1926 年 5 月 16 日《創造月刊》第 1 卷第 3 期。

構建新興階級的文學樣式。這種態度是開放的、具有包容性的。但是周揚的政治立場對這種開放與包容產生了某種程度的限制，使他仍然不能真正從狹隘的文學觀念中擺脫出來。周揚崇奉的是左翼現實主義，在他看來，「現實主義」、「大眾」才是文學應當追求的。《新文學運動史講義提綱》之所以對「五四」新文學進行肯定，主要也是因為周揚從中挖掘出了「現實主義」的因素：「五四新文學運動是一個文學上的現實主義運動，當時所倡導的大體上都是為人生的文學的主張。……五四初期的作者都沒有以文學為閒書，而都把它當作改革的器械，而他們作品的主要價值，也就在於其鮮明的傾向性和教育的啟蒙的作用，那是完全符合於當時民主主義的要求的。」〔註 119〕新詩也是如此：「五四初期新詩的基本精神是現實的、大眾的。他們不但主張了白話入詩，而且提倡了詩歌內容的平民化。」〔註 120〕至於魯迅──這位周揚在講義中唯一對其作品進行具體評價、分析的重要作家，周揚自然也是強調了其作品的現實主義性質。他認為《狂人日記》及相繼發表的《孔乙己》、《藥》都是「嚴峻的現實主義」〔註 121〕的作品，是對於封建制度和思想的最有力的控告。周揚對現實主義的這種強調，其實是左翼文學的一個共性：郭沫若早在《革命與文學》中就已斷言浪漫主義文學是「反革命」的文學；周揚自己也在 1932 年發表《關於「社會主義的現實主義與革命的浪漫主義」──「唯物辯證法的創作方法」之否定》的名文，提倡蘇聯創造的「社會主義的現實主義」口號。周揚的講義始終未能擺脫其唯現實主義獨尊的局限性，這當然也並非他個人的問題。

不管怎麼說，周揚的《新文學運動史講義提綱》對政治上的異己者還是表現出了極大的寬容，所以《文學評論》為之所加的編者按對此也表示了欣賞：「周揚同志這份講稿，是一篇主要從社會歷史角度著眼的批評文章。……這與後來被庸俗化了的社會學批評是很不同的。這份講稿可以幫助我們理解科學的社會歷史批評的特點和優點。也可以幫助我們認識科學的社會學批評與庸俗的、機械的社會學批評的區別。」〔註 122〕

〔註 119〕周揚：《新文學運動史講義提綱》，《文學評論》1986 年第 2 期，第 104 頁。
〔註 120〕同上註，第 107 頁。
〔註 121〕同上註，第 108 頁。
〔註 122〕參看《文學評論》1986 年第 1 期，第 20 頁。

七、新民主主義與啓蒙主義的扭結：王瑤的《中國新文學史稿》

　　《中國新文學史稿》是中國現代文學史學科的奠基之作，作者王瑤是朱自清在清華大學及西南聯大時期的學生。王瑤於 1934 年考入國立清華大學中國文學系；1943 年 9 月考入清華大學文學院中國文學部，師從朱自清攻讀中古文學；1946 年 8 月被聘爲清華大學中文系教員。在 1949 年清華大學的教學改革中，「新文學」逐漸成爲中文系一門主要課程，王瑤乃改教中國新文學史，並開始著手編寫《中國新文學史稿》上冊。〔註123〕1950 年中國新文學史學科初創後，許多大學也開設了相應的課程，很多教師來信向王瑤索取講義或大綱，由此可見本書的影響。

　　《中國新文學史稿》是依照毛澤東的《新民主主義論》、《在延安文藝座談會上的講話》的精神來編寫的。黃修己在《中國新文學史編纂史》中曾明確指出：「《史稿》（指《中國新文學史稿》）既是在新政權剛剛取代了舊政權的歷史背景下產生，它自然站在新政權的一邊，歌頌爲新政權的誕生而克盡其職的文學，批判曾經反對過這種文學的其他各種文藝派別。同時，也用毛澤東的《新民主主義論》、《在延安文藝座談會上的講話》中的觀點來統帥全書。唯其如此，《史稿》才具有開創中國新文學史學科的資格。」〔註124〕

　　翻開此書，不難發現新民主主義思想的文學史表達。《緒論》一開始，就開宗明義：

　　　　中國新文學的歷史，是從「五四」的文學革命開始的。它是中
　　　國新民主主義革命三十年來在文學領域中的鬥爭和表現，用藝術的
　　　武器來展開了反帝反封建的鬥爭，教育了廣大的人民；因此它必然
　　　是中國新民主主義革命史的一部分，是和政治鬥爭密切結合著的。
　　　新文學的提倡雖然在「五四」前一兩年，但實際上是通過了「五四」，
　　　它的社會影響才擴大和深入，才成了新民主主義革命的有力的一翼
　　　的。〔註125〕

再有，《中國新文學史稿》也是基本按照《新民主主義論》所確定的標準來劃分新文學史發展階段的，而且特別突出了《在延安文藝座談會上的講話》的

〔註123〕該書上冊 1951 年 9 月由開明書店出版，下冊於 1953 年 8 月由上海新文藝出版社出版。
〔註124〕黃修己：《中國新文學史編纂史》，北京大學出版社 1995 年版，第 140 頁。
〔註125〕王瑤：《緒論》，《中國新文學史稿》上冊（《王瑤全集》第 3 卷），河北教育出版社 2000 年版，第 35 頁。

地位。該書將「五四」以來的新文學史劃分爲四個階段：第一個階段是 1919 年到 1927 年，相當於毛澤東《新民主主義論》裏所分的第一第二兩時期；第二個階段是 1927 年到 1937 年的十年，相當於《新民主主義論》的第三時期；第三個階段是 1937 年到 1942 年的五年，即從抗戰開始到《在延安文藝座談會上的講話》的發表，抗戰期間前五年的文學；第四個階段是 1942 年到 1949 年的七年，即自《在延安文藝座談會上的講話》的發表到中華全國文學藝術工作者代表大會召開的時期。

對於爲什麼要以《在延安文藝座談會上的講話》爲分期標準，王瑤解釋說：「我們不以抗戰八年爲一期，而以《在延安文藝座談會上的講話》爲分期的界線，就因爲這講話實在太重要了；解決了新文學運動以來的許多問題，使文學運動和作家的實踐都有了一個明確的方向。而且歷史證明了這講話的正確性，我們已有了好多優秀的善於爲工農兵服務的作家和作品。這是新文學發展的方向問題，也是由左聯提倡大眾化以來，進步作家們努力企圖解決而沒有得到徹底解決的問題。這是新文學建設上的關鍵。只有爲什麼人服務的問題得到解決，新文學才有可能走上健全發展的大道。」〔註 126〕

王瑤的《中國新文學史稿》如此突出政治，又幾乎亦步亦趨地按照毛澤東文藝思想對新文學進行了論述。在新的政治語境中，它似乎應該成爲一種典範、一種標準。但其實不然。

1952 年 8 月，國家出版總署與《人民日報》共同召開了一個關於《中國新文學史稿》（上冊）的座談會。在這次由葉聖陶主持的會議上，與會者雖然對王瑤的著作有讚揚，但是批評的聲音更加強勁。發言者大多認爲《中國新文學史稿》的政治性、思想性還不夠強，體現出一種「純客觀」的態度，缺乏階級觀點和階級分析，使新文學發展過程中的主流、支流、逆流不分，特別是沒有把主流突出出來。

如果說這次座談會對王瑤的著作還基本上保持了學術態度，那麼到了 1955 年「胡風反革命集團」事件爆發後，因爲《中國新文學史稿》下冊中對七月詩派多有肯定，甚至以胡風詩集《爲祖國而歌》的書名作爲第三編第十二章的標題，對該書的批評變得更加嚴厲。〔註 127〕

〔註 126〕王瑤：《緒論》，《中國新文學史稿》上冊（《王瑤全集》第 3 卷），河北教育出版社 2000 年版，第 56 頁。

〔註 127〕在後來重版的《中國新文學史稿》中，王瑤努力和胡風的觀點劃清界限。他認爲，「五四」新文學的主流是現實主義，但它既不同於中國古典作品中的現

　　和前一次頗爲一致的是，這次的批評也集中在王瑤著作的客觀主義傾向上。甘惜分在《清除胡風反動思想在文學史研究工作中的影響——評〈中國新文學史稿〉（下冊）》中認爲，《中國新文學史稿》按詩歌、小說、戲劇、散文等類排列起來的體例，是王瑤的「資產階級客觀主義」和「研究問題的形式主義方法結合在一起」〔註128〕的結果。

　　對於《中國新文學史稿》的「客觀主義」的指責，王瑤自己也是承認了的。他在進行檢討的時候著重對此進行了自我批判：「我想，我的一切錯誤的根源就在這裡，由於自己的出身、經歷、教養等等的關係，思想上長期地受著資產階級的濃重影響；一貫地脫離實際、脫離政治，就使自己在尖銳的階級鬥爭面前，反而表現了一種爲學術而學術的客觀主義傾向。」〔註129〕

　　那麼，這種「客觀主義」的評價是否準確？如果離開當時具體的歷史環境，不把「客觀主義」僅僅作爲一個貶義詞，王瑤的著作確實有一種「客觀主義」傾向，或者說「客觀性」傾向。而這種客觀性，其實是王瑤從朱自清那裡繼承的一種學術風格。

　　王瑤的《中國新文學史稿》所受朱自清的影響，首先體現在治學觀念、態度和方法上。

　　王瑤是由治中古文學轉行到新文學研究的。在 1949 年改教中國新文學史之前，他在中古文學研究領域已經取得相當的成就，其著作《中古文學史論》更是爲人所稱道：「這部書不僅本身具有很高的學術價值，而且在文學史的寫作上，也提供了一種全新的模式，爲後出許多同類書籍所取法。」〔註130〕王瑤不僅在該書的寫作過程中得到過很多朱自清的指導，每一篇寫成後都請朱自清過目，其文學史觀也深受朱自清影響：「我自己對於文學史的看法，和朱

實主義，也不同於歐洲的批判現實主義，而是在特定的歷史條件下以中國現實生活爲土壤而產生和發展的，因此決不能像周作人那樣把它解釋爲對明朝「公安派」和「竟陵派」的繼承，也不能像胡風那樣把它解釋爲西歐資產階級文學的「一個新拓的支流」。參看《「五四」新文學前進的道路——重版代序》，《中國新文學史稿》上冊（《王瑤全集》第 3 卷），河北教育出版社 2000 年版，第 18 頁。

〔註128〕甘惜分：《清除胡風反動思想在文學史研究工作中的影響——評〈中國新文學史稿〉（下冊）》，《文藝報》1955 年第 19 號。

〔註129〕王瑤：《從錯誤中汲取教訓》，《王瑤全集》第 7 卷，河北教育出版社 2000 年版，第 280 頁。

〔註130〕程千帆：《念昭琛》，《王瑤先生紀念文集》，天津人民出版社 1990 年版，第 41 頁。

先生是完全一致的。多少年來在一起，自信對於朱先生的治學態度也有相當的瞭解，也常常在一起討論……」〔註131〕朱自清那種站在「人性」的立場上，對古文學加以批判的接受、欣賞的態度，也得到了王瑤的認同。

當然，僅從此一點並不能說明王瑤的《中國新文學史稿》對朱自清的《中國新文學研究綱要》的繼承性，兩者之間的差別還是非常明顯的：朱自清的講義只是一個綱目性的章節提綱，是尚未完成的新文學史著作，就時間段而言，只論及新文學運動開始到30年代初的新文學創作；王瑤的著作則洋洋50多萬字，一直論到1949年的新文學，而且形成了比較完整的體系。兩者的傾向性也不一樣：朱自清在《中國新文學綱要》中對狹隘的左翼文學思潮表示出不滿，而王瑤的《中國新文學史稿》採用的是新民主主義論框架，對於文學史上的左翼文學思潮當然會大力推崇。

但是這些都無法掩蓋《中國新文學史稿》對於《中國新文學研究綱要》的繼承與借鑒。其最明顯的特徵就在於，《中國新文學研究綱要》為《中國新文學史稿》開創了研究範式〔註132〕。

從朱自清的《中國新文學研究綱要》和王瑤的《中國新文學史稿》在體例上的一致性，可以清晰地看出朱自清的講義對王瑤的著作所發揮的「示範作用」。王瑤的著作先按不同的時期分編：第一編「偉大的開始及發展（1919～1927）」、第二編「左聯十年（1928～1937）」、第三編「在民族解放的旗幟下（1937～1942）」、第四編「沿著《講話》指引的方向（1942～1949）」。王瑤著作每一編的體例，基本上都是按照朱自清《中國新文學研究綱要》「總論」──「分論」的框架來設置章節的。

以第一編為例。該編分為五章：第一章「從文學革命到革命文學」，概括地描述1919～1927年之間的文學發展脈絡、思想鬥爭、文學社團不同傾向的

〔註131〕王瑤：《中古文學史論·初版後記》，《王瑤全集》第 1 卷，河北教育出版社 2000 年版，第 361 頁。

〔註132〕「範式」（Paradigm）這一概念來自庫恩（Thomas S. Kuhn），學界對它的理解有許多歧義。按照余英時的看法，「範式」有廣義和狹義兩種，前者涉及全套的信仰、價值和技術（entire constellation of believes, values and techniques）的改變，後者則指具體的研究成果發揮示範（shared examples）作用。參看〔美〕托馬斯·庫恩著，金吾倫、胡新和譯：《科學革命的結構》，北京大學出版社 2003 年版；余英時：《中國近代思想史上的胡適──〈胡適之先生年譜長編初稿〉序》，《重尋胡適歷程：胡適生平與思想再認識》，廣西師範大學出版社 2004 年版，第 172 頁。

創作態度等等，這其實相當於朱自清的「總論」中的「經過」、「『外國的影響』與現在的分野」等章，只不過缺少晚清新文學運動發生的「背景」而已；第二章是「覺醒了的歌唱」，論述本時期的新詩歌；第三章是「成長中的小說」；第四章是「萌芽期的戲劇」；第五章是「收穫豐富的散文」。朱自清講義中的「各論」也是按照「詩」、「小說」、「戲劇」、「散文」的順序排列的。唯一不同的是，朱自清的講義中爲「文學批評」專設一章，這是王瑤的著作中所沒有的。

　　在文學史體例安排問題上，王瑤對朱自清的繼承是有自覺意識的。王瑤在《先驅者的足跡──讀朱自清先生遺稿〈中國新文學研究綱要〉》中曾經這樣說：「長期以來，這種先總論然後按文體分類來寫文學史的方法就爲一些人所詬病；的確，事實上是有少數擅長多種文體的作家，例如郭沫若，就詩歌、小說、戲劇、散文都寫過，而用這種按文體分類評述的方法自然會把一個作家的創作分割於不同的章節，就不容易使讀者得到完整的印象。但事情有利就有弊，歷史現象總是錯綜複雜的，當人們用文字來敘述歷史過程時，只能選擇那種最容易表現歷史本來面目和作者觀點的體例，很難要求一點條件也沒有。這正如舊小說中的『話分兩頭』一樣，其實兩件事實是同時發生的，但作者只能分開敘述。文學史的體例安排也是這樣，撰述者只能權衡輕重，擇善而從；對於由此帶來的一些難以避免的缺陷，他當然可以用一些補救的辦法使讀者領會，但任何一種體例安排都不可能完美無缺。」〔註133〕這不僅是王瑤爲朱自清講義體例進行的辯護，也說明了他自己的文學史寫作方法的淵源所在。

　　這種體例（研究範式）的影響，絕不是一件小事。黃修己就說：「不要看輕了體例」，「體例就是探尋現象與本質『合而爲一』的成果，是這一成果的最合適、最貼切的表現形態，也是科學工作的重要部分。」〔註134〕如果文學史書寫的框架不同，關注的重點也就各異，結論就必然有分歧。在「把文學史還給文學」的意義上來說，這種先總論，後按文體「分論」的體例無疑有它的長處。

　　除了體例安排上的一致性，在王瑤的著作中還可以時時發現作爲文學史家的朱自清的存在。

〔註133〕王瑤：《先驅者的足跡──讀朱自清先生遺稿〈中國新文學研究綱要〉》，朱喬森編：《朱自清全集》第 8 卷，江蘇教育出版社 1996 年版，第 129～130 頁。
〔註134〕黃修己：《中國新文學史編纂史》，北京大學出版社 1995 年版，第 527 頁。

　　朱自清對新詩保持了一貫的熱情，從其《中國新文學研究綱要》中可以看到，「詩」這一章也是朱自清最為用力之處。而王瑤在《中國新文學史稿》中論述新詩的時候，就反覆引用朱自清的觀點。比如，當王瑤談到「湖畔詩派」成員潘漠華、馮雪峰、應修人、汪靜之的新詩的時候，首先引用的就是朱自清為《中國新文學大系》編選詩集所寫導言中的論斷：「中國缺少情詩，有的只是『憶內』『寄內』，或曲喻隱指之作；坦率告白戀愛者絕少，為愛情而歌詠愛情的更是沒有。……真正專心致志做情詩的，是《湖畔》的四個年輕人。他們那時候差不多可以說生活在詩裏。潘漠華氏最是淒苦，不勝掩抑之致；馮雪峰氏明快多了，笑中可也有淚；汪靜之氏一味天真的稚氣；應修人卻嫌味兒淡些。」隨後王瑤還說：「朱自清氏對於他們作風的扼要評語，是極精到的。」〔註135〕

　　再比如，王瑤在評述「模仿法國象徵派的詩人李金髮」的時候，也大段引用了朱自清為《中國新文學大系》所選詩集寫的導言中對李金髮的論述：「他的詩沒有尋常的章法，一部分一部分可以懂，合起來卻沒有意思。他要表現的不是意思而是感覺或感情；彷彿大大小小紅紅綠綠一串珠子，他卻藏起那串兒，你得自己穿著瞧。這就是法國象徵詩人的手法；李氏是第一個人介紹它到中國詩裏。許多人抱怨看不懂，許多人卻在模仿著。他的詩不缺乏想像力，但不知是創造新語言的心太切，還是母舌太生疏，句法過分歐化，教人像讀著翻譯；又夾雜著些文言裏的歎詞助詞，更加不像——雖然也可以說是自由詩體制。」王瑤認為朱自清對李金髮的批評是很「客觀中肯」的。〔註136〕王瑤自己對李金髮的評價也與朱自清相當一致：「利用文言文狀事擬物的辭彙，補足詩的想像，努力作幻想美麗的詩，是他的特點。他要表現的是『對於生命欲揶揄的神秘及悲哀的美麗』。」〔註137〕。

　　當然，僅僅從《中國新文學史稿》裏尋找一些論點來證明王瑤對於朱自清的繼承性是膚淺的，用來論證《中國新文學史稿》對於《中國新文學研究綱要》的繼承性更是文不對題。王瑤對於朱自清、《中國新文學史稿》對於《中國新文學研究綱要》的繼承，除了文學史編纂體例以外，更主要地體現為前

〔註135〕王瑤：《中國新文學史稿》上冊（《王瑤全集》第3卷），河北教育出版社2000
　　　　　年版，第111頁。
〔註136〕同上註，第130頁。
〔註137〕同上註。

面所說的「客觀性」風格。如果說朱自清及其講義的客觀性來自於他謹慎、客觀的治學態度，在文學史寫作中習慣於引用前人的見解，表現出一定的意識形態模糊性並著重對作家作品的藝術技巧進行評析的話，那麼王瑤的《中國新文學史稿》的客觀性和朱自清的講義並無二致。

首先，王瑤的著作也習慣於引用前人的見解。以第一章爲例，從後面列出的注釋來看，本章有 4 處來自毛澤東著作的引文；有 8 處引用了魯迅的觀點；引用茅盾者有 9 處；瞿秋白有 5 處；其他如胡適、錢玄同、傅斯年、劉半農、陳獨秀、蔡元培、郭沫若、成仿吾、葉紹鈞、馮雪峰、鄭振鐸、羅家倫、阮無名、嚴復、章士釗也都列名於其中。在正文中被引用的還有周作人「人的文學」的口號等等。

這種對別人觀點的大量引用，王瑤也是有意而爲之：「由於我想到這一工作（指撰寫《中國新文學史稿》）容易犯錯誤，於是我就在寫作中力求『穩妥』，辦法之一就是多引用文藝界的一些著名批評家的意見，而少發表我個人的看法。這是和我的所謂客觀主義的方法相聯繫的，我以爲這樣可以少犯錯誤。」〔註 138〕

其次，《中國新文學史稿》同樣在意識形態方面具有某種程度的模糊性。在前面所述《中國新文學史稿》第一章中被引用者的一大串名單中，王瑤只對嚴復和章士釗持完全否定的態度，對胡適雖然不乏批判，也肯定了其正面價值：「胡適的文學改良主張，反映了白話文代替文言文的歷史趨勢，在當時有一定的進步意義……」〔註 139〕

另外，從《中國新文學史稿》第一章的引文可以看出，該書用來評價「五四」新文學時所徵引的理論有兩個來源：一是毛澤東的《新民主主義論》和郭沫若、馮雪峰、瞿秋白等左翼評論家的文章；二是以《中國新文學大系》編選者爲主的新文化運動評論家的文章。這兩者之間是有差別的：《中國新文學大系》強調的是「新」、「舊」文化之別，而《新民主主義論》強調的是政治上的「左」「右」之分。

顯然王瑤沒有將這兩種理論來源背後的立場完全區別開來。他所理解的「新」，除了有毛澤東《新民主主義論》中「新」的含義外，也並不排斥「五

<hr>

〔註 138〕王瑤：《〈中國新文學史稿〉的自我批判》，《王瑤全集》第 7 卷，河北教育出版社 2000 年版，第 335 頁。
〔註 139〕王瑤：《中國新文學史稿》上冊（《王瑤全集》第 3 卷），河北教育出版社 2000 年版，第 65 頁。

四」啓蒙主義者們那種與「舊」相對立的「新」:「由『五四』開始的中國現代文學,人們一向習慣稱為『新文學』。這個『新』字的意義是與主要產生於封建社會的『舊文學』相對而言的,說明它『從思想到形式』都與過去的文學有了不同的風貌。」〔註 140〕當然,對王瑤來說,這種對「新」的理解,也是可以被置於新民主主義論的框架之內的:「以舊民主主義革命時期而論,當然已經有人把西方民主主義的文化思想和進步文學介紹到中國來,但由於中國資產階級的軟弱,這些介紹新思想的知識分子本身仍然與封建文化有著密切的聯繫,因而他們不敢把新事物和舊事物對立起來,並採取戰鬥的態度;反而企圖在兩者之間尋求聯繫和共同點,尋求調和與妥協的辦法。」〔註 141〕通過和舊民主主義革命劃清界限,王瑤實際上是肯定了「五四」新文學的積極意義,對「五四」新文學中所包含的「支流」、「逆流」成分併沒有過多批判。

這說明了王瑤將「五四」啓蒙主義的新文學史觀和以《新民主主義論》為核心的「革命」文學史觀相結合的著史思路。這種思路,又決定了王瑤對「五四」以來新文學的「模糊」認識。王瑤雖然參加了《中國新文學史教學大綱(初稿)》的草擬工作,〔註 142〕強調新文學的「新民主主義」性質,認為新文學的傾向主要是「反帝反封建的」,「中國新文學史既是中國新民主主義革命史的一部分,新文學的基本性質就不能不由它所擔負的社會任務來規定;一切企圖用資本主義社會文藝思潮的移植,或嚴格的無產階級的社會主義文學內容來作概括說明的,都必然會犯錯誤。」〔註 143〕但是他的《中國新

〔註 140〕王瑤:《「五四」新文學前進的道路──重版代序》,《中國新文學史稿》上冊(《王瑤全集》第 3 卷),河北教育出版社 2000 年版,第 3 頁。

〔註 141〕同上註,第 8 頁。

〔註 142〕《中國新文學史教學大綱(初稿)》,《王瑤全集》第 7 卷,河北教育出版社 2000 年版,第 253 頁。1952 年 11 月,蔡儀的《中國新文學史講話》由新文藝出版社出版。本書原來是蔡儀 1949 年在華北大學(第二部)國文系講授中國新文學史的記錄整理稿,其中的內容和教育部《中國新文學史教學大綱(初稿)》的「緒論」部分很多相同。比如先講什麼是新文學,認為新文學不是「白話文學」、「國語文學」、「國民文學」、「平民文學」;再講新文學也不是「無產階級革命文學」,儘管 30 年代已經有無產階級文學的倡導,但如果認為革命運動的主流是無產階級推翻資產階級的革命運動,無產階級革命文學就是反映這種革命的文學,那就是「左」傾幼稚病的看法等等。蔡儀也參加了教育部制訂新文學史教學大綱的工作,以上這些內容顯然被吸收進了新文學史教學大綱。

〔註 143〕王瑤:《中國新文學史稿》上冊(《王瑤全集》第 3 卷),河北教育出版社 2000 年版,第 40 頁。

文學史稿》把新文學理解得太具有內在一致性，沒有搞清當時權力話語強調的「主流」、「支流」和「逆流」的分別——雖然他也強調這種新文學是無產階級領導的：「我們的新文學是反映了中國人民新民主主義革命的歷史要求和政治鬥爭的，……我們的新文學已是世界無產階級革命文學的一部分，因爲它是爲無產階級所領導，而且是有利於無產階級的解放的。」〔註144〕

問題的關鍵之處在於，毛澤東的《新民主主義論》強調的是無產階級的領導權、文學的社會主義方向。儘管《中國新文學史稿》是1949年後最早將《新民主主義論》應用於文學史寫作中的，但這主要體現於「緒論」中。在正文中，他一面批評胡適等人的軟弱性，一面又承認他對於新文學的實際貢獻；在批評胡適的詩歌只是一些「概念化」的句子的同時，又認爲「頗可以看出他（指胡適）曾經有過一點『嘗試』的進步思想的」〔註145〕。

王瑤的《中國新文學史稿》將啓蒙主義思想與「新民主主義」的革命論斷摻雜在一起的做法與稍後丁易的《中國現代文學史略》〔註146〕以及劉綬松的《中國新文學史初稿》〔註147〕相比，更顯示出該書在意識形態方面離時代的政治要求有相當的距離——後兩者都是嚴格依照《新民主主義論》強調的新文學中「社會主義因素」的「成長壯大」來描述新文學史並以此來篩選作家的。

這樣看來，《中國新文學史稿》在意識形態方面確實有一定的「模糊性」。另外，王瑤對作家作品的藝術性非常看重。他和朱自清一樣表現出對「新月派」詩歌某種程度的青睞，同時也對某些左翼作家的藝術技巧進行批評：「郭沫若曾說《少年漂泊者》是『革命時代的前茅』，從表現『五四』到『二七』這一段時間中一些進步青年的歷程說，『前茅』是可以說的。但書中說明議論的地方過多，人物有些概念化，技巧上不算成熟。」〔註148〕又如他評價太陽社詩人錢杏邨的《荒土》、馮憲章的《夢後》時也說：「內容是革命的，但一般的仍然是吶喊多於描寫，概念化的傾向很重。」〔註149〕

〔註144〕王瑤：《中國新文學史稿》上冊（《王瑤全集》第3卷），河北教育出版社2000年版，第43頁。

〔註145〕同上註，第107頁。

〔註146〕丁易：《中國現代文學史略》，作家出版社1955年版。

〔註147〕劉綬松：《中國新文學史初稿》，作家出版社1956年版。

〔註148〕王瑤：《中國新文學史稿》上冊（《王瑤全集》第3卷），河北教育出版社2000年版，第157頁。

〔註149〕同上註，第260頁。

意識形態的模糊性與對文學作品藝術技巧的要求，正是朱自清《中國新文學研究綱要》之「客觀性」的內涵。於是「客觀性」就成爲《中國新文學史稿》從《中國新文學研究綱要》，也即是王瑤從朱自清繼承而來的學術品格。

伴隨時代潮流而生的《中國新文學史稿》最終卻因爲跟不上時代潮流而不斷遭到批判，主要就是因爲其「客觀性」（在批判中，「客觀性」一詞往往變成了貶義的「客觀主義」）。儘管王瑤不斷地做檢討，《中國新文學史稿》還是在 1955 年被停止使用了。原因很簡單：當時的政治要求大學體制生產出來的知識必須體現越來越「純粹」的意識形態，而極具「客觀主義」色彩的《中國新文學史稿》不可避免地和「不斷革命」的思想再一次發生了強烈衝突。

沒有傾向性、純粹客觀中立的人或者著作是不存在的。魯迅說：「人體有胖和瘦，在理論上，是該能有不胖不瘦的第三種人的，然而事實上卻並沒有，一加比較，非近於胖，就近於瘦。文藝上的『第三種人』也一樣，即使好像不偏不倚罷，其實是總有些偏向的，平時有意的或無意的遮掩起來，而一遇切要的事故，它便會分明的顯現。」〔註 150〕正如文藝上不存在「不偏不倚」的「第三種人」一樣，文學史敘述中也不可能有絕對的客觀性。

因此，很多所謂的「客觀」往往只是特定情境下的一種遁詞。丁帆在談及 20 世紀 90 年代的文化弊端時就曾經寫到：「90 年代，隨著主流話語控制的逐漸解壓，很多知識分子產生了身在邊緣的幻覺。……『在邊緣』與價值判斷消弭的等式使現代化中的學術研究誤入迷途。就現代文學治史方式而言，體現爲這樣的價值觀念：治史不需要文化判斷立場，只需要客觀、中性的描述；或力圖用純學術的方法切入，如用『民間話語』來置換純學術、純美學的概括，實際在無形之中化解了知識分子的人文立場。」〔註 151〕這種依靠消弭價值立場而得來的「客觀性」是虛假的，對於文學、文化研究也是非常有害的。但考察一下朱自清《中國新文學研究綱要》和王瑤《中國新文學史稿》的客觀性，就會發現，它實際上意味著一種尊重歷史事實的學術立場，一種實事求是的知識分子品格，同那種「純」學術的「客觀性」並不相同。前面已經提到，王瑤和朱自清都不是要取消自己對文學、文化的價值判斷，他們

〔註 150〕魯迅：《又論「第三種人」》，《魯迅全集》第 5 卷，人民文學出版社 1973 年版，第 129 頁。
〔註 151〕丁帆：《20 世紀後半葉中國文學研究的價值立場》，《重回「五四」起跑線》，人民文學出版社 2004 年版，第 34～35 頁。

除了對左翼文學提出過批評以外，對自己的新文學家朋友們的作品也毫不客氣。在《中國新文學研究綱要》中，朱自清不隱諱好朋友葉聖陶、楊振聲等人作品的藝術缺陷；在《中國新文學史稿》的下冊中，王瑤也嚴厲批評了吳組緗、姚雪垠、碧野、王西彥、吳祖光等人——這當然也是「客觀性」的應有之義。

第四章　校園刊物與課程語境

　　新文學登上大學課堂無疑展示了它的話語權力的成長過程。然而民國時期新文學的這種話語權力因為缺乏政治上的強力支持以及體制上的最終保障，時常會遭受到來自傳統學術話語的挑戰與衝擊，於是它的成長與特定大學校園內的語境、「小氣候」也就產生了密切關係。

　　國內較早專門研究語境問題的學者王建平在《語言交際中的藝術──語境的邏輯功能》中對於語境作了比較細緻的討論。按照他的理解，「所謂語境因素，指的是交際過程中語言表達式表達某種意義時所依賴的各種時間、地點、場合、話題、交際者的身份、地位、心理背景、時代背景、文化背景、交際目的、交際方式、交際內容所涉及到的對象以及各種語言表達式同時出現的非語言指號（如姿態、表情）等等。語境的因素是無限的。」〔註1〕也就是說，構成話語語境的因素非常多，甚至可以說人類本身的各種活動都可以構成語言的環境。

　　要想窮盡新文學課程的語境因素是不可能的，那麼，本書對校園「小氣候」的探究也只能是一種「管中窺豹」。而校園內的刊物，作為大學師生發表言論的「公共空間」，實際上就構成了新文學課程以及「新」「舊」話語的一個引力場，它應該是考察新文學課程語境的一個比較適合的參照物。

一、兼容「新」「舊」：《清華周刊》（1914～1936）

　　1929 年朱自清和楊振聲在清華大學分別開設「中國新文學研究」和「新

〔註1〕王建平：《語言交際中的藝術──語境的邏輯功能》，求實出版社 1989 年版，第 42 頁。

文學習作」、「當代比較文學」，倡導「創造我們這個時代的新文學」之前，清華校園內的學生文藝活動就已經相當繁榮。到抗日戰爭爆發前，清華校園內的各種文藝社團林立，頗爲壯觀。〔註2〕

清華校園內學生文藝活動的繁榮，也在《清華周刊》上有所反映。在總共 655 期的《清華周刊》上（1914～1936 年出版了 637 期，西南聯大復員後出版了 18 期），文學欄目始終是重要版面。從第 260 期開始，《清華周刊》又陸續出版了 11 期文藝增刊、6 期文藝專號，加上校慶紀念號中的文學創作等，數量也非常可觀。

但是，早期《清華周刊》上的文藝作品多數屬於舊文學，且往往只是學生學習之餘調劑枯燥生活的一種消遣。直到 1920 年 1 月學生會改良本刊，白話文學才漸漸成爲主流，編輯們也慢慢使「文藝欄」擺脫了原來的「餘興」性質：

> 書報代售所的報告說，代銷各書以《創造》銷數最旺，……只因情感上的糧食，本地既沒有供給，惟有盡量的輸入舶來品了。我

〔註 2〕 譬如 1916 年 9 月成立的遊藝社（林誌煌任社長、聞一多爲副社長，該社於 1919 年 2 月被正式改組爲新劇社，專門從事戲劇創作和演出）；1920 年底，翟桓、顧毓琇、梁實秋、李迪俊等成立的小說研究社（該社是後來的清華大學文學社的前身）；1921 年 11 月，聞一多、梁實秋、李迪俊、顧毓琇、翟桓、謝文炳等發起組織的文學社成立（該社分爲詩歌、戲劇、小說三組）；1922 年春天，高等科的 20 多位同學成立的戲劇社（後來的戲劇社社員達到 70 多人，歷任社長有何鴻烈、蘇宗固、李健吾以及萬家寶等等，社員們還請了蒲伯英、陳大悲爲名譽顧問，余上沅等人爲顧問。1925 年 9 月，戲劇社頒佈宗旨：研究與表演藝術的戲劇，這就使清華的演劇更加規範化）；1927 年成立的以「研究文藝爲目的」的終南社（梁敬釗任社長，朱自清爲顧問，曾請王文顯、張彭春、許地山、吳宓、黃子通、冰心、楊振聲等人到社演講）；1928 年 12 月清華大學中文系師生共同創辦的中國文學會（其宗旨是研究文學、聯絡感情並謀求中文系的發展。霍世休任該會主席，郝御風、余冠英、關絲、譚任叔等爲委員，朱自清、楊振聲等人對該會相當關注）；1933 年李長之發起組織的新的「清華文學社」（目的是「聯絡感情，交流心得」）。此外，清華校園內一些並非專門從事文學活動的學生社團組織如達德學會（1912 年成立，出版《達德雜誌》、《益智》等刊）、修業團（成立於 1918 年，由中等科三年級以下學生參加，創辦有《修業雜誌》）、美術社（1919 年秋成立）、上社（成立於 1920 年春，由聞一多、潘光旦發起）、「美司斯」（The Muses，成立於 1920 年 12 月，由聞一多、浦薛鳳、梁思成發起組織）往往也和文學有關。比如 1926 年成立的弘毅學會，雖然是個學術團體，但是其創辦的《弘毅》月刊也發表新文學作品。該月刊總編輯是陳銓，學術幹事是吳其昌，李健吾曾在《弘毅》月刊上刊出過他的作品——獨幕劇《囚犯之家》。

們清華出的出版物只寥寥三種。《年報》上沒有文藝的篇幅，只登些
詼諧，作照相圖畫的補白。《學報》板起了臉自認是書蟲的考據處，
不容文藝闖入。出版期比較密接的《周刊》一年前因私人間仇怨嫉
忌之故（痛心），遂致停刊。於是文藝饑荒一直鬧到現在，拼命的輸
入外糧。我們為應付需要起見，不得不續刊文藝增刊。

　　但為什麼不每期設一文藝欄，而必數期附一增刊呢？理由是文
藝欄含餘興色彩太濃，投稿者不很願投較好之作，而且這似乎對於
文藝與作者太不尊重……〔註3〕

這說明了清華學生在校園外新文學運動的巨大影響下，不甘落後，努力從事
新文學活動的積極心態。在這種情況下，《清華周刊》上的新文學作品數量迅
速增加，而舊文學作品數量大大減少，已經處於相當邊緣化的地位。要明白
這一點，不妨參看 1925 年 3 月 27 日該刊第 341 期上的《文藝增刊》第 9 期
目錄：

篇　目	體　裁	作　者	文　體
你看	詩歌	一多	白話
薤露詞			
題璧爾德斯萊的圖畫		梁實秋	
秋聲	評論		
歲暮	散文	顧一樵	
夢痕	詩歌	孤特	
寄與			
園外		一公	
月		一岡	
別後		螢	
破的廟殿裏	小說	魚哉	
鯉魚一雙	書信	梁治華、銘傳	文白夾雜

　　這一期《文藝增刊》上的作品體裁有詩歌、散文、小說，文體已經全用

〔註3〕 參看 1924 年 9 月 19 日《清華周刊》第 319 期上署名「傳」的文章：《「文藝
　　　　增刊」續刊旨趣》。

白話，只有書信還殘存著文言的痕跡。另外，從下面這份二、三十年代《清華周刊》總編輯和文藝欄主任的名單中，還可以看到許多後來著名的新文學作者擔任該刊領導的情況：〔註4〕

卷　次	起訖期次	起訖日期	總編輯	文藝主任
12	173～184	1919 年 6 月～ 1920 年 1 月	羅隆基	
13	185～196	1920 年 4 月～ 1920 年 9 月	浦薛鳳	
14	197～209	1920 年 9 月～ 1921 年 1 月	聞一多	
15	210～222	1921 年 3 月～ 1921 年 6 月	姚永勤	
16	223～234	1921 年 9 月～ 1922 年 1 月	潘光旦	
17	235～249	1922 年 2 月～ 1922 年 5 月	沈宗謙	
18	250～267	1922 年 9 月～ 1923 年 1 月	吳景超	
19	268～285	1923 年 2 月～ 1923 年 9 月	吳景超	
20	286～302	1923 年 9 月～ 1924 年 1 月	梁朝威	
21	303～318	1924 年 3 月～ 1924 年 9 月	梅汝璈	
22	319～334	1924 年 9 月～ 1924 年 12 月	鄧凱濤	
23	335～349	1925 年 2 月～ 1925 年 6 月	田世英	
24	350～367	1925 年 9 月～ 1926 年 1 月	賀麟	

〔註4〕 此表格參見黃延復著《水木清華：二三十年代清華校園文化》（廣西師範大學出版社 2001 年版）第 211 頁上的「二三十年代《清華周刊》基本情況一覽」，但是其中有幾處錯誤：該表所列第 34 卷的文藝主任為「徐保雄」；37 卷總編輯為「劉丙盧」；38 卷文藝主任為「孫敏棠」。現依據《清華周刊》分別更正為「朱保雄」、「劉丙盧」、「孫毓棠」。

卷　次	起訖期次	起訖日期	總編輯	文藝主任
25	368～383	1926 年 3 月～1926 年 10 月	黃恭壽	
26	384～397	1926 年 10 月～1927 年 1 月	何鴻烈	
27	398～413	1927 年 3 月～1927 年 5 月	張彝鼎	
28	414～427	1927 年 9 月～1927 年 12 月	諶志遠	
29	428～441	1928 年 2 月～1928 年 5 月	劉信芳	張大東
30	442～453	1928 年 11 月～1929 年 1 月	羅香林	枉梧封
31	454～465	1929 年 3 月～1929 年 6 月	水天同	
32	466～479	1929 年 10 月～1930 年 1 月	張大東	余冠英等
33	480～493	1930 年 2 月～1930 年 6 月	張德昌	余冠英
34	494～503	1930 年 10 月～1931 年 1 月	李振芬	朱保雄
35	504～515	1931 年 2 月～1931 年 5 月	潘如澍	郝御風
36	516～527	1931 年 11 月～1932 年 1 月	王香毓	李嘉言
37	528～539	1932 年 2 月～1932 年 5 月	劉丙廬	吳祖襄
38	540～551	1932 年 10 月～1933 年 1 月	尚傳道	孫毓棠
39	552～563	1933 年 3 月～1933 年 6 月	馬玉銘	李長植
40	564～575	1933 年 10 月～1934 年 1 月	李樹青	丁致中
41	576～589	1934 年 3 月1934 年 6 月	李洪漠	李長之

卷　次	起訖期次	起訖日期	總編輯	文藝主任
42	590～600	1934 年 10 月～ 1935 年 1 月	牛佩琮	何鳳元
43	601～613	1935 年 5 月～ 1935 年 10 月	蔣南翔	王馨迪
44	614～624	1936 年 4 月～ 1936 年 6 月	趙繼昌	鄭朝宗
45	625～636	1936 年 11 月～ 1937 年 1 月	王瑤	孔祥瑛

從上面的列表中，可以發現很多後來非常著名的新文學家和批評家如聞一多、朱保雄、吳祖襄（吳組緗）、孫毓棠、李長植（李長之）、王馨迪（辛笛）、王瑤等等。

按照一般邏輯，在已經形成了自己的文藝傳統、新文學又如此繁榮的清華大學，1929 年朱自清、楊振聲開設新文學課程，應該是一個順理成章、自然而然的。然而，實際情況卻並非如此。

1925 年朱自清進入清華教書，後來成為著名文學家、文藝批評家的李健吾也在這一年考入了清華國文系，而且被分到朱自清的班裏。李健吾向朱自清表達了自己想學習新文學的意願，但朱自清並沒有同意，反而勸說李健吾由國文系轉入西文系學習。作為一個已經成名的新文學家，朱自清當然不會對愛好新文學的學生表示反感——1928 年李健吾組織過一個「晨星社」，還曾經得到了朱自清的支持。〔註5〕朱自清之所以讓李健吾轉系，是因為當時清華國文系的空氣不適合提倡新文學。

1925 年左右，在清華這樣一個原本具有濃厚西化色彩的學校裏，〔註6〕中國傳統文化的氣息卻變得相當濃厚。當時由汪鸞翔作詞，何林一夫人作曲的清華學校校歌裏這樣寫到：「器識為先，文藝其從。立德立言，無問西東。」這樣的詞句表面上看起來並不是非常保守的，但汪鸞翔對歌詞進行解釋時曾說：「我國閉關之時，只用固有文化，已足自治；海通以後，外來文化，有勝

〔註5〕 黃延復：《水木清華：二三十年代清華校園文化》，廣西師範大學出版社 2001 年版，第 364、422 頁。

〔註6〕 黃延復甚至認為二三十年代的清華具有一種「一切仿照美國」的「殖民性格」。參看《水木清華：二三十年代清華校園文化》（廣西師範大學出版社 2001 年版）中的「緒言：清華文化的三大源頭」。

我者，亦不能不並蓄兼采共爐而冶之。故僅守固有文化，而拒絕外來文化者固非；而崇拜外來文化，以毀滅固有文比者，更無有足處也。」〔註7〕這就不難發現其中包含的對新文化運動的批評及作者的守舊立場了。

同樣是在 1925 年，學衡派主將吳宓經過在外交部任職的好朋友顧泰來的推薦，來到清華任教授，並被委任為清華學校研究院（國學科）籌備處主任，後來又被正式任命為清華研究院主任（1926 年 3 月辭職）。雖然在該院籌建時胡適曾參與意見，但因為吳宓是主任，負責具體事務，國學院的文化傾向性與新文化運動的精神相反也是很明顯的。

當時清華校園內的守舊色彩也反映在《清華周刊》上。在 1925 年秋天，也就是清華學校大學部宣告成立的新學期的開始，附於《清華周刊》的《文藝增刊》改名為《清華文藝》，另印單行本，月出一刊。1925 年僅出的 4 期《清華文藝》最顯著的特點就是刊載了大量古詩詞。其中有梁啓超的《沁園春・亡友湯濟武之子佩松遊學美國，倚聲贈行》、《浣溪沙・乙丑端午前一日，公園夜坐書感》、《亡妻李夫人葬畢告墓文》，吳宓的《水龍吟・乙丑中秋寄懷諸友》、《荷花池即景》，錢基博的《乙丑秋夜讀杜詩有感賦呈孟憲承先生三十二韻》等等。吳宓等人甚至還把外國詩歌翻譯成古體詩：吳宓翻譯了泰戈爾的《死別》、羅瑟蒂的《願君常憶我》、自昭翻譯了《靜默之情郎》等等。

雖然吳宓等人的作品數量和新文學作品相比併不算多，但是作為當時清華的教師，他們對《清華周刊》的辦刊方針的影響是很明顯的──1925 年 2 月 13 日新更換的編輯部宣言《半年之計》，序言甚至用的是騈體文。1925 年 3 月 6 日的第 338 期《清華周刊》上，本校教師衛士生發表的《周刊之新希望》，也能代表一部分守舊教師對於《清華周刊》的具體態度。文章中說：「……二，《清華周刊》應提倡同學注意中國文化也。清華同學，固有對於西方文化，耳濡目染，經相當體驗之時期者矣，環境移人，最易釀成忽視祖國文化之結果，（此為現在已有之事實）。」

因此，儘管從 20 年代之初開始新文學作品已經成為《清華周刊》雜誌文學部分的主流，但是在編輯方針上，大多數編輯又都明確表示「兼容新舊」。從 1925 年 9 月出版的《清華周刊》第 350 期開始，賀麟任該刊總編輯，其中「清華文藝」則由陳銓負責。本期的新編輯們在刊物最後的「本刊投稿簡章」

〔註 7〕　《清華校歌》、《清華中文校歌之真義》，清華大學校史研究室編：《清華大學史料選編》第 1 卷，清華大學出版社 1991 年版，第 264～269 頁。

中就明確寫到：「（一）本刊各欄均歡迎投稿，文體不拘文言白話。」這種編輯方針在此後很長一段時期內為每學期更換一次的編輯部所認同且明白宣示。

　　如此看來，《清華週刊》「新」「舊」雜糅的編輯方針明顯是受到了教師們的影響。新文學漸成潮流之後，梁啓超、錢基博、吳宓等人在《清華週刊》上的舊文學作品雖不多見，卻能反映出當時清華教師隊伍中相當強大的保守勢力。

　　這種表面上看起來「新」「舊」雜糅，實則偏於保守的風氣，在清華校園內也是由來已久。1917 胡適等人發動新文學運動後不久，清華學生就於當年11 月邀請胡適到校演講，1917 年 12 月 6 日《清華週刊》第 122 期「紀錄」欄目內還刊出了昭承的《記胡適之先生演講中國文學改良問題》一文。但是在1917 年的上半年，強烈反對新文化運動的林紓，也曾經兩次應邀到清華孔教會演講。在第一次演講中，林紓發揮孔子「信」的觀念對社會現狀大加批評。〔註 8〕1917 年 4 月 26 日《清華週刊》第 106 期上又發表了他第二次到清華演講的文稿《知恥近乎勇》，「文苑」欄目內則發表了「林琴南先生近作詩二首」：《春日過清華園至圓明園殿基徘徊久淒然有作》、《丁巳春日閒居偶成》。

　　在這種空氣中，直到清華大學正式成立、朱自清即將開設「中國新文學研究」之前的 1928 年，《清華週刊》的編輯方針仍然沒有變化。羅香林是《清華週刊》第 30 卷（1928 年 11 月開始出版）的主編，他在本卷第 1 期上發表《清華週刊的新生命》（署名香靈）一文，在釐定各欄性質時說：「文藝欄的地位在《週刊》上不弱於言論及學術。從前的文藝欄不是偏重於新文學就是趨向於舊文詞，新舊不能對照，研究的人無從比較。這學期的文藝欄要破除以前的積習，只要是在文藝場上站得住腳的東西，舊詩、舊詞、舊戲曲也好，新詩、新劇、新小說也好，翻譯也好，創作也好，長篇也好，小品也好，文言也好，白話也好，貴族的也好，平民的也好，漢文的也好，外國文的也好，只要《週刊》有空地，都可登載……」

　　其實，就清華學生而言，新文學和他們的天性更為一致——年輕人更喜歡追趕時代。而新文學、新文化才是當時的時代特色。1925 年 2 月 13 日第335 期《清華週刊》上曾發表彭光欽的《中等科國文問題》一文。該文明顯受到陳獨秀的《文學革命論》、胡適的《文學改良芻議》的影響，攻擊當時清華

〔註 8〕《林琴南先生清華孔教會演講原稿》，1917 年 2 月 22 日《清華週刊》第 97期。

校內的「復古」傾向：「教材的選擇，似乎帶教員的個性太重。因爲新教員所自來之 E 大學本有『復古』之風，染於蒼則蒼，原也是自然法則，不能跑出去的；所以他所選的教材，有好多在時代潮流上開倒車，就是不反潮流的，也多涉於『迂晦的艱澀的山林文學』式」，「我對於今後中等科教學法的主張，可分爲三項來說：（一）教材的選擇　選擇教材，應依下列標準：思想要迎合現代潮流；最低限度，亦須與現代潮流不背。文字宜平易清楚言中有物；詞章須合邏輯；語句須合文法。」

　　到《清華周刊》第 39 卷出版時，主持文藝欄的李長植（李長之）更是明確宣佈：「凡言論，學術，文藝，介紹，批評，小品，及本校新聞等稿，均所歡迎；文體以白話爲宜。」〔註9〕《清華周刊》第 42 卷的編輯們則這樣確定自己的辦刊方針：「爲避免此後周刊復淪於被漠視的孤獨的地位起見，我們決定今後周刊將不登載空談的，忘卻時代的，言之無物的文字，而歡迎討論有關國計民生的問題之作品以及根據客觀的，科學的分析而易爲一般所瞭解的學術文字。過去出專號的辦法，我們決定取消，此後採取以問題爲中心的特輯來代替。至於文藝方面我們竭力排斥無聊的，感傷的，吟風弄月的文字，而歡迎沉雄的，深刻的，能抓住時代的作品。」〔註10〕

　　傾向於新文學、新文化的青年學生們對於新文學課程自然也不會有多少反感。詩人林庚於 1928 年考入清華大學物理系，後來轉入中文系，1933 年畢業後曾任朱自清的助教並教授新文學；吳組緗於 1929 年秋天考入清華大學經濟系，一年後也轉入中文系。朱自清在清華大學開設「中國新文學研究」課程之後，曾到燕京大學、北師大等校講授「中國新文學研究」，當時的北師大學生張清常回憶朱自清上課的情形時說：

　　　　他這個課安排在星期六的下午。這個時間上課，在當時的「大
　　學堂」裏是很稀奇的。平時就常有人缺課，何況在星期六下午！……
　　何況這課是選修，更是聽憑自便。出人意料的是選課聽講的特別多，
　　只好安排在禮堂上課。一個學年從頭到尾都是座無虛席，這個號召
　　力可眞大！〔註11〕

〔註 9〕參看 1933 年 3 月 15 日出版的第 39 卷第 1 期《清華周刊》所載「本刊徵稿條例」。
〔註10〕參看 1934 年 10 月 22 日《清華周刊》第 42 卷第 1 期上所載「編後」。
〔註11〕張清常：《懷念佩弦老師》，郭良夫編：《完美的人格——朱自清的治學和爲人》，清華大學出版社 2003 年版，第 76 頁。

由此可以想見，朱自清對於清華大學的新文學氛圍起到了極大影響。以下的事例則可以作爲這種影響的實證。成立於 1928 年的清華大學中國文學會曾經出版《文學月刊》（第 1 卷題名爲《清華中國文學會月刊》，出版於 1931 年 4 月 15 日。該刊共出版有第 1 卷的 1～4 期、第 2 卷的 1～4 期和第 3 卷的 1 期。1932 年 5 月停刊），在該刊開始的幾期中，文言文和古詩詞所佔的比重較大。朱自清在《文學月刊》第 1 卷第 4 期發表了《論中國詩的出路》（署名「佩弦」），提倡向西方學習以尋找中國新詩的出路：

> ……我們的新體詩應該從現在民間流行的曲調詞嬗變出來；如大鼓等似乎就有變爲新體詩的資格。但我們的詩人爲什麼不去模仿民間樂曲（從前倒也有，如招子庸的粵謳，繆蓮仙的南詞等，但未成爲風氣）現在都來模仿外國，作毫無音樂的白話詩？這就要看一看外國的影響的力量。在歷史上外國對於中國的影響自然不斷地有，但力量之大，怕以近代爲最。這並不就是奴隸根性；他們進步得快，而我們一向是落後的，要上前去，只有先從效法他們入手。文學也是如此。這種情形之下，外國的影響是不可抵抗的；它的力量超過本國的傳統。……在外國影響之下，本國的傳統被阻過了，如上文所説；但這傳統是不是就中斷或永斷了呢？現在我們不敢確言。但我們若有自覺的努力，要接續這個傳統，其勢也甚順的。這並非空話。前大公報上有一位蜂子先生寫了好些眞正白話的詩，記載被人忘卻的農村裏小民的生活。那些詩有些像歌謠，又有點像大鼓調，充滿了中國的而且鄉土的氣息。有人嫌它俗，但卻不缺少詩味。可惜蜂子先生的作品久不見了，又沒個繼起的人。這種努力其實是值得的。……五七言古近體詩乃至詞曲是不是還有存在的理由呢？換句話，這些詩體能不能表達我們這時代的思想呢？這問題可以引起許多的辯論。胡適之先生一定是否定的；許多人卻徘徊著不能就下斷語。「世界革命」諸先生似乎就有開埠頭之意。他們雖失敗了，但與他們同時的黃遵憲乃至現代的吳芳吉，顧隨，徐聲越諸先生，向這方面努力的不乏其人，他們都不能説沒有相當的成功。他們在舊瓶裏裝進新酒去。所謂新酒也正是外國玩意兒。這個努力究竟有沒有創造時代的成績，現在還看不透；但有件事不但可以幫助這種努力，並且可以幫助上述的種種，便是大規模地有系統地試譯外國詩。

於是從第 2 卷起，白話文和新詩完全佔領了陣地，第 2 卷第 3 期甚至成了「新詩專號」。《文學月刊》第 3 卷第 1 期的「投稿條例」中雖然還宣稱來稿中的研究文章不限體例，不拘白話文言，「惟須合乎文學之範圍」，但是創作方面則已經明確要求「以新文藝為主」了。

　　然而，朱自清的這種影響，隨著楊振聲、羅家倫等人離開清華而逐漸減弱，該校新文學課程的前景也變得黯淡起來。1932 年底，清華大學中文系教授會通過了《中國文學系改定必修選修科目案》並於 1933 學年起開始實施。這個方案雖仍然保留了新文學課程，但已開始偏重古典文學的研究，新設了「國學要籍」一類科目，還將全部課程大致分為「中國文學」和「中國語言文字」兩類以培養古典文學研究人才和語言文字學研究人才。〔註 12〕

　　這時候的朱自清也有消沉的跡象。他在 1932 年 11 月 7 日出版的《清華周刊》第 38 卷第 6 期上發表的《沉默》（署名「知白」）一文就明確表現了消極避世的情緒，稱「沉默是一種哲學」，是保護自我的「最安全的防禦戰略」。1934 年 6 月 1 日出版的《清華周刊》第 41 卷第 13、14 期合刊上發表的《中國文學系概況》中，朱自清則根本沒有提及新文學：

> 研究中國文學又可分為考據、鑒賞及批評等。從前做考據的人認為文學為詞章，不大願意過問；近年來風氣變了，漸漸有了做文學考據的人。但在鑒賞與批評方面做工夫的還少。……至於創作，我們也注意；習作一科，用意就在此。研究中國語言文字，包括形聲義、文法、修辭等，所涉也甚廣博。

此後，雖然直到 1936～1937 年度在清華大學中文系課程表中還可以看到「新文學研究」，但是實際上並沒有開班。當時正在清華讀書的王瑤則在 1936 年 9 月 6 日《清華暑期周刊》第 11 卷第 7、8 合期上發表《從一個角落來看中國文學系》（署名李欽），不無抱怨地寫到：

> 雖然從《莊子》與《文選》裏學習辭彙和技巧的理論已經被前進的青年遺棄了，雖然讀經的呼聲已經不大有人提起了，可是在大學的中國文學系還都是每個學生所必修的「國學要籍」。
>
> 雖然在《大學一覽》裏說中國文學系的責任在創造中國新的文學，雖然在《嚮導專號》裏也說本系要注意文學的鑒賞和批評，可

〔註 12〕黃延復：《水木清華：二三十年代清華校園文化》，廣西師範大學出版社 2001 年版，第 333 頁。

是在《大學一覽》裏所列的七八十門學程當中，涉及近代文學的也
只有「新文學研究」和「習作」兩門，然而也有好幾年沒開班了。
〔註13〕

由此看來，朱自清等人的新文學課程，確實得到了清華學生們歡迎，但是迫
於清華大學國文系教師隊伍中守舊勢力的壓力，「中國新文學研究」才不得不
停課。此後隨著抗日戰爭的全面爆發，清華大學也爲避戰亂而南遷，與北大、
南開合併，新文學課程的發展也進入了另一個新階段。

二、論爭在繼續：《國文月刊》（1940～1949）

西南聯大的新文學課程較之此前的清華大學大有改觀。1939 年秋天，由
朱自清、羅常培擬訂，教育部公佈的大學中文系必修選修科目表將新文學課
程列入其中。楊振聲在 1938～1939 學年的下學期開設了「現代中國文學討論
及習作」；沈從文從 1939 年起開設「各體文習作（白話文）」、「創作實習」等。
〔註14〕西南聯大的新文學課程在抗戰全面爆發後直至北大、清華、南開各校
復員以前從未間斷。

儘管如此，新文學在西南聯大中文系的地位並不像人們想像的那樣崇
高，學者們中間的傳統文化氣氛仍然濃鬱。在貫穿整個 20 世紀 40 年代的西
南聯大師範學院主辦的《國文月刊》上就圍繞著文言、白話問題乃至大學中
文系的辦學方向問題發生過長時間的討論和爭議，這和西南聯大蓬蓬勃勃的
學生新文藝活動形成了鮮明的對比。〔註15〕

〔註13〕 王瑤：《從一個角落來看中國文學系》，《王瑤全集》第 7 卷，河北教育出版社
2000 年版，第 182 頁。
〔註14〕 關於西南聯大文學院中文系和師範學院國文學系歷年開設新文學的情況，參
看本書附錄「民國時期大學課程表、考試時間表、學程說明書選錄」。
〔註15〕 抗日戰爭時期物質條件十分艱苦，但是西南聯大學生的新文學活動顯得比清
華時期更加繁榮。該校先後成立的學生文藝社團有 1938 年 4 月在蒙自成立的
南湖詩社（本年該詩社因爲文法學院遷回昆明，也隨之離開了蒙自並改名爲
「高原文藝社」；到了 1939 年 5 月，在香港《大公報·文藝》副刊負責人蕭
乾的倡議下該社又更名爲南荒文藝社）、大型社團「群社」、群社中的一部分
成員組織的冬青社、星原文藝社、敘永分校學生組織的布穀文藝社、工學院
組織的引擎社等等。另外學生們還組織多個劇團、劇社，進行話劇演出活動。
對於這時期的西南聯大學生來說，白話與文言之爭已經不再是他們關注的重
心，嘗試寫舊詩的人越來越少。1938 年夏天，在南湖詩社以「新詩的前途和
動向」爲主題的全體社員大會上，即將畢業的中文系學生劉綬松重視舊詩、

　　《國文月刊》於 1940 年 6 月創刊，由西南聯合大學師範學院〔註16〕國文學系主辦（該刊同時也接收外來稿件，撰稿人多數是各大學裏的教師），由本院國文月刊社出版，開明書店印行。其第一屆編輯委員爲：浦江清（主任）、朱自清、羅庸、魏建功、余冠英、鄭騫；自第 3 期開始，由余冠英任主編，編委爲朱自清、羅庸、浦江清、彭仲鐸、鄭騫。從 1946 年 3 月出版的第 41 期開始，《國文月刊》脫離了西南聯大師範學院國文學系，由開明書店接辦，編輯者爲夏丏尊、葉聖陶、郭紹虞、朱自清，出版者爲國文月刊社（重慶保安路一二六號），但是開明書店所辦的《國文月刊》從編輯方針到所發表文章的內容較之以前都沒有太大改變，〔註17〕仍能反映出當時某些大學校園的特定情境，因此本書仍將其納入考察範圍。

　　《國文月刊》是一種以刊載語文教育方面的文章爲主的普及型學術刊物。該刊第 1 卷第 1 期的「卷首語」交代了辦刊旨趣：「本刊的宗旨是促進國文教學以及補充青年學子自修國文的材料。根據這一個宗旨，我們的刊物，完全在語文教育的立場上，性質與專門的國學雜誌及普通的文藝刊物有別。所以本刊不想登載高深的學術研究論文，卻歡迎國學專家爲本刊寫些深入淺出的文章，介紹中國語言文字及文學上的基本知識給青年讀者。本刊雖然不能登載文藝創作，卻可選登學生的作文成績及教師的範作，同時也歡迎作家爲本刊寫些指示寫作各體文學的方法的文章。」

（一）文、白之爭

　　在《國文月刊》上發生的「文白之爭」起於 1940 年 6 月本刊第 1 期朱自清的一篇文章：《中學生的國文程度》。朱自清的這篇文章談的是當時頗爲流行的中學生國文程度是否降低的話題。文章中舉了一個例子：1939 年高考放榜後，考選委員會副委員長沈士遠對中央記者談話時曾說到考生們「國文之技術低劣，思路不清」。

　　輕視新詩的發言，遭到多數社員反對，後來他給南湖詩社壁報投的舊體詩稿，也被拒絕採用。參看李光榮：《西南聯大文學教育與新文學傳統》，《中國現代文學研究叢刊》2005 年第 4 期。

〔註16〕1938 年 8 月，經過西南聯大第 83 次常務委員會議議決，自下學年起遵照教育部部令增設師範學院，並將文學院哲學心理教育系的教育部分併入該院爲教育系；同年 12 月 12 日，師範學院與本校其他學院一起正式開課。

〔註17〕1946 年 3 月 20 日出版的《國文月刊》第 41 期「卷首語」中寫到：「我們因爲接辦的關係，仍舊願意維持本刊原有的精神。」

　　學生國文程度降低，這是當時社會上一個普遍的看法，可在朱自清看來，所謂低落的只是文言文的寫作。在中學階段文言和白話並存、訓練不嚴、範文雜亂的情形下，白話文還是有長足進展的。他認為，即使所謂「應用」的文言，日子大概也不會很長久了，因此中等學校裏無須教學生學習文言寫作──與其文言、白話兩者兼顧，兩者都學不好，不如乾脆拋棄文言寫作，省下時間與精力全用在學習白話寫作上。

　　在1940年9月出版的《國文月刊》第2期上，朱自清又發表了《再論中學生的國文程度》一文，提出了誦讀和寫作的問題。他認為文言文的誦讀「該只是為瞭解和欣賞而止，白話文的誦讀，才是一半為了榜樣或標準」。當然，文言文雖不能幫助白話文的寫作，但可以幫助應用的文言文的寫作；中學生固然無需再學應用的文言文，但是應該誦讀相當分量的文言文，特別是所謂古文，乃至古書──這是古典的訓練，文化的教育。

　　朱自清的兩篇文章不但回應了守舊者對白話文的攻擊，而且強調白話文在語文教育中應該占正統地位，引起了同在西南聯大中文系任教的浦江清的注意。在1940年10月出版的《國文月刊》第3期上，浦江清發表了《論中學國文》一文。他的文章也從沈士遠關於學生國文程度降低的言論談起，但並不贊成朱自清的中學生用全部精力學習白話文寫作的意見，當然也沒有明確提出反對白話文、新文學，而是提出了一個折衷的辦法，對文言、白話「分而治之」：

　　　　……小學教育單訓練語體，所以問題簡單，到了中學的國文方始迎著複雜的問題。在課本方面，現在初中課本書言語體夾雜著，顯得很不調和。高中課本差不多全是古文，色彩是純粹了，但多數學生是作語體文的，所以課本與作文就脫離了關係。大家的意見是語體文淺近，初中學生已全能瞭解，到了高中應該全讀古文了，其實論文字是古文深奧，語體文淺近，論內容就不見得了。……我有一個謬見，主張把中學國文從混合的課程變成分析的課程（名稱待後討論），由兩類教師分頭擔任。這樣可以使教師發揮特長，教本的內容純粹，作文的訓練一貫而有秩序，而且有分別練習語體文文言文兩種作文的機會。兩類功課不必並重，隨學校的性質而異，可以在功課表上增減鐘點，自由調整。

長期在西南聯大教授「各體文習作」〔註18〕的余冠英也主張就此問題進行討

〔註18〕余冠英教授的「各體文習作」的學程說明是這樣的：「本課程目的在訓練學

論：「關於中學生應受怎樣的文言文訓練是很可研究的問題，關於寫作方面，本刊第一期朱自清先生《中學生國文程度》一文中曾論及。朱先生的意見是『中等學校裏現在已無須教學生學習文言文的寫作』。閱讀與寫作是兩回事，究竟中等學校應否使學生養成閱讀中國舊籍的相當能力呢？希望有人來討論。」〔註19〕一段時間內，「學生國文程度低劣」與「如何進行中學國文教學」的話題引起了很多人的關注。〔註20〕

　　朱自清在隨後發表的文章中同意了浦江清將文言、白話「分而治之」的意見。然而在他看來，這種做法只能讓人明白文言文的沒落前途而已：「文言的教材，目的不外兩個：一是給學生做寫作的榜樣或範本，二是使學生瞭解本國固有文化。這後一種也可以叫做古典的訓練。我主張現在中等學校裏已經無須教學生練習文言的寫作，但古典的訓練卻是必要的（參看本刊第一、二期拙著）。……浦先生還主張將白話文和文言文分為兩個課程，各有教本，各有教師。這個我也贊成。我贊成，為的這樣辦可以教人反容易明白文言是另外一種語言，而且是快死的語言。」〔註21〕

運用語體及淺近文言寫作之能力。文言寫作訓練之目標偏於應用。」參看北京大學、清華大學、南開大學、雲南師範大學編：《國立西南聯合大學史料》第 3 卷，雲南教育出版社 1998 年版，第 412 頁。
〔註19〕冠英：《關於本年度統考國文試題中的文言譯語體》，1940 年 10 月 16 日《國文月刊》第 3 期。
〔註20〕《國文月刊》上有關中學國文教學問題文章還有第 3 期上和克強的《中學生作文成績低劣的原因及其補救辦法》；1941 年 2 月第 6 期上葉紹鈞（當時他在四川嘉定的國立武漢大學任教）的《論寫作教學》；1941 年 6 月第 8 期上于在春的《國文成績考查述例》；1946 年 7 月第 45 期發表的《集體習作實踐再記》、吳有容的《中學國文教科書革新芻議》、《從國文教材的革新談到各科教材的革新和國家編印的圖書》；1941 年 12 月第 11 期上吳奔星的《中學國文教學的「分工合作制」──一個新建議》、胡時先的《糾正一般中學生對於學習國文的錯誤觀念》；1942 年 9 月第 15 期上葉紹鈞的《論中學國文課程的改訂》；1944 年 11 月第 28、29、30 期合刊上李廣田的《中學國文程度低落的原因及其補救辦法》以及在 1944 年 10 月第 31、32 期合刊（第 28、29、30 期合刊和 31、32 期合刊的出版日期明顯有誤，本書為保持原貌，未加改動）上他發表的《論中學國文應以文藝性的語體文為主要教材》、季鎮淮的《教書雜記》；1945 年 4 月第 34 期上羅庸發表的《我的中學國文老師》；1947 年 4 月第 54 期上孫玄常的《擬高中國文教本目錄》；1947 年 8 月第 58 期上黃繩的《論高中國文教材》等等。1946 年 10 月出版的《國文月刊》第 48 期還被闢為「中學國文教學研究專號」。
〔註21〕朱自清：《論教本與寫作》，1941 年 9 月《國文月刊》第 1 卷第 10 期。

　　雖然這次討論的只是關於中學的國文教學問題，但是很可能影響到了西南聯大中文系的課程設置：西南聯大中文系 1939～1940 學年第一學期的課程表中添設了「各體文習作（文言）」的課程，到了下一學年，課程表中「現代中國文學討論及習作」就一分爲二，以「各體文習作（白話文）」和「各體文習作（文言文）」並立，另設了「現代中國文學」一課，此後西南聯大中文系（以及師範學院國文系）的課程表長期保持這個局面——這應該是「分而治之」的具體表現。〔註 22〕

　　這次討論是「五四」文言、白話之爭的繼續，作爲工具的語言仍然被賦予了意識形態性質：中國現代啓蒙運動與中國現代白話文運動有明顯的歷史一致性，胡適在《建設的文學革命論》中說：「我的『建設新文學論』的惟一宗旨只有十個大字：『國語的文學，文學的國語』。我們所提倡的文學革命，只是要替中國創造一種國語的文學。」〔註 23〕也就是說，白話文從「五四」開始，就是以「民族共同語」的形態出現的，它也就和建設「民族國家」的任務緊密結合在了一起。

　　陳平原等人認爲，20 世紀中國文學是「一種現代民族文學」：「正如普列漢諾夫曾經說過的那樣，每個時代都有自己中心的一環，都有這種爲自己所規定的特點所在。現代民族的形成和崛起在世界範圍內由西而東，這獨具特色的一環分別體現爲十八～十九世紀之交的德國古典哲學，十九世紀的俄羅斯革命民主主義者的文學理論與批評，在二十世紀的中國，則是社會政治問題的激烈討論和實踐。文學始終是圍繞著這個中心環節而展開的。就其基本特質而言，二十世紀中國文學乃是現代中國的民族文學。」〔註 24〕在抗戰背景之中，當整個國家、民族面臨著一個如何重建的問題時，白話（文學）的這種意識形態任務就更加凸現出來。朱自清對於「五四」時期「發現個人發現自我」，自我力求擴大，一面向著大自然，一面向著全人類的道路進行了反思。他指出，辛亥革命傳播了近代的國家意念，五四運動加強了這意念，可是中國的新知識分子在追趕現代化的進程中，超越了國家，從而走上了世界

〔註22〕關於這個時期西南聯大課程表的變化情況，參看北京大學、清華大學、南開大學、雲南師範大學編：《國立西南聯合大學史料》第 3 卷，雲南教育出版社1998 年版，第 148～222 頁。

〔註23〕胡適：《建設的文學革命論》，1918 年 4 月《新青年》第 4 卷第 4 號。

〔註24〕陳平原、黃子平、錢理群：《民族意識——「20 世紀中國文學」三人談》，《讀書》1985 年第 12 期。

主義的路；而抗戰以後，國家意念迅速發展、普及，對於國家的情緒達到了最高潮：「抗戰以來，第一次我們每個國民都感覺到有一個國家——第一次我們每個人都感覺到中國是自己的。」在這個「國家意念已經發展到一個程度」的時候，朱自清召喚著「愛國詩人」的出現——「愛國詩」不應該僅僅以具體的事件作為歌詠的對象，也應該去描繪「理想的中國」。「建國的成績似乎還沒有能夠吸引詩人的注意，雖然他們也會相信『建國必成』。但現在是時候了，我們迫切的需要建國的歌手。」〔註25〕

　　正是因為這次關於中學國文教學的「文白之爭」實際上涉及到了文化方向問題，所以在新文學家們看來，文言、白話「分而治之」這個結果自然是遠遠不夠的——文言文即使暫時得以保留，也不過是為了「遷就現狀」：「……第三點，是『文言寫作』的問題。依理說，假如真能運用語體敘事說理表情達意已經足夠了，不必再寫文言。對於最具有親切之感的語體，假如還不能運用，就得加工修習，無暇再寫文言。現在『高中國文課程標準』目標項下有『除繼續使學生能自由運用語體文外，並養成其用文言文敘事說理表情達意之技能』一目，要高中學生寫文言，這是遷就現狀的辦法……」〔註26〕

　　對新文學家們來說，在大學中國文學系開設新文學課程就具有更加重大的意義。胡山源在《論大學國文系及其科目》一文中就指出：「國文系現在幾乎已經到了山窮水盡的地步」，「我們要用『現代的中國文學』來實行我們這樣的『發揮』（民族精神）和『養成』（愛國家、愛民族之觀念）。換言之，我們讀了古文，不一定要做古文；讀了古詩詞曲，不一定要做古詩詞曲；讀了種種『文學專書』、『文字學』、『語言學』，不一定要用『文學專書』……的文體來著書立說，才算實行了這樣的『發揮』和『養成』。……我所要說的，是關於下列這幾項的：……六、除了『現代翻譯研究』要增添以外，我以為還該增添『新文學』與『編輯法』。……七、如果『現代中國文學討論及習作』不移入必修中，我希望每一個學生都會選修它，因為在我的眼光中，國文系的一切科目無非為這一個科目的準備，這一個科目實在可以說是國文系的目的。因此，我希望會加重其分量……。」〔註27〕

〔註25〕　朱自清：《愛國詩》、《詩與建國》，朱喬森編：《朱自清全集》第 2 卷，江蘇教育出版社 1988 年版，第 356～358、351 頁。

〔註26〕　葉紹鈞：《論中學國文課程的改訂》，1942 年 9 月《國文月刊》第 15 期。

〔註27〕　本書刊載於 1946 年 11 月出版的《國文月刊》第 49 期（最初載於 1939 年 12 月《中美日報》教育隨筆欄）。

　　正是因爲意識形態的支撐，在這次關於文言、白話的爭論中，「新」派的聲音往往是堅決而激烈的：「我們的語言是統一的（方言由於發音不同的成分多，由於語言本身不同的成分少），而文字偏要我們分裂；我們的政體是平等的，而文字偏要把我們分成階級；我們的力量是要集中的，而文字偏要養成我們思想的差異與意見的隔膜：這不獨是民主政治的笑話，也是中華民國的罪人了。」〔註28〕

　　而那些力圖守護傳統者則顯得委婉含蓄。當然，對於支持文言文的一方來說，文言也並非就是一種語言工具，而是代表著中國文化的「根源」。羅庸說：「……一切從學問的入手處，如能從根本中來，則振本而末從，知一而萬畢。學詩如先從詞華技巧上著手，便是已落二乘，況下於此，其何以自致於高明？上來所講，似乎陳義太高，使人不可企及；然取法乎上，僅得乎中，在此詩教廢墜之秋，介紹一點先民典型，也是分內之事。」〔註29〕

　　儘管從表面上看這次論爭中的文言文擁護者處於劣勢，但他們也沒有輕易讓出話語權力。同時，抗戰時期高漲的民族主義情緒也給文言這種民族傳統文化的載體提供了更多生存的理由。這時維護文言文的主張往往與對「民族國家」的想像結合在一起——雖然這時傳統文化的擁戴者所持的立場已經發生了某種程度的偏移：「……今後的中國，必須以一個統一的面目，呈現於列國之前，則語文教育的通盤計劃，實在是刻不容緩的事。……爲了中國字的不容易學習，也曾有許多人主張改革漢字，改用羅馬拼音；爲了言文的不一致，也曾有許多人主張廢止文言，連公文也改用白話。然而三十年來，空有理論，漢字終不能廢，文言文也仍舊在任何一方面大量地應用著。這在事實上有它的內在原因，決不是完全爲了歷史的惰性。……語言不停地隨時代而變遷，而『古文』的形式已經固定，於是作古文便成爲文人的專業，造成言文分離的現象。這現象表面看似不好，其實在中國這樣的廣大版圖中，是有它的作用的，那就是：可以超過改造方言的困難，使文字先得到統一。……所以，最近一二百年間的中國，將是國語文和淺近文言文並行的局面，因爲這正是周朝的國語文和現代的國語文辦交代的時期……。」〔註30〕

〔註28〕楊振聲：《文言文與語體文》，1943年2月16日《國文月刊》第19期。
〔註29〕羅庸：《詩人》，刊載於1943年2月《國文月刊》第18期。羅庸當時是西南聯大中文系教授，曾任中文系主任。
〔註30〕羅庸：《戰後的國語與國文》，1946年2月《國文月刊》第40期。

　　在某種特定的權力網格中，文言擁護者們甚至可以取得更加「實際」的「戰果」。1942年6月，朱自清和魏建功一起飛赴重慶參加教育部大一國文委員會會議，參與制定《大學國文選目》的工作。但是就在他參與制定的這個國文選目中，一篇新文學作品也沒有。〔註31〕

　　關於這個《大學國文選目》的制訂過程及成因，朱自清曾在《論大學國文選目》中交代說，初選目錄中曾經有魯迅的兩篇、徐志摩的一篇作品，然而最終全被刪除：「……在一年的國文教材裏，物、我、今、古，兼容並包，一定駁雜而瑣碎，失去訓練的作用。要訓練有效，必得有所側重；或重今，或重古，都有道理。……重今的選本可以將文化訓練和語文訓練完全合為一事；……這是最合乎理想的辦法，也是最能引起學生興趣的辦法，可是辦不到。一則和現行的中國國文教材衝突；二則和現行大學國文教材也衝突。無論那個大學都還不願這樣標新立異。……編選會的選目要由教育部頒行，教育部處在政府的地位，得顧到各方面的意見。剛起頭的新傾向，就希望它採取，似乎不易。這回選目裏不見語體文，可以說也並非意外。好在課外閱讀盡可專重語體文，補充「示範」的作用。而日子越久，語體文應用越廣，大學國文選目自然會漸漸容納它的——這個我堅確的相信。」〔註32〕如果說朱自清對這個選目的態度顯得無可奈何，心有不甘的話，長期在西南聯大開設「現代中國文學」課程的楊振聲對於這個選目則更加平淡：「自部定大學一年級國文讀本頒佈後，我們放棄了我們以前選了部分語體文的大一課本，遵用部定課本。」〔註33〕

　　令人頗感驚訝的是，原來反對學生讀新文學作品的羅常培，此時的立場反倒發生了逆轉。1942年9月羅常培在昆明廣播電臺所做的演講中批評教育當局在大一國文課本中不選語體文的做法：「我們西南聯合大學所用的大一國文讀本經過三次改編，最後的一本包含十五篇文言文，十一篇語體文，四十四首詩，一篇附錄。……當初選錄的時候，很小心的挑選這十幾篇語體文，無非想培養一點新文學運動裏秀出的嫩芽，讓它慢慢兒的欣欣向榮，不至於

〔註31〕這個選目中共包括周秦詩文18篇，漢魏六朝文23篇，唐宋文17篇，明清文2篇。參看陳覺玄：《部頒「大學國文選目」平議》，1943年10月《國文月刊》第24期。

〔註32〕朱喬森編：《朱自清全集》第2卷，江蘇教育出版社1988年版，第18～22頁。

〔註33〕楊振聲：《新文學在大學裏——大一國文習作參考文選序》，1944年11月《國文月刊》第28、29、30期合刊。

因為缺乏灌溉就蔫萎下去。沒想到最近教育部召集的大一國文讀本編訂委員會只選了五十篇文言文，四首詩，〔註34〕其中固然經史子集色色俱備，可是把語體文刪的連影兒都沒有了！……」〔註35〕1944年5月4日晚上，西南聯大中文系在第十教室舉行文藝晚會，因被人破壞而無法舉行，於是在5月8日，召開了一次規模空前的講演會，地點在圖書館前面的草坪上，羅常培還與聞一多共同主持了這次紀念五四運動的晚會。〔註36〕

那麼，應該如何理解1942年教育部大一國文選目問題上「新」、「舊」雙方立場的偏離、逆轉？其實這不過是權力給文化所開的一個玩笑而已。如果說1938年朱自清和羅常培能在一起商定包含了新文學課程的「部頒大學中國文學系科目表」正是出於「規訓」的力量，那麼當這個高高在上、態度曖昧的力量發生偏轉的時候，新文學課程只能隨其偏轉或恢復其「民間」本色。當然不能把朱自清、楊振聲等人此時的言行看成是「復古」，實際上，當時的西南聯大具有相當濃厚的民主空氣，並不完全按照教育當局的意志行事，〔註37〕該校後來也拒絕使用教育部頒發的《大學國文選目》──1944年西南聯大的《大一國文》委員會在使用部編教材的同時，還另外又編了一本《西南聯合大學大一國文習作參考文選》（後改名《語體文示範》）作為補充教材。〔註38〕

〔註34〕原文如此。

〔註35〕羅莘田：《中國文學的新陳代謝（民國三十一年七月一日在昆明廣播電臺講演）》，1943年2月16日《國文月刊》第19期。原刊注明本期出版於「2月16日」，但是第18期也是「2月16日」。本書照原文抄錄，不作改動。

〔註36〕姜建、吳為公編：《朱自清年譜》，安徽教育出版社1996年版，第257頁。

〔註37〕1939年教育部曾多次頒佈大學應設課程及考覈學生成績方法，引起了西南聯大教師的反感。西南聯大教授會曾給教育部發去《西南聯合大學教務會議就教育部課程設置諸問題呈常委會函》，其中稱：「夫大學為最高學府，包羅萬象，要當同歸而殊途，一致而百慮，豈可刻板文章，勒令從同。」又認為：「教部訓令或係專為比較落後之大學而發，欲為之樹一標準，以便策其上進，別有苦心，亦可共諒，若果如此，可否由校呈請將本校作為第……號等訓令之例外。蓋本校承北大、清華、南開三校之舊，一切設施均有成規，行之多年，縱不敢謂為極有成績，亦可謂為當無流弊，似不必輕易更張。」此後西南聯大教務會議（即院系主任會議）還曾在1945年6月發佈《西南聯大三十四年度各院系修訂課程意見書》，將三民主義科目擬請改為選修，將倫理學一科取消，而國文仍原定。參看北京大學、清華大學、南開大學、雲南師範大學編：《國立西南聯合大學史料》第3卷，雲南教育出版社1998年版，第113、115頁。

〔註38〕李光榮：《西南聯大文學教育與新文學傳統》，《中國現代文學研究叢刊》2005年第4期。據該文交代，西南聯大的這本補充教材，除了收入原來的11篇現

　　然而，權力意志對於新文學課程的阻礙仍然不可小覷。正是因為新文學課程沒有被確立為官方意志，所以在各種期刊雜誌、報紙副刊等陣地幾乎完全被新文學所佔領的情況下，在大學校園內，文言文的擁護者卻仍然可以和新文學一爭高下。1945 年西南聯合大學師範學院國文系的《學程說明書》中這樣介紹本系彭仲鐸開設的文言文「各體文習作」課程：

　　　　各體文習作（三）全學年　二學分　四必〔註39〕　彭仲鐸先生

　　　　本學程目的在訓練學生寫作較深美之文言文，並孰【熟】練各

　　種文章體裁。〔註40〕

值得慶幸的是，即使新文學站在「民間」立場，在傳統文化氣息相當濃厚的大學裏，也能體現出它相對於傳統文學的絕對優勢：

　　　　教育部三十一年秋，頒發《大學國文選目》一份，飭公私立各

　　大學第一年級一律遵用，實在是一種《大學一年級的國文選目》而

　　已。考其內容，凡選詩文六十首，經史子集，無所不包，可謂收羅

　　宏富。但施之教學，困難殊多。……該選目出於王、魏、朱、黎、

　　盧、伍六人之手，原非一人私擬。……就本人二十五年實地教授的

　　經驗看來，二十年前，大一學生的作文，多數屬於文言的論說文，

　　做語體文的尚居少數。到了十年以前，則做語體文記敘文及說明文

　　的日增，做文言文的日少。到了現在，則幾乎一律是語體文，偶有

　　極少數做文言的，反詰屈聱牙，令人不能卒讀了。抗戰前在南京，

　　每與人談到這個問題，有人以為這是中學教學偏重語體的結果。現

　　在後方各中學偏重古文，是大家周知的事實；而其結果還是如此，

　　這真是大勢所趨，不容以口舌爭的事情。……在這種情形下，大一

　　的模範文雖然不能全用語體，應當參用幾篇；最低限度，也應當選

　　授與語體接近的近代文，如郭紹虞先生在燕京大學所選的《近代文

　　編》（見國文月刊第十二期），方較為合宜。〔註41〕

代文學作品外，還增加了胡適的《建設的文學革命論》（節錄）、魯迅的《狂人日記》、徐志摩的《死城》（節選）、冰心的《往事》（節選）、宗白華的《論〈世說新語〉和晉人之美》、朱光潛的《文藝與道德》和《無言之美》、梁宗岱的《歌德與李白》和《詩・詩人之批評家》等。

〔註39〕意思是「四年級必修課」。

〔註40〕北京大學、清華大學、南開大學、雲南師範大學編：《國立西南聯合大學史料》第 3 卷，雲南教育出版社 1998 年版，第 412 頁。

〔註41〕陳覺玄：《部頒〈大學國文選目〉平議》，1943 年 10 月《國文月刊》第 24 期。

從中可以看到新文學眞正的生命力所在——它擁有年輕人，當然會成爲未來的方向，這不是官方意志所能左右的。

然而問題的複雜性就在於，新文學家在如何對待文言文問題上的立場也在發生某種微妙的轉變。上面所引陳覺玄的文章中提到的郭紹虞卻總擔心別人攻擊他「開倒車」——雖然從 1930 年 9 月開始，郭紹虞就開始邀請朱自清到燕京大學去開設「中國新文學研究」了。到抗戰時期，郭紹虞編寫了一本爲燕京大學一年級學生準備的國文課參考教材，內容爲「以戊戌政變爲中心，輯錄同光以來有關灌輸思想討論學術或研究生活之作。」〔註 42〕他小心翼翼地爲自己所編寫教材中的文言成分辯護：「我不承認歷史上有所謂開倒車的事情，但承認歷史演變有所謂正反合的公式。……本書所論，即在指示一些似舊而實新的演進途徑：說他『合』，則似乎言之過早，若強誣爲開倒車，那也不是作者之所企圖。……在現在，白話文是文藝文，而文言文是應用文，所以有他的殘餘勢力。」〔註 43〕

郭紹虞的上述言論顯示出當時某些擁護新文學的大學教師們的心態。在「五四」時期激烈的新舊對立過去之後，他們逐漸發現原來所反抗的傳統具有某種程度的合理性。傅庚生說：「自從文學革命以來，大家走的是大膽嘗試向左轉的路，『取其精者爲新氣之迎』，原無可議；可惜的是『不免於偏』而不自覺。前進中誰也不願意回過頭來看一看，一意孤行的把圈子往外畫，不肯往裏兜。一面艱辛的在歐西文學裏去『強求繫援』，一面顧鏡自嫌的想對本國的舊文學『抽刀斷水』。跑了許多路，還是『杳不知南北』，不免向著遼遠的前程發怔，心上漸漸浮起了彷徨之感，不由得放緩了前進的步伐。——是該『向右尋』的時會了。」〔註 44〕

當然，這並不意味著這些新文學的支持者完全放棄了自己的立場，只不過同那些一意趨新者稍有不同——李何林在《再來一次白話文運動》中就認爲，用白話文接受遺產也沒有問題：「除此講授經史子集的辦法以外，還有別的較好的方法能使遺產得以傳授下去和使人接受嗎？這個問題的解答我是同意楊振聲先生的意見的：『這裏只有一個問題值得嚴重考慮的，那就是：普遍

〔註 42〕 郭紹虞：《大一國文教材之編纂經過與其恉趣》，1942 年 3 月《國文月刊》第 12 期。
〔註 43〕 郭紹虞：《新文藝運動應走的新途徑》，1942 年 10 月《國文月刊》第 16 期。
〔註 44〕 傅庚生：《論文學的復古與革新》，1947 年 3 月《國文月刊》第 53 期。

使用語體文以後，我們如何去接受我們文化的遺產，那些記載在典籍中古人的辛勤的收穫？這不是說我們會喪失那些遺產，相反的，那些文化遺產，會在各研究院及大學的各系中，得到更有系統的研究，整理與發揚。我們只看看新文學運動以後，古史研究與古籍整理的卓越成績，專書或雜誌上發表的此類文章之多，可以超越我們歷史上任何一段同長的時代，所以文化遺產的傳授是絕對不必顧慮的。』」〔註45〕

（二）關於大學中文系辦學方向的討論

從以上新文學家們氣盛言宜的言論中可以發現，大學中國文學系的進一步革新已漸漸成爲很多大學教師們的共識。於是，如何改革中文系就成爲這些教師們面臨的另一個極需討論的問題。

討論首先由丁易發起。在1945年11月出版的第39期《國文月刊》上，丁易發表了題爲《論大學國文系》的文章，首先批評了當時大學國文系的復古傾向：「現在大學國文系一大部分竟是沉陷在復古的泥坑裏，和五十年前所謂大學堂的文科並沒有兩樣，甚至還不及那時踏實。創造建設中國新文藝，他們固然做夢也沒有想到，就是對舊文學的整理結算，又幾曾摸著邊緣，甚至連乾嘉學者那種實事求是的嚴謹精神都談不上。……結果最倒霉的自然是學生，恍恍惚惚的在國文系讀了四年，到頭來只落得做個半通不通的假古董。」隨後丁易指出，大學國文系的目標應該是「對中國舊文學的整理結算，對中國新文學的創造建設」，他還提議將國文系分爲三組：一、語言文字組；二、文學組；三、文學史組。

在1946年6月出版的《國文月刊》第43、44期合刊上，王了一發表了《大學中文系和新文藝的創造》〔註46〕一文，對於丁易的文章進行回應。

王了一同意丁易對大學國文系現狀的批評，但是對於大學國文系以「中國新文學的創造建設」爲目標表示了不同意見。在王了一看來，新文學來自西洋文學，從事新文學創作的人非精通西洋文學不爲功：「記得十二年前，清華大學中文系的一個學生曾在清華周刊上表示過他對於本系的失望，他說，清華中文的教授如朱自清、俞平伯、聞一多諸先生都是新文學家，然而他們在課堂上只談考據，不談新文學。言下大有悔入中文系之慨。等到那年秋

〔註45〕李何林：《再來一次白話文運動》，1944年3月《國文月刊》第26期。
〔註46〕該文最初以「星期論文」的形式發表在3月3日的《中央日報》上。

季開學的時候，照例系主任或系教授須向新生說明系的旨趣，聞一多先生坦白地對新生們說：『這裡中文系是談考據的，不是談新文學的，你們如果不喜歡，請不要進中文系來。』我不知道聞先生近年來的主張變了沒有；我呢，始終認爲當時聞先生的話是對的，不過，考據二字不要看得太呆板，主要只是著重於研究工作（research works）就是了。……大學裏只能造成學者，不能造成文學家。……在西洋，文學只有宗派，沒有師承。文學只是主義的興衰，不是知識的積累。……老實說，如果說新文學的人才可以養成的話，適宜於養成這類人才的應該是外國語文系，而不是中國文學系。……最近聞一多先生主張把中文系和外語系合併，再分出語文和文學兩系，這個意見是值得重視的，雖然在實行上也許有困難。……不過，我仍舊反對在大學裏傳授新文學，反對大學裏教人怎樣『創作』。」〔註47〕

王了一反對大學裏傳授新文學的觀點自然不能爲大多數「新」派教師所認同。李廣田也加入了丁易和王了一的討論。他基本上同意丁易的意見，只是認爲丁易關於文學組「以新文藝的創作建設爲目的」的意圖是理想化的——因爲舊文學歷史長，而新文學歷史短，所以在文學組實現新舊文學並重就已經很不容易。但他同時指出，文學史從舊貫通到新的「現代文學」是可以的。他還進一步表示贊成「大學中文系應當有創作實習的課程」的提議，但「不贊成文學組的課程以創作爲主，創作的比重不能占二分之一，更不能占二分之一以上。」〔註48〕

在大學中文系是否應該開設新文學課程的問題上，李廣田和丁易自然是一致的，和王了一則有原則性的分歧。李廣田認爲，中文系的目的，乃至大學的教育目的，是批判地接受舊的文化和世界先進文化，創造並發展新的進步的文化：「……問題也就在於此：從來沒有聽說有人反對在大學裏教授舊文學創作，卻時常聽到反對大學裏教授新文學的意見……。」另外，李廣田還不同意王了一把新文學理解爲僅僅受西洋文學影響的運動。因爲新文學在發展過程中雖然受到西洋文學的影響，但是「沒有任何一種外來的影響是能夠單獨支持一個運動的」，「五四」新文學運動是新文化運動的一個重要的組成

〔註47〕 王了一：《大學中文系和新文藝的創造》，1946年6月《國文月刊》第43、44期合刊。該文最初以「星期論文」的形式發表在3月3日的《中央日報》上。

〔註48〕 李廣田：《文學與文化——論新文學和大學中文系》，1946年6月《國文月刊》第43、44期合刊。

部分，歐化只是一個外因，或是說形式，本質還是中國文化自己的東西。

其實王了一併不反對新文學。他《大學中文系和新文藝的創造》一文的「附記」中就表示，自己有的觀點和丁易、李廣田是差不多的：「我並不反對中國文學史一直講到現代文學；……我不贊成大學裏教人怎樣創作，那是包括新舊文學而言的。對於新文學家，我不贊成在大學裏用灌輸的方法去『造成』，卻還贊成用潛移默化的方法去『養成』；至於舊式的文學家，連『養成』我也反對。」

由以上也可以看出，其實參加爭論的丁易、李廣田與反對在大學裏教授新文學的王了一之間最主要的分歧在於他們看待這個問題的角度不同。丁易、李廣田仍然從新舊對立的角度來闡發大學中國文學系新文學課程的合法性，而王了一是站在大學中國文學系現代化進程中「科學化」的立場上，質疑以指導學生創作為主要目的的新文學課程的合理性。

他們的討論即使放在今天來看也是極富意味的。王了一的質疑現在已經成為現實。「文學教育」在現代化、科學化的道路上逐漸地被禁錮起來，文學中的智慧、感性、經驗、個性、想像力、道德感、審美意識等已經逐漸被「科學研究」抽乾，遺憾的是，當時力主新文學成為大學課程的教師們，仍然把注意力集中在同傳統文化、學術爭地位的層面，而對中文系在「科學主義」全面籠罩下的現代化過程中，應該如何處理「研究」與「創作」、「科學」與「文學」的問題卻沒能給予足夠的重視。

就在丁易、李廣田和王了一進行爭論的同時或稍前，聞一多也提出了改革大學中文系的方案。他在 1946 年 5 月 4 日西南聯大剛剛宣佈結束後即指出，當時的大學中，中國文學與外國語文學被分為兩系，其特點是「中西對立，語文不分」。他認為，這是一種畸形現象，代表著半封建半殖民地的中國社會性質，「一方面是些以保存國粹為己任的小型國學專修館，集合著一群遺老式的先生和遺少式的學生，抱著散發黴味的經史子集，夢想五千年的古國的光榮。一方面則為高等華人養成所，惟一的任務是替帝國主義（尤其是大英帝國主義）承包文化傾銷」。這種情形雖然已在轉變，但殘餘習氣依然保存得不少。中文、外文兩系「各處極端，不易接近，甚至互相水火」。因此他建議把當時的中國文學系（文學組、語言文字組）與外國語文學系改組為文學系（中國文學組、外國文學組）與語言學系（東方語言組、印歐語言組），「要批判的接受，有計劃的介紹，要中西兼通」，「採用舊的，介紹新的」，以實現「建

設本國文學的研究與批評,及創造新中國的文學」這一目標。〔註49〕

兩個多月後,聞一多遇刺身亡,只留下了記載著他設想的遺稿。直到 1948 年 1 月,朱自清才把這份遺稿刊發在第 63 期《國文月刊》上,同時自己也發表了《關於大學中國文學系的兩個意見》,對聞一多的方案進行解釋、發揮:「聞先生的《調整大學文學院中國文學外國語文二系機構芻議》的稿子,經我整理成篇,就在本刊本期發表。去年上半年〔註50〕他曾向我談過這種主張,我那時不贊成。……後來回到北平,見到他的這篇遺稿,又和別人討論,漸漸覺得他的主張很有道理。關鍵在我們的新文學和語言學的發展。新文學和新文化趨向現代化,需要比較的研究來加速它……」

「現代化」的定義頗為複雜。艾愷曾經這樣闡釋「現代化」:「我的定義建立在兩個關鍵性的概念上:『擅理智』(Rationalization)和『役自然』(World mastery)。……『擅理智』是指一個過程,在其間,一個結構或過程變向運用最有效的手段達到經驗性的目標。」〔註51〕

然而朱自清對於「現代化」的理解和這個定義並不完全相同。在他看來,「現代化」除了「工業化」〔註52〕的含義以外,同時意味著「現在化」,即一種站在「五四」所賦予他的「人性」立場上,出於對「現在」──青年人的責任心,對「現在的」西方實行的「拿來主義」:

> ……五四是「人的發現」,但五四同時也是「青年的發現」與「現代的發現」。在五四以前,是老人才有權威,現在卻要年青才行,像我這樣頭髮白了的人是不行了,現代的發現則是要把握住現在。

由此看來,朱自清所說文化、文學層面的「現代化」,主要含義是站在「人性」的立場上,向西方的先進文化學習,它和那種工具主義的「現代化」是有明顯差別的。

〔註49〕 參看聞黎明、侯菊坤編:《聞一多年譜長編》,湖北人民出版社 1994 年版,第 1020～1021 頁;另外還可參看聞一多:《調整大學文學院中國文學外國語文學二系機構芻議(遺稿)》,1948 年 1 月《國文月刊》第 63 期。

〔註50〕 朱自清發表聞一多的遺稿是在 1948 年,聞一多不可能在 1947 年的上半年和朱自清談及這個主張,因為聞一多在 1946 年的 7 月 15 日就遇刺身亡了。但是原文如此──很可能是朱自清的文章實際寫作於 1947 年。

〔註51〕 〔美〕艾愷:《世界範圍內的反現代化思潮──論文化守成主義》,貴州人民出版社 1991 年版,第 6 頁。

〔註52〕 朱自清在《詩與建國》中曾說:「我們現在在抗戰,同時也在建國;建國的主要目標是現代化,也就是工業化。」參看朱喬森編《朱自清全集》第 2 卷,江蘇教育出版社 1988 年版,第 351 頁。

此後，關於大學中文系辦學方向的討論也波及到了上海的一些大學。1948年 3 月，《國文月刊》第 65 期以「上海公私立大學教授對於中國文學系改革的意見」爲總標題，刊發了一組文章。從這組文章中也可以看到呼之欲出的中文系「現代化」趨勢。其中復旦大學陳望道的《兩個原則》一文認爲，改革中文系，「現代化」、「科學化」應爲基本原則：「在中國文學系貫徹『現代化』一個原則，可從多方面進行。一方面增加中國現代文學的課目，一方面加強中外文學的溝通」。徐中玉在《讀聞朱二先生文後》一文中則表示完全贊同聞一多的意見，並說浙江大學在遵義時代請郭恰周（郭斌龢）主持中文系時有過這種願望，現在重慶大學中文系請顏實甫（顏歊）主持也有此意。來自滬江大學的朱維之，發表了《中外文合系是必然的趨勢》一文，其題目已經鮮明地顯示出作者的觀點；時任大夏大學國文系主任的程俊英也表示贊同聞一多、朱自清的意見，並說當時大夏國文系「每學期所開的學程，除了幾門選修外，都是按照部定的」：（一）文選及習作的教材，由擔任教授選用坊間所印活頁文選，分代講解習作。大多數學生覺得五四以後的作品較有生氣，白話文是現代人表情達意的工具，便於自由發揮，故學生作文多爲語體。（二）詩選及習作一課，教師講的是古近體詩及做法，而學生卻喜作不受格律束縛的新詩。（三）曲選及習作一課，教師所授者多偏於音調而不及歌唱，對於現代戲劇則付闕如。」按照程俊英的意見，中國文學系改爲『組』之後，其主要的課程應爲下列四種：「（一）詩歌選及習作（二）小說選及習作（三）戲劇選及習作（四）散文選及習作　以上四課，全年各六學分，都應著重現代作品，並授各課原理及寫作方法。」〔註53〕

在這一組文章中，只有陳子展的《關於大學中國文學系的建議和意見》表示了和聞一多、朱自清不同的看法，但是他也表示自己並非那種「極端的守舊派」：「固然如聞先生所說的『反動分子』、『極端守舊的國粹派』並不是沒有，也許像前時某派作家所攻訐的，我自己就是一個。好在部定大學文學院中國文學系課程表中大都爲古文學，河水不犯井水，就要增設一點新文學選修課，也無妨礙於他們，同樣不會妨礙到我。」

此後對於大學中系辦學方向的討論，一直持續到北平解放。直到 1949年初，清華大學中文系還在反覆討論課程改革的問題。同年 1 月 2 日，清華代理外語系主任吳達元約中文系、外語系同人共同商討課程，當時還有人提

〔註53〕程俊英：《我對於中國文學系課程改革意見》，1948 年 3 月《國文月刊》第 65 期。

及中外文系合併的問題；1月3日，中文系同人共同商討課程改訂方案，一些
思想比較「左傾」的教師提出，古典文學的研究也要現代化；1月4日，中外
文系同人舉行聯席談話會，形成了「批判的接受古文學及外國文學，共同創
造並發展今天的新文學」的共識；在1月5日的文學院教授會議上，甚至有
學生也遞進公函，呼籲實現聞一多、朱自清提出過的中文系、外語系合併的
主張。

　　當時身在清華的浦江清雖然對這些改革方案持保留態度，在時代潮流面
前也多少顯得無可奈何，於是提出了一個折中的方案：爲照顧愛好新文藝及
有志於創作的青年，在文學院中設立一個普通文學系，造就通才，兼攻中外
文學，鼓勵創作及翻譯；中文系則仍然保留，主要向學術方面發展；外文系
則爲培養外國語言、專研外國文學的專才而設。〔註54〕

　　浦江清的方案當然不會成爲現實。當時的清華大學乃至北平，已經沉浸
在對革新、「解放」的熱烈憧憬之中，他這種折中甚至可以說守舊的方案是注
定不會成功的。此後，隨著新政權的確立，大學裏的中、外文系雖未合併，
新文學課程的地位卻獲得了飛躍式的提升，新文學和古代文學、文學概論成
爲具有同等重要地位的學科，這大概是連聞一多、朱自清也不會想到的。

〔註54〕以上關於清華大學討論大學中文系改革的情況，參看浦江清：《清華園日記
　　　　西行日記》，生活・讀書・新知三聯書店1987年版，第249～254頁。

結　語

　　通過以上各章的考察可以發現，民國時期的大學新文學課程作爲西方知識系統的話語權力形式，實際上是在與傳統學術的衝突、融合中不斷向前的。現代文學史以及現代文學學科史上的「新」與「舊」之間並不是截然對立的關係，對於那些在民國時期大學裡講授新文學的教師們而言，有時很難斷定其「新」「舊」屬性，他們所講授的內容大多也並不以排斥傳統作爲敘述的起點。

　　然而，對立卻始終存在。新文學已經明顯佔據了民國時期大學校園文學的主流，但在學術領域的地位卻並不高。如果說自 1929 年開始朱自清、楊振聲在清華大學開設的新文學課程不過是守舊的校園氛圍中的「曇花一現」的話，在西南聯大雖然新文學已是中文系常設科目，還一度被列入教育部頒發的大學中文系必修選修科目表，但是它也並未眞正在官方確立自己的地位——大學裏的新文學課程基本上還處於一種「民間」狀態。就中文系的課程結構來說，還是傳統文學占優勢。以西南聯大中文系的課程爲例，1937～1946年間該系教師共開專業課程一百多門，每學年有 20 門左右的課程供學生修習，其中文學課程約占 65%。在這些文學課程中，必修的新文學課程只有白話文的「各體文習作」，經常開設的新文學選修課只有「現代中國文學」，「創作實習」等課程開設時間很短。

　　在西南聯大，講授新文學的教師們雖然已經擁有了某種程度的話語權，但是在傳統文化的「無物之陣」中，地位仍然低下。一則在國立西南聯合大學流傳很廣的口碑，很能說明這些教師們的地位。據說一次跑空襲警報，時

在西南聯大任教的沈從文與自稱「天下兩個半莊子」中「半個莊子」的劉文典擦肩而過，後者大爲不悅，對學生說：「沈從文是替誰跑警報啊！這麼匆匆忙忙地！我劉某人是替莊子跑警報，他替誰跑？」〔註1〕

　　導致民國時期大學新文學課程地位不高的原因之一是當時教育當局的意識形態具有某種程度的模糊性。雖然早在1920年教育部就下令將國民學校的「國文」改爲「國語」，但是並沒有強調白話文的正統地位，在後來的官方學制中，小學全用「國語」，大學則主講「文言」，文言文、白話文在中學階段同時並存。據1947年8月出版的第58期《國文月刊》上黃繩的《論高中國文教材》介紹：「中學國文教材中語體文和文言文的分量分配，『課程標準』有如下的規定：初中第一學年爲七比三，第二學年爲六比四，第三學年爲五比五；高中第一學年爲三比七，第二學年爲二比八，第三學年爲零比十。」

　　從守舊派的立場來看，很明顯這是以白話爲低，以文言爲高；學生讀書級別越高，接觸的文言成分就越多。20世紀20年代的國語運動時期，蕭景忠在《闢破壞國語教育的謬說》中就指出：「……教育家提倡白話文，也是爲通俗起見，在教育法令上，原只限定國民學校，一律要用國語；高等小學，便言文互用；到了中學以上，便專用文言；實在沒有廢止國學的明文。……提倡白話文，是要使一般人易懂，並不是限後學不准讀書；不過由淺入深，先學了白話，然後再學文言，實在是一個不躐等的意思。」〔註2〕

　　這實際上就給「舊」派留下了足夠的想象與話語空間並給新文學在大學內的快速成長製造了障礙。

　　民國時期大學新文學課程地位不高的另一個原因就在於：經過幾千年積澱的中國傳統文化心理難以消除。新文學課程作爲文化現代化的一種表徵，難免受到傳統文化的排斥。從《國文月刊》上的「文白之爭」以及「大學中文系辦學方向」的討論中就明顯可以發現這種傳統文化心理的存在。

　　這種傳統文化心理往往是隱性的，往往並不以守舊的面目出現而且在近現代知識分子中有一定的普遍性，不獨局限在清華大學、西南聯大的教師隊

〔註1〕 參看吳魯芹：《記珞珈三傑》，1979年10月《傳記文學》第35卷第4期。據李鍾湘《國立西南聯合大學始末記》（1981年8月《傳記文學》第39卷第2期）中說，劉文典所說的其餘兩位「莊子」，一是莊子本人，另外一個是日本學者。

〔註2〕 蕭景忠：《闢破壞國語教育的謬說》，1922年7月20日《國語月刊》第1卷第6期。

伍內。比如，1935 年 1 月，王新命、何炳松、武育干、孫寒冰、黃文山、陶希聖、章益、陳高庸、樊仲雲、薩孟武十位教授在本月 10 日出版的《文化建設》月刊第 1 卷第 4 期上聯名發表《中國本位的文化建設宣言》，明白宣示不滿意於洋務運動、戊戌變法時期的「中學爲體，西學爲用」，他們自己「不守舊；不盲從；根據中國本位，採取批評態度，應用科學方法來檢討過去，把握現在，創造未來。」胡適指出，所謂「中國本位的文化建設」，其實不過是晚清「中學爲體，西學爲用」論新的變體，說的話雖然變了，但還是《勸學篇》作者張之洞的精神，其本質就是復古的：「他們的宣言也正是今日一般反動空氣的一種最時髦的表現。時髦的人當然不肯老老實實的主張復古，所以他們的保守心理都託庇於折衷調和的煙幕彈之下。」〔註 3〕

　　這種隱性的文化心理也是比較頑固的。海外研究中國問題的專家費正清就認爲，阻礙中國社會實現現代化的，「還有一些從古老帝國的孔孟之道承襲下來的絆腳石」，「任何主張現代化的人如要改變這些多年承襲下來的想法，都要打一場攻堅戰」〔註 4〕。應該說，從「五四」時期直到 21 世紀的今天，眾多學者主張重提「五四」啓蒙主義，原因之一就是傳統文化心理的惰性很強，文化心理層面的現代化任務尚未完成。董健說：「從中國的情況來看，啓蒙有兩種類型：一曰感性的、政治行動導向型的啓蒙，……一曰理性的、文化心態塑造型的啓蒙。前者是初級的啓蒙，見效快而不徹底，可以在全民文化素質低的基礎上進行；後者是高層次的啓蒙，見效慢而徹底，只有在全民文化素質較高的基礎上才能進行。」〔註 5〕

　　民國時期大學新文學課程地位不高，還有一個原因就是新文學課程教師們考慮到新文學本身的歷史比較短，藝術上難免粗糙，因此更多地在培養創作人才上下功夫，所以在學術的意義上新文學仍然無法和傳統抗衡。直到抗戰前爲止，創刊於 1924 年 6 月的《清華學報》，就文學研究方面的內容而言，還完全是傳統的天下；西南聯大的《國文月刊》上雖然有了對新文學進行研究的文章，但是也爲數極少。事實上，新文學課程教師們爲了在「學術」上

〔註 3〕　胡適：《試評所謂「中國本位的文化建設」》，1935 年 3 月 31 日《大公報·星期論文》。
〔註 4〕　〔美〕費正清著、劉尊棋譯：《偉大的中國革命》，世界知識出版社 2000 年版，第 205 頁。
〔註 5〕　轉引自李偉：《思想文化的現代化：一項未完成的事業——董健教授訪談錄》，南京大學《研究生學刊》（內部出版物），2001 年 12 月總第 1 期。

立足，除了教授新文學課程之外，大都開設過有關「國學」的課程。還是以西南聯大為例，朱自清開設過「宋詩」、「陶淵明」、「文辭研究」、「中國文學專書選讀（陶詩）」、「中國文學專書選讀（謝詩）」、「歷代詩選（不分段）」、「中國文學史」等課程；張清常開設過「歷代文選（唐、宋）」、「中國語文專書研究（二）廣韻」、「古音研究」、「訓詁學」等；最主要的新文學課程教師之一楊振聲講授過「陶謝詩」、「歷代詩選（漢魏六朝）」；沈從文也開設過「中國小說史」。〔註6〕

　　民國時期的大學新文學課程就是這樣在與傳統文化、學術或明或暗的衝突中生存並力求發展的。然而，應該看到這種衝突只是新舊文學、文化關係的一方面。如果說 30 年代末以及 40 年代初關於新文學和傳統文化還產生過比較激烈的爭論的話，到了 40 年代中後期，擁護傳統文化者對新文學課程也顯示出某種程度的妥協。擁護傳統的一方已經很少有人公開否認新文學在大學內的地位，一些傳統學者甚至也提出了如何創造新文學的問題。比如武漢大學的程千帆在《部頒中國文學系科目表平議》中就主張「從習作舊文體去欣賞舊文體，及從習作舊文體去創新文體。」〔註7〕（當然，他此後也承認這個辦法是「不合潮流」〔註8〕的）。同樣，擁護新文學的一方也出現了要求從傳統文化中汲取營養的主張（如前面所述郭紹虞等人的觀點）。

　　這種新文學家向傳統回歸的傾向對於新文學課程也產生了一些負面影響。1946 年西南聯大各校復員後，楊振聲和沈從文留在北京大學任教。北大半月刊社出版發行的《北大》（1946～48）中的《文學院》一文中曾這樣描述當時的中國語文學系：

> 很多愛好文學，喜歡寫作的朋友，都打算進國文系，想到過去
> 北大的教授們在新文學上的成績，更會「心嚮往之」的。現在還有
> 幾位當年寫作很多的教授，像俞平伯，廢名，楊振聲，沈從文等。
> 可惜的是這當年弄新文學的健將，覺得以前太淺薄，把自己的「過

〔註 6〕 關於以上教師任課情況參看北京大學、清華大學、南開大學、雲南師範大學編：《國立西南聯合大學史料》第 3 卷，雲南教育出版社 1998 年版，133～401頁。

〔註 7〕 程千帆：《部頒中國文學系科目表平議》，1941 年 9 月《國文月刊》第 1 卷第 10 期。

〔註 8〕 程千帆：《關於〈論今日大學中文系教學之蔽〉》，1948 年 6 月《國文月刊》第 68 期。

去」否定了。現在說起俞平伯來，大家都恭維他的「清眞詞」和舊
詩講得好，廢名也以爲「不朽之盛事，經國之大業」莫若「邵武孔
孟」，談談陶淵明了，只剩下楊、沈兩教授還是記掛著新文學的，平
津報紙的「星期文藝」的編者就有四個是他們，可見對於創作是相
當注意的。楊教授也以爲現代新文學該「維新」一下，「打開一條生
路」了。他們的課程有「現代文學，傳記文學」等，還讓同學必修
「歐洲文學名著選讀」。用意在矯正學中國文學而不懂西洋文學的偏
向。

　　這應該是件重大而艱苦的工作。這樣做也該是爲同學所歡迎
的。可惜的是這「維新」的措施，近於點綴，令人覺得談國文系重
要的還是弄老古董。倡導創作的沈教授，也似乎覺得一將創作和生
活聯起來，便不免流行淺薄。課堂上津津有味的講著一篇文章的「設
計」，一首小詩字句的安排等等。想到楊教授「打開一條生路」的話，
會感到滑稽的。

　　因此，文學組還不能從西洋文學中學到什麼。剩下的便都是古
書了。應該介紹的是俞平伯先生的詩詞課，和游國恩先生的楚辭課。
前者體味細微，後者極多創見。廢名先生講論語孟子有如牧師說教，
此外也有莊子，詩經等課，皆重考辨。

　　也許就正是由於這點「古」氣的影響罷，大體說來同學的生活
就脫不掉古板的夫子氣，因此就顯出散漫和個人發展的趨向，新文
學需要打開一條出路，生活，也需要打開一條出路。〔註9〕

學生們的觀點也許不乏偏激之處，借鑒傳統文學以創造新文學也是必要的，
但是如果新文學在與傳統的銜接和對體制的皈依之中喪失自己的立場，無疑
就喪失了自身的生命力。

　　當然，向傳統全面回歸的傾向在新文學教師中並不普遍。本書前面已經
說過，在 20 世紀 40 年代，建設現代化的中文系以促進文學的現代化已經是
一部分大學教師們的共識——將大學中、外文系進行合併、調整就是其具體
方案。但是這種成爲共識的現代化方案並沒有得到執行——因爲政治環境的

〔註 9〕　王學珍、郭建榮主編：《北京大學史料》第 4 卷，北京大學出版社 2000 年版，
　　　　第 607 頁。

變化，另一種現代化方案浮出水面並迅速得以實施。正是在這個過程中，漸漸被政治所左右的新文學課程受到空前的重視並牢固地確立了其在大學體制內的地位。我們可以從原來的西南聯大三校——南開、北大、清華考察這個過程發生初起階段的情況。

在 1949 年 7 月出版的《國文月刊》第 81 期上，邢公畹發表了《論今天的大學「中國語文學系」》，詳細記錄了南開大學的中國語文學系一次關於學制改革座談會的討論結果：

> 一九四九年初，南開大學中國語文學系全體師生開了一次改革學制的座談會，大家都同意在四年畢業的原則下分四年為兩個階段。……文學組的課程可以分為三類：（甲）理論方面的：包括「辯證唯物論與歷史唯物論」、「文藝理論」（也著重中國的與蘇聯的「文藝政策」）、「文藝批評」、「近代文藝思潮」等。（乙）研究方面的：包括（壹）歷史的文學研究：「中國文學史」、「世界文學史」、「歷代文選」、「歷代詩選」、「詞選」、「小說選」、「戲曲選」、「專書研究」、「作家研究」等。（貳）現代的文學研究：「現代文藝選」（詩、小說、戲劇、散文）、「翻譯名著」、「歌謠研究」、「地方戲與地方調」等。（丙）習作方面的：包括「文藝習作」（詩習作、小說習作、戲劇習作、散文習作）、「名著翻譯」（用中文譯外文、用今文譯古文、用新文字譯舊體文字）等。實際上文學組又可分為兩小組，學生可以選擇（甲）（乙）兩類的課以從事文學研究，也可以選擇（甲）（丙）兩類的課以從事文藝習作。關於歷史研究一方面，我們認為不但要研究古代的民間作品，如國風、漢樂府、六朝民歌、唐代佛曲、宋人話本、元以後的戲曲與小說等；也用同樣的力量、同樣的方法去研究所有的所謂正統的作家以及其作品，我們要分析他們的歷史環境，把那些作品中的封建性的東西與人民性的東西區別開來，而重新估定它們的價值。

1949 年 1 月北平解放後，新文學的另一翼也漸漸進入北大。1950 年 4 月，趙樹理應北大學生會學藝部及新文藝社邀請，來校作「生活與寫作」的報告；5 月 5 日，北大中文系和新文藝社主辦的文藝晚會共有北京大學、中國交通大學北京管理學院、輔仁大學、中法大學等學校的同學 2000 多人參加，中文系主任魏建功致開幕詞，新文藝社成員朗誦了題目為《李大釗同志》的詩，老

舍、丁玲、楊紹萱都作了講演；8 月，暑期活動委員會主辦的暑期青年講座舉行第 4 講，趙樹理又在民主廣場講文藝問題；12 月，新文藝社在北樓舉行紀念「一二‧一」運動晚會，劉白羽、北大西語系教授馮至、中文系教授楊晦都在會上講了話。〔註 10〕另外，沈從文於本年實際離開了北大；楊振聲雖然在 1950 年 10 月被任命爲中國語文系「現代文學」教學研究指導組的組長，在 1952 年高校院系調整時卻和廢名同被調到東北人民大學。

清華大學的新文學課程在 1949 年開始的教學改革中也成爲中文系的一門主課，因爲教師十分缺乏，王瑤開始改教中國新文學史，並擔負起大一國文教研組的工作。1952 年院系調整後，清華變成一所多科型工業大學，文、理、法學院被取消，除了留下的 20 多人外，全部被調整到北京大學等單位。王瑤進入北大中文系任教，他所擔任的新文學課程逐漸成爲一個專業──「現代文學」、「古代文學」、「文藝理論」課程都設立了相應的教研室。這時文學方面的主課「中國文學史」也把古代、近代及現代文學都包含在其中了。中文系還設置了「中國現代文學作品選」，作爲現代文學史的配套課程。就中文系課程結構來說，古代文學分量減少，而現代文學內容大大增加。〔註 11〕

此時再也沒有關於大學中文系辦學方向的爭論，再也無人主張「文言復興」；各大學的新文學課程也得到了普遍重視。然而新文學課程和中文系的宗旨從「爲人民服務」進一步發展到「爲政治服務」之後，新文學課程（現代文學學科）又陷入新的紛擾。民國時期的大學新文學課程在傳統文化的包圍中沒能在學術上確立應有的地位，當然是一種遺憾，但是它一旦被體制所接納，卻又在相當長的一個時期內被政治所改造、擠壓，這可謂是新文學課程成長歷史的尷尬之處。

〔註 10〕王學珍等編：《北京大學紀事（1898～1997）》，北京大學出版社 1998 年版，第 417、419、421～422、427 頁。

〔註 11〕關於 50 年代初北大中文系改革中「現代文學」課程的情況，參看馬越著：《北京大學中文系簡史》，北京大學出版社 1998 年版，第 49～54 頁。

參考文獻

中文專著

1. 〔清〕朱壽朋編、張靜廬等校點：《光緒朝東華錄》，中華書局 1958 年版。

2. 中央教育科學研究所教育史研究室編：《中華民國教育法規選編（1912～1949）》，江蘇教育出版社 1990 年版。

3. 舒新城編：《中國近代教育史資料》上、下冊，人民教育出版社 1961 年版。

4. 朱有瓛：《中國近代學制史料》，華東師範大學出版社 1983～1993 年版。

5. 璩鑫圭、唐良炎：《學制演變》，上海教育出版社 1991 年版。

6. 吳相湘、劉紹唐主編：《民國史料叢刊第一種‧第一次中國教育年鑒》，臺灣傳記文學出版社 1971 年 10 月影印版。

7. 《中國教育年鑒》編輯部：《中國教育年鑒（1949～1981）》，中國大百科全書出版社 1984 年版。

8. 潘懋元：《中國高等教育百年》，廣東高等教育出版社 2003 年版。

9. 左玉河：《從四部之學到七科之學——學術分科與近代中國知識系統之創建》，上海書店出版社 2004 年版。

10. 關曉紅：《晚清學部研究》，廣東教育出版社 2000 年版。

11. 吳剛：《知識演化與社會控制：中國教育知識史的比較社會學分析》，教育科學出版社 2002 年版。

12. 金以林：《近代中國大學研究（1895～1949）》，中央文獻出版社 2000 年版。

13. 陳平原：《中國大學十講》，復旦大學出版社 2002 年版。

14. 王學珍等編：《北京大學紀事（1898～1997）》，北京大學出版社 1998 年版。

15. 北京大學校史研究室編：《北京大學史料》第 1 卷，北京大學出版社 1993 年版。

16. 王學珍、郭建榮主編：《北京大學史料》第 4 卷，北京大學出版社 2000 年版。

17. 馬越：《北京大學中文系簡史（1910～1998）》，北京大學出版社 1998 年版。

18. 賀崇鈴主編：《清華大學九十年》，清華大學出版社 2001 年版。

19. 清華大學校史研究室編：《清華大學史料選編》1～4 卷，清華大學出版社 1991 年版。

20. 西南聯大北京校友會：《國立西南聯合大學校史——1937 至 1946 年的北大、清華、南開》，北京大學出版社 1996 年版。

21. 北京大學、清華大學、南開大學、雲南師範大學編：《國立西南聯合大學史料》第 1～6 卷，雲南教育出版社 1998 年版。

22. 西南聯合大學校友會校史編輯委員會編：《笳吹弦誦在春城——回憶西南聯大》，雲南人民出版社、北京大學出版社 1986 年版。

23. 張瑋瑛、王百強、錢辛波編：《燕京大學史稿》，人民中國出版社 1999 年版。

24. 北京師範大學校史編寫組：《北京師範大學校史（1902～1982）》，北京師範大學出版社 1984 年版。

25. 復旦大學校史編寫組：《復旦大學志》第 1 卷，復旦大學出版社 1985 年版。

26. 《國立武漢大學一覽》，臺北傳記文學出版社 1971 年影印版。

27. 黃延復：《水木清華：二三十年代清華校園文化》，廣西師範大學出版社 2000 年版。

28. 張玲霞：《清華校園文學論稿（1911～1949）》，清華大學出版社 2002 年版。

29. 姚丹：《西南聯大歷史情境中的文學活動》，廣西師範大學出版社 2000 年版。

30. 王培元：《延安魯藝風雲錄》，廣西師範大學出版社 2004 年版。

31. 高恒文：《京派文人：學院派的風采》，上海教育出版社 2000 年版。

32. 耿雲志：《胡適年譜》，四川人民出版社 1989 年版。

33. 胡頌平：《胡適之先生年譜長編初稿》，臺灣聯經出版事業公司 1984 年版。

34. 姜建、吳爲公編：《朱自清年譜》，安徽教育出版社 1996 年版。

35. 張菊香、張鐵榮編：《周作人年譜》，天津人民出版社 2000 年版。

36. 陳建軍：《廢名年譜》，華中師範大學出版社 2003 年版。

37. 聞黎明、侯菊坤編：《聞一多年譜長編》，湖北人民出版社 1994 年版。

38. 郭文友：《千秋飲恨——郁達夫年譜長編》，四川人民出版社 1996 年版。

39. 沈衛威：《無地自由——胡適傳》，安徽教育出版社 2005 年版。

40. 沈衛威：《胡適周圍》，中國工人出版社 2003 年版。

41. 陳孝全：《朱自清傳》，北京十月文藝出版社 1991 年版。

42. 王保生：《沈從文評傳》，重慶出版社 1995 年版。

43. 凌宇：《沈從文傳》，北京十月文藝出版社 2003 年版。

44. 錢理群：《周作人傳》，北京十月文藝出版社 2005 年版。

45. 《蘇雪林自傳》，江蘇文藝出版社 1996 年版。

46. 蘇雪林：《中國二三十年代作家》，臺灣純文學出版社有限公司 1983 年版。

47. 朱喬森編：《朱自清全集》1～8 卷，江蘇教育出版社 1988～1996 年版。

48. 孫昌熙、張華編選：《楊振聲選集》，人民文學出版社 1987 年版。

49. 《沈從文全集》第 16、17、18 卷，北嶽文藝出版社 2002 年版。

50. 中國蔡元培研究會編：《蔡元培全集》第 2 卷，浙江教育出版社 1997 年版。

51. 《魯迅全集》，人民文學出版社 1973 年版。

52. 《胡適全集》，安徽教育出版社 2003 年 9 月版。

53. 《王瑤全集》，河北教育出版社 2000 年 1 月版。

54. 《汪曾祺全集》，北京師範大學出版社 1998 年 8 月版。

55. 黃艾仁：《胡適與著名作家》，安徽大學出版社 1998 年版。

56. 孫郁、黃喬生主編：《回望周作人》，河南大學出版社 2004 年版。

57. 郭良夫編：《完美的人格——朱自清的治學和為人》，清華大學出版社 2003 年版。

58. 巴金、黃永玉等：《長河不盡流》，湖南文藝出版社 1989 年版。

59. 胡適：《五十年來中國之文學》，該書為申報館出版的單行本，出版年代未加注明。

60. 黃修己：《中國新文學史編纂史》，北京大學出版社 1995 年版。

61. 溫儒敏等：《中國現當代文學學科概要》，北京大學出版社 2005 年版。

62. 蔡元培等：《中國新文學大系導論集》，上海良友復興圖書印刷公司 1940 年版。

63. 王建平：《語言交際中的藝術——語境的邏輯功能》，求實出版社 1989 年版。

64. 陳萬雄：《五四新文化的源流》，北京生活・讀書・新知三聯書店 1997 年版。

65. 黎錦熙：《國語運動史綱》，商務印書館 1934 年版。

66. 〔美〕艾愷：《世界範圍內的反現代化思潮——論文化守成主義》，貴州人民出版社 1991 年版。

67. 〔美〕余英時：《重尋胡適歷程：胡適生平與思想再認識》，廣西師範大學出版社 2004 年版。

中文譯著

1. 〔法〕米歇爾·福柯著，謝強、馬月譯：《知識考古學》，北京生活·讀書·新知三聯書店 1998 年版。

2. 〔法〕米歇爾·福柯著、杜小眞編選：《福柯集》，上海遠東出版社 1998 年版。

3. 〔美〕華勒斯坦（Wallerstein, I.）等著、劉健芝譯：《學科·知識·權力》，北京生活·讀書·新知三聯書店 1999 年版。

4. 〔美〕托馬斯·庫恩著，金吾倫、胡新和譯：《科學革命的結構》，北京大學出版社 2003 年版。

5. 〔美〕費正清著、劉尊棋譯：《偉大的中國革命》，世界知識出版社 2000 年版。

6. 〔美〕周策縱著、周子平等譯：《五四運動：現代中國的思想革命》，江蘇人民出版社 1996 年版。

7. 〔美〕費正清編、中國社會科學院歷史研究所編譯室譯：《劍橋中國晚清史（1800～1911）》，中國社會科學出版社 1993 年版。

8. 〔美〕費正清等編、楊品泉等譯：《劍橋中華民國史（1912～1949）》上、下卷，中國社會科學出版社 1994 年版。

9. 〔美〕金介甫著、符家欽譯：《鳳凰之子：沈從文傳》，中國友誼出版公司 2000 年版。

10. 〔加拿大〕許美德著、許潔英譯：《中國大學（1895～1995）——一個文化衝突的世紀》，教育科學出版社 2000 年版。

期刊

1. 《清華周刊》（包括附出的《文藝增刊》、《清華文藝》）。

2. 《國文月刊》。

檔案材料

中國第二歷史檔案館所藏，全宗號爲 5，案卷號 5661～5736 的民國時期各大學呈送教育部的科目表、相關文件以及國內有關高校檔案材料。

附錄：民國時期大學課程表、考試時間表及學程說明書選錄

一、北京大學

（一）北京大學國文研究所研究科時間表〔註1〕

科　目	擔任教員	會期次數及時間
音韻	錢玄同	每月一次第一星期（六）三時至四時，十二月八日
形體	錢玄同	每月一次第四星期（六）三時至四時，十二月二十九日
形體	馬夷初	每月二次第一、三星期（一）三時半至四時半，十二月三、十七日
詁訓	陳伯弢	每月一次第二星期（六）二時至三時，十二月十五日
詁訓	田湖北	每月一次第一星期（五）三時至四時，十二月七日
文字孳乳	黃季剛	每月一次第三星期（六）三時至四時，十二月廿二日
文	黃季剛	每月一次第二星期（六）三時至四時，十二月十五日
文	劉申叔	每月一次第四星期（四）三時至四時，十二月二十七日
文學史	朱遏先	每月一次第一星期（三）三時至四時，十二月五日
文學史	劉申叔	每月一次第二星期（四）三時至四時，十二月十三日

〔註1〕 見1917年12月4日《北京大學日刊》，這是北大第一次公佈國文研究的時間表。

科　目	擔任教員	會期次數及時間
文學史	吳瞿安	
文學史	劉叔雅	每月一次第四星期（六）四時至五時，十二月二十九日
詩	倫哲如	每月一次第一星期（三）四時至五時，十二月五日
詩	劉農伯	每月一次第二星期（三）四時至五時，十二月十二日
詞	倫哲如	每月一次第三星期（三）四時至五時，十二月十九日
詞	劉農伯	每月一次第四星期（三）四時至五時，十二月六、二十日
小說	劉半農　周啓明　胡適之	每月二次第二、四星期（五）四時半至五時半，十二月十四日、二十八日

（二）1931 年 9 月至 1932 年 6 月北京大學文學院中國文學系課程表選錄〔註 2〕

1931 年秋，北大國文系在 B 類（即文學類）科目中開設了文學講演和新文藝試作兩科。以下是當時的共同必修科目和 B 類科目表：

1. 共同必修科目

科　目	單　位	教　員
中國文字聲韻概要	4	沈兼士、馬裕藻
中國詩名著選（附實習）	3	俞平伯
中國文名著選（附實習）	3	林損
中國文學史概要	3	馮淑蘭

2. 分類必修及選修科目

本年度二年級以上諸生，對於 A、B 兩類，自應依分類之約束。惟何者必修何者選修，暫緩規定。〔註 3〕

〔註 2〕1931 年 9 月 14 日《北京大學日刊》第 5 版。
〔註 3〕這是原文所附的說明。

B 類：

科 目		單 位	教 員
中國文學	毛詩續（三）	4	黃節
	楚辭及賦	3	張煦
	漢魏六朝詩	2	黃節
	唐宋詩	3	林損
	詞	3	俞平伯
	戲曲及作曲法	3	許之衡
	先秦文	3	林損
	漢魏六朝文	3	劉文典
	唐宋文（暫停）		
	近代散文	2	周作人
	小說	2	俞平伯
	修辭學（下學期每周二小時講畢）	1	鄭奠
中國文學史	中國文籍文辭史	2	傅斯年
	詞史	3	趙萬里
	戲曲史	2	許之衡
	小說史（暫停）		
文學批評	文學概論〔註4〕	2	徐祖正
	中國古代文學批評（暫停）		
文學講演〔註5〕			
新文藝試作（單位未定）〔註6〕			

〔註 4〕原注：「此科暫不列爲第一學年之必修科目」。

〔註 5〕原注：「凡關於詩，詞，戲曲，小說，散文，或其他文學作品有未經整理之新材料及個人特見之新批評，實有隨時發表或共同討論之必要。現由胡適周作人徐志摩諸教授擔任計劃此項組織，於本學年中在本系組織一較有系統之講演，其次數須視分任講演諸先生人數之多少爲準，或每星期一次，或兩星期一次，臨時再由本系揭示。（凡選聽此科者不算單位）」

〔註 6〕原注：「凡有意於文藝創作者每苦無練習之機會及指導之專家。本系此科之設擬請新文藝作家負責指導，凡從事於試作者，庶能引起練習之興趣，並得有所就正，現由周作人胡適諸教授擔任組織，俟有規定後再行發表。惟新文藝作家派別至繁，不免爲能力所限，恐一時不克完備。」

二、清華（學校）大學

（一）1925 年清華學校大學普通部課程表〔註7〕

1925 年秋季，清華學校初設大學普通部，以下是其課程表及任課教師：

姓　名	職　位	所任科目
朱自清	教授	國文
孟憲承	教授	國文
郝更生	教授	體育
陳楨	教授	生物
盛夢琴	教授	日文
葉企蓀	教授	物理
劉師舜	教授	英文
劉崇鋐	教授	歷史
錢基博	教授	國文
張治中	教員	體育
蕭一山	教員	歷史
楊光弼	教授	化學

（二）1928～1929 年度清華大學學年考試時間表選錄〔註8〕

1929 年春，朱自清在清華開設「中國新文學研究」，楊振聲開設「當代比較文學」和「新文學習作」，這些科目都被列為考試內容。以下是本學年這幾種課程的考試時間安排：

六月十二日（星期三）

時　間	科　目	教　授	教　室
10：15～2：15	中國新文學研究	朱自清	第一院 113
1：15～3：15	新文學習作	楊振聲	第一院 113

六月十三日（星期四）

時　間	科　目	教　授	教　室
10：15～12：15	當代比較文學	楊振聲	第一院 113

〔註7〕　本表刊載於 1925 年 9 月 11 日《清華周刊》第 350 期。
〔註8〕　摘自 1929 年 6 月 3 日《國立清華大學校刊》第 76 期所刊載之《民國十七年至十八年度學年考試時間表》。

（三）1936～1937 年度清華大學文學院中國文學系學程一覽選錄

〔註9〕

1932 年秋，朱自清自倫敦大學留學歸來正式領導系務，1932 年底該系教授會通過了《中國文學系改定必修選修科目案》並於 1933 年度起實施。這個方案中開始偏重古典文學的研究，新設了國學要籍一類課程，還將全部課程大致分爲中國文學和中國語言文字兩類，以培養古典文學研究人才和語言文字學研究人才。此後直到 1936～1937 學年，雖然清華大學中文系選修學程中保留了「新文學研究」，但是並沒有開班。以下是該系 1936～1937 學年選修科目（學程）表：

選修學程

科　　目	學　　分
語言實驗	三學分
古書詞例	三學分
修辭學	二學分
金石學	四學分
版本目錄學	四學分
校勘學（附實習）	六學分
《墨子》	四學分
《呂氏春秋》	四學分
《淮南子》	四學分
《漢書》	四學分
小說史	四學分
中國文學批評史	四學分
中國文學批評	四學分
宋人詩論	三學分
文藝心理學	四學分

〔註 9〕 參看清華大學校史研究室編：《清華大學史料選稿》第 2 卷上冊，清華大學出版社 1991 年版，第 299～309 頁。

科　　目	學　　分
唐宋文	三學分
近代散文	三學分
詞	四學分
散曲	四學分
雜劇與傳奇	四學分
歌謠	三學分
新文學研究	三學分
習作（1.詩，2.小說，3.散文）	二學分
中學國文教學法	三學分

從該課程表後面的「學程說明」可以看出，除《新文學研究》外，清華大學中文系當時還有和新文學相關的課程。現將相關「學程說明」列出如下：

1. 國272 近代散文

明清以來有一派文章，是在六朝文、唐宋八家文以外另闢新境者，通稱近代散文。茲選授明公安、竟陵兩派名篇及其清代支流，並酌選現代白話文作爲參考。

下學期，三學分。

2. 國283 歌謠

編有中國歌謠講義，分釋名、起源與發展、歷史、分類、結構、修辭、評價、書目等章。

上學期，三學分。

3. 國284 新文學研究

分總論各論兩部講授。總論即新文學之歷史與趨勢，各論分詩、小說、戲劇、散文、批評五項。

下學期，三學分。

4. 國285～286 習作

專爲增進表現上之藝術而設；注重練習討論批評，及參考成熟之作品。

全學年，三學分。

三、青島大學

上世紀 30 年代初，沈從文曾到青島大學（山東大學前身）教授新文學課程。以下是 1931 年國立青島大學文學院中國文學系學程指導書〔註10〕：

學程號數	學　程	每周時數		教學時限	學分	必修或選修	應修年級	預修學程
（甲）中國文學系								
中 111～112A	國文 A	2	※	一年	4	文學院必修	1	
中 111～112B	國文 B	2	※		4	理學院必修	1	
中 111～112C	國文 C	2	※		4	教育學院必修	1	
中 113～114	名著選讀	3			6	本系必修	1	
中 115～116	文字學	3			6	本系必修	1	
中 211～212	中國文學史	3			6	本系及外國文學系必修	2	
中 213～214	唐詩	2			4	本系必修	3	
中 215～216	音韻學	3			6	本系必修	2	
中 311～312	中國小說史	2			4	本系必修	2	
中 313～314	近代散文	3			6	本系必修	3	
中 315～316	詞學概論	3			6	本系必修	3	
中 317～318	目錄學	2			4	本系必須	3	
中 411～412	中國文學批評史	3			6	本系必修	4	
中 413～414	戲曲概論	3			6	本系必須	4	
中 415～416	駢體文	2			4	本系必修	4	
中 417～418	畢業論文指導		※		2	本系必修	4	
中 221～222	中國學術史概要	2			4	選修	2、3	
中 223～224	毛詩學	2			4		2、3	

〔註10〕山東大學：《本校學程指導書、規章制度及校曆》，現藏於山東省檔案館，檔案號 J110－01－353。

（甲）中國文學系							
學程號數	學　　程	每周時數	教學時限	學分	必修或選修	應修年級	預修學程
中 225～226	楚辭學	2		4	選	2、3	
中 227～228	文選學	3		6		2、3	
中 241～242	樂府詩研究	2		4		2、3	
中 321～322	高級作文（詩）		※	1		2、3、4	
中 323～324	高級作文（小說）		※	1			
中 325～326	高級作文（戲劇）		※				
中 327～328	高級作文（散文）		※		修		
中 341～342	音韻學史	3		6		3	
中 343～344	經部專書研究	2		4		3、4	
中 345～346	史部專書研究	2		4			
中 347～348	子部專書研究	2		4			
中 361～362	中國古代神話	2		4			
中 421～422	古文字學	3		6		4	
中 423～424	宋詩	3		6			
中 425～426	詩家專集	3		6			
中 427～428	詞家專集	3		6		3、4	

注：帶※者每二星期一次。

四、武漢大學

　　蘇雪林在上世紀 30 年代曾在武漢大學教授新文學研究，以下是 1935 年武漢大學文學院中國文學系課程指導書：〔註 11〕

　　第一學年

〔註 11〕《國立武漢大學一覽（民國二十四年度）》，台灣傳記文學出版社 1971 年 10 月影印版。

（甲）必修學程

學程名稱	時　數	教　員	備　考
（1）基本英文	4		
（2）論理學	2	萬卓恒	
（3）作文（一）	2	劉異	
（4）文字學	3	劉賾（博平）	
（5）中國文學史	3	蘇雪林	
（6）古今詩選（一）漢魏六朝	3	徐天閔	
（7）目錄學	2	譚戒甫	
（8）軍事訓練			

（乙）選修課程

學程名稱	時　數	教　員	備　考
（1）小說入門	3	胡光廷	
（2）中國近世史	3	陳恭祿	
（3）教育原理	3	羅倫	
（4）哲學概論	3	范壽康	以上選修課程可任選一門

第二學年

（甲）必修學程

學程名稱	時　數	教　員	備　考
（1）英文國學論著	3	胡稼胎	
（2）聲韻學	3	劉賾（國立北京大學畢業，曾任國立暨南大學教授，湖北廣濟人）	
（3）經學概論	3	劉異（爰龍）（湖南衡陽人，歷任遼寧東北大學北平國學院專任教授）	

學程名稱	時　數	教　員	備　考
（4）諸子概論	3	譚戒甫	
（5）古今詩選（二）唐宋元明清	3	徐天閔	
（6）作文（二）	2	朱世溱（東潤）	
（7）中國小說史	2	陳登恪	
普通體育			

（乙）選修課程

學程名稱	時　數	教　員	備　考
（1）戲劇入門	3	袁昌英	
（2）中國通史	4	陳恭祿	
（3）教育史	3	羅倫	
（4）心理學、教育心理學	3、3	高翰、程乃頤	各授一學期
（5）第二外國語（一）法文、德文、日文	3、3、3	袁昌英、格拉塞、陳堯成	以上選修課程可任選一門

第三學年

（甲）必修學程

學程名稱	時　數	教　員	備　考
（1）訓詁學	2	劉賾	
（2）詩經學	3	劉異	
（3）漢魏六朝文	2	劉永濟（弘度）（曾任東北大學教授，湖南新寧人）	
（4）詩專家研究	2	徐天閔	
（5）諸子專家研究	3	譚戒甫	
（6）詞	3	劉永濟	
（7）普通體育			

（乙）選修課程

學程名稱	時　數	教　員	備　考
（1）甲骨文	3	吳其昌	
（2）中國文化史	3	吳其昌	
（3）新文學研究	2	蘇雪林（安徽太平人，曾任上海滬江大學蘇州東吳大學國文教員安徽省立大學教授）	
（4）宋元明清學術史	3	吳其昌	本年授上古史
（5）史學方法	2	郭斌佳	本期不開
（6）社會學	2	張有桐	
（7）第二外國語（二）法文、德文、日文	3、3、3	陳登恪、格拉塞、陳堯成	以上選修課程可任選二門

第四學年

（甲）必修學程

學程名稱	時　數	教　員	備　考
（1）中國文學批評史	3	朱世溱	
（2）戲曲	3	劉永濟	
（3）楚詞學	2	劉永濟	本年不開授漢魏六朝文
（4）經學專書研究	2	劉異	本年不開授詩經學
（5）畢業論文			
（6）普通體育			

（乙）選修課程

學程名稱	時　數	教　員	備　考
（1）金文	3	吳其昌	本年授甲骨文

學程名稱	時　數	教　員	備　考
（2）上古史	3	吳其昌	
（3）中國哲學史	3	范壽康	
（4）英國文學史	3	方重	
（5）文學批評	3		本年不開
（6）近代中國政治史	3	李劍農	
（7）第二外國語（三）法文、德文、日文	3、3、3	陳登恪、格拉塞、陳堯成	以上選修課程可任選二門

　　另外，在本課程表前面有「學程內容」一項，是對於課程的說明。其中對蘇雪林教授的《新文學研究》（每周二小時，一年授完）有這樣的規定：「本學程講授五四運動後之國語文學。先敘新文學之運動，及文壇派別等等，用以提綱挈領。繼分五編，評論新詩，小品文，小說，戲劇，文學批評。一面令學生研讀名人作品，養成新文藝之賞鑒力，隨時練習創作，呈教員批改。」

五、國立西南聯合大學〔註12〕

（一）西南聯大各院系各學年新文學課程設置及任課教師

時　間	課程名稱	學分	選修必修	開設院系	授課教師
1938～1939學年下學期	現代中國文學討論及習作	2	選修	文學院中國文學系	楊振聲
1939～1940學年	現代中國文學〔註13〕		選修	文學院中國文學系	楊振聲
	現代中國文學	4	必修	師範學院國文學系	楊振聲

〔註12〕關於國立西南聯合大學課程的材料採自北京大學、清華大學、南開大學、雲南師範大學編：《國立西南聯合大學史料》第3卷，雲南教育出版社1998年版，148～413頁。

〔註13〕原注：上學期講授概論及小說部分，下學期講授戲劇詩及散文部分。學生得以分期選習各以二學分計。

時　　間	課程名稱	學分	選修必修	開設院系	授課教師
1939～1940學年	各體文習作（白話文）	2	必修	師範學院國文學系	沈從文
	現代中國文學	4		師範學院進修班〔註14〕	楊振聲
1940～1941學年	各體文習作（一）	2	必修	文學院中國文學系	沈從文
	各體文習作（一）	2	必修	師範學院國文系	沈從文
1941～1942學年	各體文習作（一）	2	必修	文學院中國語文學系	沈從文
	現代中國文學	4	選修	文學院中國語文學系	楊振聲
	創作實習	2	選修	文學院中國語文學系	沈從文
	各體文習作（一）	2	必修	師範學院國文系	沈從文
	現代中國文學	4	選修	師範學院國文系	楊振聲
1942～1943學年	各體文習作（一）	2	必修	文學院中國語文學系	沈從文
	各體文習作（一）〔註15〕	2	必修	師範學院國文系、初級部國文科	沈從文
	各體文習作（三）	2	必修	師範學院國文系、初級部國文科	沈從文
1943～1944學年上學期	現代中國文學	3	選修	文學院中國文學系	楊振聲
1943～1944學年	各體文習作（一）	2	必修	文學院中國文學系	沈從文

〔註14〕《國立西南聯合大學史料》第3卷編者在「進修班」後加有注釋：「原文如此，此班似應爲國文科。」

〔註15〕此課爲初級部開設。

時　　間	課程名稱	學分	選修必修	開設院系	授課教師
1943～1944 學年	各體文習作（三）	2	選修	文學院中國文學系	沈從文
	各體文習作（一）〔註16〕	2	必修	師範學院國文學系及初級部國文科	沈從文
	各體文習作（三）〔註17.〕	2	必修	師範學院國文學系及初級部國文科	沈從文
1944～1945 學年上學期	各體文習作（一）	2	必修	文學院中國文學系	李廣田
1944～1945 學年	現代中國文學	4	選修	文學院中國文學系	沈從文
	各體文習作（三）〔註18〕			師範學院專修科	張清常
	現代文選〔註19〕	4		師範學院晉修班文史地組	李廣田
	各體文習作	2		師範學院晉修班文史地組	張清常 李廣田
1945～1946 學年上學期	各體文習作（一）	2	必修	文學院中國文學系	李廣田
1945～1946 學年	各體文習作（二）乙（語體）	2	必修	文學院中國文學系	沈從文
	現代中國文學	4	選修	文學院中國文學系	沈從文
	現代中國文學	4	選修	師範學院國文系	沈從文

〔註16〕國文學系與中國文學系合上此課。
〔註17〕中國文學系、師範學院初級部國文科、師範學院國文系合上此課。
〔註18〕原課程表未注明該課程是必修還是選修及學分多少。
〔註19〕爲師範學院晉修班文史地組開設的該課程以及「各體文習作」在原課程表中都未注明是選修還是必修。

（二）《國立西南聯合大學文學院中國文學系學程說明書（1945 年度）》摘錄

1. 各體文習作（一）上學期　二學分　文、語二必　李廣田先生

〔註 20〕

本課程注重語體文之寫作訓練。在程序上，上承大一作文之基礎，並進一步作為文學創作之準備。至少於每兩周內在堂下作文一次。每周上課兩小時，除介紹中外作家之寫作理論及經驗外，並以作品為例，分析其寫作過程，批評其優劣得失，以引起學者自動寫作之興趣。

2. 各體文習作（二）甲（文言）　全學年　二學分　文三必　游國恩先生

本學程除每二周習作一次外，並略為講授各體文之做法，以收知能合一之功。

3. 各體文習作（二）乙（語體）　全學年　二學分　文三必　沈從文先生

凡已選過各體文習作（一），對寫作特有興趣，而能作較深研究之同學，方宜選此課。習作討論並重。

4. 現代中國文學　全學年　四學分　文三四選　沈從文先生

本課程注重在討論從五四以來新文學各部分的發展和得失。並提出若干作家的特別成就，及作品所代表傾向，加以分析。俾選習此課者，可對近三十年新文學得一比較具體印象。

5. 世界文學名著選讀與試譯　下學期　四學分　文三四選　楊振聲先生

此課目的在使國文系學生明瞭世界文學之大概以供參考與比較之用。由授者選出若干文學名著，說明其背景與內容，再擇其重要節段，精讀與試譯，以養成學生翻譯能力。名著中有中文譯本者亦可採用，無中文譯本者用英文本。

〔註 20〕學程說明中各項的排列順序依次為課程名稱、授課時限、學分、授課組別（文學組、語言文字組）年級及課程性質（必修或選修）、授課教師，然後才是對於課程的說明。例如「各體文習作（一）上學期　二學分　文、語二必　李廣田先生」是指各體文習作（一）在本學年上學期上課，修完該課程可得 2 學分，本課程是文學組、語言文字組二年級學生的必修課，由李廣田教授此課。

6. 大一國文讀本及作文　全學年　六學分（讀本四學分，作文二學分）
各院系一必

……

學程讀本教材採用部定大學國文，及本學系編選之語體文示範。於訓練學生瞭解及欣賞古代文學外，尤注意於指導中國新文學之途徑及有關創作諸問題。作文以訓練國語的文學寫作為主。命題不取呆板形式，務使各種體裁皆有練習機會。堂上習作與堂下習作相間行之，俾深思與敏速各得發展。

（三）《國立西南聯合大學師範學院國文學系學程說明書（1945年度）》摘錄

1. 各體文習作（一）　全學年　二學分　二必　蕭滌非先生

本學程與歷代文選（一）相輔而行，目的在求學生能寫作通順之議論及傳記文。每二周作文一次，詳加批改。

2. 各體文習作（二）　全學年　二學分　三必　余冠英先生

（一）本課程目的在訓練學生運用語體及淺近文言寫作之能力。文言寫作訓練之目標偏於應用。（二）教師除批改學生所作外，並加以分析，因其得失提出問題，與學生作文章理法之討論，藉以增進瞭解，並蘄於寫作教學之方法有所啟示焉。（三）討論與習作相間行之。

3. 各體文習作（三）　全學年　二學分　四必　彭仲鐸先生

本學程目的在訓練學生寫作較深美之文言文，並孰【熟】練各種文章體裁。

4. 現代中國文學　全學年　四學分　四五選　沈從文先生

5. 世界文學名著選讀與試譯　下學期　四學分　三四選
楊振聲先生